Sheila McCraith

Erziehen ohne auszurasten

Sheila McCraith lebt in einem echten »Männerhaushalt« – mit vier Söhnen plus Ehemann. Nur zu gut weiß sie, dass es im Alltag mit Kindern manchmal schwierig ist, ruhig und gelassen zu bleiben. Nachdem sie sich wiederholt dabei ertappte, wie sie in Konflikten laut wurde, beschloss sie von einem Tag auf den anderen, zum Orange Rhino zu werden und ein ganzes Jahr lang nicht mehr zu schreien. Wie ihr das gelang, hielt sie in ihrem großartigen und erfolgreichen Blog theorangerhino.com fest und schrieb schließlich dieses Buch.

»I actually went 520 days straight without yelling! My journey as an Orange Rhino parent continues today and I share my tips, lessons learned and stories here so that you can start your own journey and together we can support each other as we daily take The Orange Rhino Challenge to Yell Less and Love More.«

Für meinen Mann und meine Jungs – denn ohne eure Liebe und Unterstützung und ohne euren täglichen Ansporn, mein Bestes zu geben, wäre ich weiterhin ein graues Rhino.

Sheila McCraith

Erziehen ohne auszurasten

Wie ich aufhörte, meine Kinder anzuschreien – und wie Sie das auch schaffen

Aus dem Amerikanischen von Sophie Wölbling

TRIAS

Wie ich ein Orange Rhino wurde

Ich bin Mama von vier Jungs. Beruflich habe ich nichts mit Kindern zu tun. Aber ich fühle mich berufen, eine Mutter zu sein, die weniger schreit und mehr liebt. Ich wurde von meinen Schreianfällen geheilt.

Wie oft bin ich abends zu meinem Mann ins Bett gekrochen und habe ihm weinend erzählt, dass ich schon wieder das Zubettbringen durch mein ständiges Meckern und Ermahnen versaut hatte: »Beeilt euch!«, »Nicht streiten!« oder »Ihr geht jetzt ins Bett, aber sofort!«. Ich musste es ihm erzählen, um meine Schuldgefühle loszuwerden, da ich sonst gar nicht hätte einschlafen können, sondern mir nur Vorwürfe gemacht hätte, was für ein schrecklicher Mensch, was für eine schreckliche Mutter ich doch bin. Ich hätte wach im Bett gelegen und gegrübelt: »Was, um alles in der Welt, ist denn nur passiert, dass ich anscheinend nur noch rumschreie. Wie bin ich nur zu dieser Person geworden? Ich wollte doch nie eine schreiende Mutter werden. Meine Eltern haben mich nie angebrüllt. Und auch ich schreie selten andere Leute an. Warum tue ich das denn andauernd bei meinen Kindern? Ich liebe sie so sehr. Was stimmt nicht mit mir? Ich kenne niemanden, der seine Kinder anschreit.

Diese Selbstgespräche führte ich mehrmals pro Woche, monatelang. Es war schrecklich, aber ich konnte sie nicht abstellen. Ich konnte es nur mit mir selbst ausmachen. Ich hatte Angst, für mein Verhalten verurteilt zu werden, ausgegrenzt, es war mir peinlich, mein Versagen zuzugeben, also wussten nur mein Mann und ich Bescheid. Das Fazit? Ich fühlte mich vollkommen allein, als wäre ich der einzige Mensch, der immerzu schreit. Es machte mich absolut wahnsinnig, dass ich nicht wusste, wie ich damit aufhören könnte.

Bis zum 20. Januar 2012 – dem Tag, an dem sich mein Verhältnis zu meinen Söhnen, meinem Mann, meinem eigenen Leben und mir selbst grundlegend änderte.

Sheila McCraith
Erfinderin der Orange Rhino Challenge

Die Geschichte vom Orange Rhino

Was ist denn ein Orange Rhino?
Was hat es mit dieser Challenge auf sich?
Und wie arbeitet man am besten mit diesem Buch?

Die Geburtsstunde der Orange Rhino Challenge

Am Freitag, den 20. Januar 2012 bekam unser Handwerker mit, wie ich meine Söhne anschrie, die damals alle unter 6 waren. Und ich meine damit richtig anschreien ...

... mit hochrotem Kopf, Zittern am ganzen Körper und in voller Lautstärke! Ich schämte mich dafür in Grund und Boden ... ging noch mal in mich und beschloss, dass es nun wirklich an der Zeit war, etwas zu ändern. Ich konnte mir nicht länger einreden, dass es nicht schlimm sei, die Kinder anzubrüllen. Ich wollte meine faulen Ausreden nicht länger akzeptieren, warum ich es momentan nicht ändern konnte: zu müde, keine Zeit, anders hören sie ja nicht, mit der Zeit wird es von selbst besser. Und ich wollte nicht mehr, dass meine Kinder mich als schreiende, gemeine, furchteinflößende Mutter sahen, wo ich doch immer eine liebende, geduldige, bestimmte, aber freundliche Mama sein wollte und eigentlich auch wusste, dass ich so sein kann.

Ich hatte das Schreien satt. Am nächsten Morgen verkündete ich meiner Familie, dass ich von nun an 365 Tage am Stück nicht mehr schreien würde, ja, genau, am Stück! Sollte ich doch schreien, würde ich wieder bei Null anfangen. Und sollte ich so richtig ausflippen, würde ich sogar zwei Tage dranhängen. Es war ein hochgestecktes Ziel mit harten Regeln, aber das passt zu mir und meiner Ganz-oder-gar-nicht-Mentalität und war genau das, was ich brauchte, um es endlich anzugehen. Ich startete einen Blog, um meine Fortschritte öffentlich kundzutun und die ganze Aktion für mich verbindlicher zu machen. Aber eigentlich erhoffte ich mir auch, über den Blog Unterstützung von Gleichgesinnten zu bekommen. Ich wusste nicht nur, dass ich jede Hilfe gebrauchen konnte, sondern wollte mich mit meinem Problem vor allem auch nicht mehr so allein fühlen. (Es stellte sich heraus, dass es sogar ziemlich viele Mütter, Väter, Großeltern, Lehrer und Erzieher auf der ganzen Welt gibt, denen es genauso geht wie mir und die Gefühle wie Scham, Enttäuschung und Frust kennen. Ich war keineswegs allein – und Sie sind es auch nicht!)

Meinen Blog nannte ich zunächst »365 schreifreie Tage«. Aber ich wollte etwas Besseres. ein inspirierendes Symbol für meine

Challenge, das ich mir in schwierigen Zeiten anschauen könnte und das mich an mein Versprechen erinnern würde. Mir wollte einfach nichts einfallen, bis ich eines Morgens die Jungs gerade allesamt in unseren Minivan bugsierte. Ich schnallte James an, als er mir ins Gesicht schrie. Ruhig sagte ich zu ihm: »James, wenn Mama nicht schreien darf, was bedeutet das dann für dich?«

Er sah mich an, popelte und antwortete genauso ruhig: »Ich darf auch nicht schreien Aber in der Nase bohren darf ich!«

Haha! Ich musste so lachen! An jenem Abend googelte ich »Nase« und landete irgendwann bei »Nashorn«. Weitere Recherchen enthüllten, dass Nashörner von Natur aus ruhige, friedliebende Tiere sind, die aber aggressives Verhalten zeigen und angreifen, wenn man sie ärgert. Aha. Ich bin wie ein Nashorn. Ich kann eine gelassene Mutter sein, aber wenn man mich reizt, greife ich mit Worten an. Ach Mensch, ich wollte kein normales graues Nashorn mehr sein, wollte mich nicht mehr provozieren lassen. Wollte nicht mehr ausflippen. Ich wollte so warm und voller Liebe sein wie die Farbe Orange und mir war klar, ich brauchte auch die Entschlossenheit und Energie, die Orange ausstrahlt. Und siehe da – die Orange Rhino Challenge war geboren!

Graue Rhinos: zähe, kräftige Tiere, die von Natur aus sanftmütig sind, aber durchaus auch aggressiv werden können und zum Angriff übergehen, wenn man sie reizt.

Orange Rhinos: zielstrebige, dynamische Menschen, die noch nicht mal mit Worten angreifen, sondern selbst dann ruhig, liebevoll und gütig bleiben, wenn sie gereizt oder geärgert werden.

Das Brüllometer und weitere Details der Challenge

Einen tollen Namen und ein schönes Symbol hatte ich nun, aber ein Problem gab es noch. Ich wusste gar nicht so genau, wie man »nicht schreien« definiert. Durfte ich lauter werden? Fauchen? Durfte ich in Notfällen schreien? So entwickelte ich mein Brüllometer, an das ich mich bis zum 6. Februar 2013 genauestens hielt und dann mein Einjähriges feiern konnte: ein Jahr ohne Schreien!

Wie man mit diesem Buch arbeitet

Ich vermute, dass mein Brüllometer und mein Ziel, ein Jahr lang nicht zu schreien, Sie vielleicht etwas in Panik versetzt haben könnten – ich weiß jedenfalls, dass es mir genauso ging! »Was habe ich mir da bloß eingebrockt?«, dachte ich. »Wie soll ich das denn ein ganzes Jahr durchhalten?« Ich weiß aus eigener Erfahrung, dass die Idee »weniger schreien, mehr lieben« ziemlich gewaltig ist, und zwar zu Recht. Es war manchmal mehr als nur schwer und ich war einige Male kurz davor, alles hinzuschmeißen. Aber es hat auch Spaß gemacht und mein Leben zum Positiven verändert. Voller Überzeugung kann ich sagen, dass ich seit der Challenge nicht nur ruhiger geworden bin, sondern auch glücklicher, liebevoller, gelassener und stärker. Und ganz im Ernst: Ich hätte es nicht bis hierhin geschafft ohne die tolle Unterstützung der Orange Rhino Community und die kleinen Schritte, die ich unabsichtlich während der Challenge gemacht habe. Diese einzelnen Schritte unterteile ich in diesem Buch sogar noch mal in kleinere Schrittchen, damit die Herausforderung, weniger zu schreien und mehr zu lieben, nicht mehr unmöglich, sondern machbarer erscheint.

Ich weiß genau, wie stressig und anstrengend das Leben mit Kindern sogar an guten Tagen sein kann und dass manchmal einfach kaum Zeit ist. Deshalb habe ich dieses Buch in 30 kurze, gut lesbare Kapitel unterteilt. Jeder Tag beginnt mit einer Geschichte aus meinem Leben, gefolgt von den wichtigsten Erkenntnissen, die mir selbst geholfen haben, nicht aufzugeben. Danach schlage ich Maßnahmen vor, die ich selbst während meiner Challenge ausprobiert habe. Ein inspirierendes Zitat und drei Tipps des Tages, passend zur jeweiligen Gemütstemperatur, runden jedes Kapitel ab.

Kühl: Bewahren Sie einen kühlen Kopf und halten Sie sich in Ihrer Komfortzone auf, damit Sie im Laufe des Tages gar nicht erst das Bedürfnis bekommen zu schreien – die coolen Tipps sind sozusagen reine Vorsichtsmaßnahmen.

Warm: Wenn Ihre Laune sinkt und die Temperatur steigt, sollten Sie die Schreie herunterschlucken, bevor Sie Ihnen entwischen. Dabei helfen diese Tipps.

Heiß: Wenn Sie innerlich kochen, total genervt sind und Ihnen der Schrei schon im Hals steckt, hilft dieser heiße Tipp Ihnen dabei, noch einmal die Kurve zu kriegen.

Für die Arbeit mit meinem Buch möchte ich Ihnen nur einen Rat geben: Der erste Schritt, weniger zu schreien, ist der, sich beim Lesen jedes »sollte« zu verkneifen. Hört sich an wie ein Witz, ist es aber nicht. Einer der häufigsten Auslöser für mein Schreien ist, dass ich andauernd darüber nachdenke, was ich laut Elternratgebern, Zeitschriften oder Gesprächen, die ich mitbekommen habe, tun »sollte«. Dieses Buch soll Ihnen einfach nur als Anregung oder Wegweiser dienen, wie Sie ein Orange Rhino werden können. Vielleicht zeigt es Ihnen auch einen konkreten Weg auf. Es gibt keinen richtigen oder falschen Weg, dieses Buch zu nutzen – außer natürlich, klar, Ihren Weg!

Kommen Sie mit meinem Brüllometer und den weiteren Regeln der Challenge gut zurecht? Dann halten Sie sich daran. Scheinen sie auf Sie nicht zu passen? Dann ändern Sie beides ab. Anstatt nach einem Schreiausrutscher wieder von vorn zu beginnen, können Sie auch einfach den Tag nicht mitzählen und erst nach einem erfolgreichen, schreifreien Tag weiterzählen.

Lesen Sie Bücher gern vom Anfang bis zum Ende durch? Dann tun Sie es! Oder lesen Sie jeden Tag ein Kapitel, wie es eigentlich gedacht ist. Haben Sie an einem Tag keine Zeit? Kein Problem. Es soll zwar eine 30-Tage-Challenge sein, aber wenn Sie länger brauchen, ist das auch kein Beinbruch.

Haben Sie immer nur wenig Zeit? Dann lesen Sie an Tagen, die nur eine Minute Ruhe bieten, vielleicht bloß die Tipps und Erkenntnisse, die farblich hervorgehoben und somit schnell zu finden sind.

Sind Ihnen meine Vorschläge (zum Beispiel in die Kloschüssel zu schreien oder auf Töpfe und Pfannen zu schlagen, um die Wut auf eine musikalischere Art rauszulassen) zu verrückt und durchgeknallt? Dann halten Sie sich einfach an meine gemäßigteren Tipps: aus der Situation herausgehen, tief durchatmen und nicht zuletzt Vorsichtsmaßnahmen ergreifen, zum Beispiel auf ausreichend Schlaf achten.

Haben Sie gar keine Zeit zum Lesen, möchten aber gern an Ihren Vorsatz erinnert werden, weniger zu schreien und mehr zu lieben? Dann platzieren Sie dieses Buch doch gut sichtbar an eine Stelle, die eine erhöhte Schreigefahr darstellt. Vielleicht als Untersetzer in der Küche. Oder im Bad, so dass Sie es morgens direkt als Erstes sehen. Kleiner Scherz – oder auch nicht.

Spaß beiseite, worauf ich hinauswill: Dieses Buch handelt von meiner Reise, aber eben auch von Ihrer. Machen Sie sich also bitte keine Gedanken oder gar Vorwürfe, was Sie während des Lesens tun »sollten«. Sie wissen selbst am besten, was bei Ihnen funktioniert. Hören Sie auf Ihr Bauchgefühl.

Und bitte, bitte vergessen Sie nicht, dass Sie zwar dabei sind, ein Orange Rhino zu werden, aber auch Sie sind immer noch ein Mensch! Es geht hier nicht um Perfektion, sondern um Fortschritte. Sie können in kleinen Schritten vorankommen oder in großen. Letztlich macht das keinen Unterschied, denn es geht im Endeffekt darum, dass Sie überhaupt vorwärtskommen, weniger schreien, mehr lieben, Schritt für Schritt.

Alles Gute auf Ihrem Weg

Das Orange Rhino

alias

Sheila

Das Brüllometer

Die Bewertung	Die Stufen
In Ordnung	Stufe 0: Alltags-Singsang. Die »Das Leben ist toll, Muttersein das Größte und ich unterhalte mich so nett«-Stimme. Jedes Wort signalisiert Gelassenheit und Zufriedenheit. Merkmal: Man denkt sich: »Wow, gerade ist alles so schön, ich sollte es genießen« und glaubt, dass der Tag richtig gut wird.
	Stufe 1: Flüstern. Die leise, kaum hörbare Stimme, mit der Grundschullehrer sich konsequent Aufmerksamkeit und Respekt verschaffen. Merkmal: Man kann es kaum hören, aber es funktioniert.
	Stufe 2: Die richtungsweisende Stimme: Klar, liebevoll und geduldig. Sie zeigt sanft an, dass ein Verhalten nicht für gut befunden wird und bietet Alternativen. Merkmal: Hat man so geredet, möchte man sich am liebsten selbst auf die Schulter klopfen, weil man endlich mal einen Rat aus der Elternzeitschrift erfolgreich befolgt hat.
	Stufe 3: Die feste Stimme (eventuell erhoben). Diese Stimme besagt »Ich meine es jetzt wirklich ernst« und wird oft von hochgezogenen Augenbrauen und leeren Drohungen begleitet. Merkmal: Man ist noch ruhig und fühlt sich nicht angegriffen, fragt sich aber, wann (nicht ob) man wohl losblafft und der Geduldsfaden reißt.
	Stufe 4: Der Ups-Ausrutscher: »Hört auf! Sofort! Herrje!« Diese Stimme droht ins Gemeine zu kippen, ist es aber noch nicht. Es ist keine Schimpftirade, sondern ein kurzer, scharfer Anpfiff, nach dem man sich selbst stoppt ... es reicht aber, damit die Kinder kurz innehalten und über ihr Tun nachdenken. Merkmal: Der Blutdruck steigt ein wenig, aber man hat sich schnell wieder unter Kontrolle und denkt sich: »Ach Mist, das wollte ich doch gar nicht.«

Die Bewertung	Die Stufen
Nicht in Ordnung. Zurück zu Tag 1	Stufe 5: Es wird fies. »Verdammt noch mal! Hört jetzt endlich auf! Lasst den Quatsch!« Auch kurze Anpfiffe können giftig sein. Merkmal: Man ist auf hundertachtzig, die Stimmbänder laufen sich schon mal warm, um eine längere Schimpftirade durchzustehen, und man fragt sich: »Scheiße, habe ich etwa gerade rumgebrüllt?« Wenn man das denkt, dann war es auch so.
	Stufe 6: Das Gebrüll. Es wird laut. Und gemein. Man weiß sofort, dass man zu weit gegangen ist. Merkmal: Die Kinder weinen, knallen die Türen oder schreien zurück, dass das total gemein war und sie einen nicht mehr lieb haben.
Ganz und gar nicht in Ordnung. Zurück zu Tag 1 und 2 Straftage dazu	Stufe 7: Der Wutschrei. Die Steigerung des Herumbrüllens, voller Absicht, Gemeinheit, verletzend, hysterisch – so empfinden es beide Seiten. Merkmal: Man zittert vor Wut und kann sich schwer beherrschen. Danach fühlt sich derjenige, der geschrien hat, schuldig und schämt sich für sein Verhalten (zumindest ist das bei mir so), und die Kinder sind verstört, traurig und haben Angst. Das Herz klopft allen bis zum Hals.

In Gefahrensituationen (Kinder rennen auf den Parkplatz, auf die Straße, zum heißen Herd ...) darf man sich bis zu Stufe 6 bewegen, aber man muss dem Kind zurufen und es nicht anschreien. Jemanden anzuschreien ist gemein. Jemandem etwas zurufen bedeutet, dass man seine Aufmerksamkeit auf sich ziehen will. Danach MUSS man ruhig (maximal Stufe 3) sprechen, ansonsten war es nicht in Ordnung.

Die Umgewöhnungszeit

Die ersten Tage sind meist die schwierigsten. Die folgenden Tipps sollen Ihnen den Einstieg in ein schreifreies Leben erleichtern.

Ich will kein graues Rhino mehr sein

Ich hätte nie gedacht, dass ich einmal eine brüllende Mutter sein würde. Aber nach Jahren des Rumschreiens konnte ich es mir anders gar nicht mehr vorstellen.

Ich und nicht schreien? Unmöglich! Wie soll ich denn meine Kinder auf mich aufmerksam machen, wenn nicht durch Schreien? Wie soll ich ihr ständiges Gezanke ertragen, wenn ich nicht schreien darf? Wie mit meinem eigenen Stress zurechtkommen? Aber als mich der Handwerker dabei erwischte, wie ich meine Jungs anbrüllte, wollte ich plötzlich das Unmögliche möglich machen. Geholfen haben mir dabei Verwandte, Freunde, Fremde und irgendwelche orangefarbenen Gegenstände, wie Post-its und Servietten, auch wenn ich zu Beginn nicht länger als eine Woche ohne Schreien durchgehalten habe. Ja, ich brauchte mehrere Anläufe, um wirklich mit all dem Rumschreien aufzuhören, aber aus der Rückschau kann ich sagen, dass es ab dem Moment gut lief, als ich einige wichtige Grundlagen erkannt hatte. Mit diesen Grundlagen beschäftigen wir uns in den ersten fünf Tagen und schaffen eine Basis, die Ihnen nicht nur dabei hilft, schreifrei zu leben, sondern die es anders gar nicht mehr möglich macht.

Viele unserer Träume scheinen auf den ersten Blick utopisch, dann unwahrscheinlich und sobald wir gewillt sind, sie umzusetzen, führt kein Weg mehr an ihnen vorbei.

Christopher Reeve

Tag 1: Sie müssen sich ändern wollen

Freitag, der 20. Januar 2012: mein »So geht es nicht mehr weiter«-Moment. Der Tag fing schrecklich an und fand ein besonderes Ende. Diesen Tag werde ich nie vergessen. Der erste Tag in meinem neuen Leben, der Startschuss sozusagen.

James war fünf Jahre alt, Edward dreieinhalb, Andrew zwei und Mac gerade sechs Monate. Ich war 34 und rastete viel, viel öfter aus, als ich es zu dieser Zeit vor irgendjemandem zugegeben hätte. Ich hatte Mac gerade für sein Vormittagsschläfchen hingelegt, seine Brüder leise zusammengetrommelt und mit nach oben genommen, um dort abzupumpen. Ich hatte zugeschlossen, damit die Jungs nicht abhauen konnten, setzte mich an die Pumpe und hoffte inständig, dass ich damit durch war, bevor der erste Streit zu schlichten wäre, der ja unweigerlich aufkommt, wenn man für zehn Minuten in einem Raum eingesperrt ist.

Nach einer »traumhaften« Nacht (nicht nur einer meiner Söhne hatte eine schlechte Nacht gehabt, auch nicht zwei, sondern drei) war meine Toleranzgrenze für Blödsinn so niedrig wie noch nie. Es dauerte keine halbe Minute, bis die Jungs die Ersatzteile der Pumpe fanden – die Ersatzschläuche, den Kolben der Krankenhauspumpe, die zusätzlichen Brusthauben. Bevor ich irgendetwas tun konnte, war das Zimmer ein Schlachtfeld. Die Jungs brüllten herum (warum sollte man denn während der Schlafenszeit seines Bruders auch leise sein?!), einer wedelte mit den Schläuchen, als wären es Nunchacku, der andere nutzte den Kolben als Schwert und der Dritte warf mit Brusthauben um sich. Sie gingen in ihrem Spiel richtig auf, es wurde wilder und lauter, sie tobten auf dem Bett – ja, auf dem Bett, das ich gerade erst gemacht hatte und das nun natürlich wieder zerwühlt war. Na klasse.

Ich wollte ausflippen. Ich wollte, dass dieser Wahnsinn einfach nur aufhörte. Ich wollte doch nur zehn Minuten Ruhe! War das denn zu viel verlangt? Okay, blöde Frage.

Ich bat meine Kinder freundlich, damit aufzuhören, sich im Schni-Schna-Schneidersitz hinzusetzen und mir zu sagen, was sie gern tun würden. Ich versuchte, ihnen ein Buch vorzulesen. Verdammt, ich probierte doch wirklich alles, was man so las, um nicht durchzudrehen, wie es leicht bei mir der Fall ist, wenn mir einfach alles zu viel wird. Es funktionierte natürlich nichts und da ich ja an dieser blöden Pumpe festhing, konnte ich auch nicht einfach aufstehen und dazwischengehen. Nein, ich konnte auch nicht galant zu ihnen gehen, mich hinknien, Blickkontakt aufnehmen, ihnen sanft eine Hand auf die Schulter legen und in einfachen Worten erklären, dass sie SOFORT aufhören sollten, denn sonst würde Mami gleich so richtig an die Decke gehen. Sie wissen schon, eben das, was in allen Ratgebern steht – natürlich nicht das mit dem »an die Decke gehen«, aber der Rest. Ich bat sie erneut ganz höflich, damit aufzuhören, dann noch einmal, aber sie beachteten mich gar nicht (Glaubt man denn so was?).

Also tat ich, was ich eben tun konnte.

Ich tat das, von dem ich wusste, wie es geht.

Ich tat, was ich immer tat, wenn meine Kinder mich zur Weißglut trieben.

Ich schrie sie an.

Ja, der Mamavulkan war mal wieder ausgebrochen. Mit schriller Stimme brüllte ich, so laut ich konnte: »HÖRT SOFORT AUF. MAMA BRAUCHT NUR EINE MINUTE RUHE, UM WIEDER RUNTERZUKOMMEN. BITTE. NUR. EINE. VERDAMMTE. MINUTE!«

Und plötzlich war es so leise, wie ich es mir erhofft hatte. Bis ein merkwürdiges Geräusch von draußen zu hören war.

»Scheiße«, dachte ich, »Einbrecher.« Unsicher rief ich: »Hallo?« Wieder Stille (die mir nun gar nicht gefiel). Ich hoffte auf die Stimme meines Mannes oder der Babysitterin. Dann hörte ich Schritte vom Dachboden kommen. »Was zum ...?«, ging es mir durch den Kopf. Die Jungs scheuchte ich in eine Ecke und befahl ihnen, mucksmäuschenstill zu sein. Dann öffnete ich vorsichtig die Tür.

Und sah Luke, unseren Handwerker. Wir hatten gerade neun Monate Umbauarbeiten im Haus hinter uns, um uns ein Zimmer für Mac abzuknapsen, und wir hatten so ein Vertrauen in alle Handwerker, dass sie den Zugangscode für das Haus kannten. Wäre ja schön gewesen, wenn ich das in dem Moment noch gewusst hätte!

»Oh, hey Sheila. Ich muss hier nur kurz was erledigen.«

Kleinlaut erwiderte ich: »Oh, hallo Luke, hast du uns etwa gerade gehört?«

Mit einem fetten Grinsen sagte er: »Klar, war ja nicht zu überhören. Du bist hier der Boss. Eine Mutter muss eben tun, was eine Mutter tun muss.«

Ich SCHÄMTE mich. IN GRUND UND BODEN!

Schämte mich, dass mich jemand bei einem Ausraster ertappt hatte.

Dass ich nicht mehr rechtzeitig die Kurve gekriegt hatte, bevor alles zu spät war.

Dass ich mich offensichtlich nicht im Griff hatte.

Ich entschuldigte mich bei Luke für meinen Ausraster und sagte zu meinen Jungs: »Es tut mir furchtbar leid. Ich habe euch ganz doll lieb. Ich habe einen Fehler gemacht, denn so benimmt man sich nicht.« Der restliche Tag zog an mir vorbei. Körperlich war ich zwar bei meinen Kindern, aber mein Geist war ganz woanders. Meine Gedanken kreisten darum, wie peinlich die Situation und wie enttäuscht ich von mir selbst war, und wie es nur so weit hatte kommen können. In diesem Gedankenwirrwarr hatte ich jedoch eine Erleuchtung, die mein ganzes Leben verändern sollte.

Mir wurde klar, dass ich in den neun Monaten, als die Handwerker quasi bei uns im Haus ein- und ausgingen, nur einige wenige Male ausgerastet bin, obwohl ich in der Zeit schwanger, dauermüde und gestresst war und die Hormone mit mir durchgingen, aber es gab nun mal Zuhörer, bei denen ich einen guten Eindruck hinterlassen wollte. Ich habe meine letzte Kraft und Selbstbeherrschung zusammengekratzt, um bloß nicht auszuflippen, weil ich auf andere wie eine tolle, liebevolle, geduldige und gelassene Mutter wirken wollte. Und das ist mir gelungen. Warum? Kurz gesagt, hatte ich Angst vor einer Verurteilung. Ich wollte nicht, dass die Handwerker schlecht von mir dachten. Dann kam mir die Erleuchtung: Sobald ich alleine bin, ohne Zuhörer und Zuschauer, und mir keine Gedanken machen muss, was Kollegen, Nachbarn oder Freunde von mir denken, gebe ich mir weit weniger Mühe, ruhig zu bleiben, und schreie meine Jungs öfter mal ganz unbekümmert an, was ja genau der falsche Ansatz ist!

Meine Kinder sind meine Zuhörer und Zuschauer – die allerwichtigsten, die immer da sind, um die es geht. Ich liebe sie heiß und innig, sie beobachten mich Tag für Tag, lernen Tag für Tag von mir und wollen sich Tag für Tag meiner Zuneigung versichern. Ich wollte vor ihnen nicht nur so wirken, als wäre ich liebevoll und geduldig und hätte mich im Griff – ich wollte genau so sein, für sie! Sie haben es verdient, dass ich mich vor ihnen genauso zusammenreiße, wie ich es im Supermarkt, im Café, im Park oder wo auch immer in der Öffentlichkeit tue. Die Meinung meiner Kinder über mich zählt doch viel mehr als die eines Fremden. Punkt. Meine Kinder sollten mich nicht als schreiende, wütende, gemeine, schreckliche Mutter in Erinnerung behalten. Sie sollten mich als liebevoll, geduldig, streng, aber gerecht kennenlernen. Sie sollten von mir denken und auch laut über mich sagen: »Meine Mama ist die tollste Mama auf der ganzen Welt!« Für sie wollte ich keine »böse Hexe« sein und sie sollten auch nicht glauben, dass »Mama mich nicht mehr lieb hat, wenn sie mich anschreit« (alles schon gehört).

Aber die Erleuchtung ging noch weiter, wie meine Ausraster damals auch, nur dass dies ein gutes Zeichen war. Ich fühlte mich ein wenig wie in dem Film »Apollo 13«, als der NASA-Flugdirektor zu Gene Kranz sagt: »Das wäre die größte Katastrophe, die die NASA je erlebt hat«. Gene antwortet daraufhin: »Bei allem Respekt, Sir, ich glaube, das wird die Sternstunde der NASA werden.«

Als der Handwerker mich bei meinem Ausraster erwischte, war das für mich zunächst der schlimmste Moment meines Lebens. Der ALLERSCHLIMMSTE. Dann kam mir aber derselbe Gedanke wie Gene, dass dieser Vorfall vielleicht gar keine Katastrophe war, sondern eine Chance: die Chance, mir selbst einzugestehen, dass ich mich wirklich ändern muss; die Chance, mir einzugestehen, dass Anschreien eben nicht in Ordnung ist; die Chance, mich so sehr wie noch nie anzustrengen, um mich endlich zu ändern, nicht mehr auszuflippen und die Zeit mit meinen Kindern mehr zu genießen.

Und ich war bereit, mich zu ändern. Ich musste mich ändern.

Ich musste diesen schrecklich peinlichen Moment erst erleben, um nie wieder in so eine Situation zu geraten. Natürlich hätte es noch schlimmer kommen können, denn meine Kinder saßen ja nicht weinend in der Ecke und sind auch nicht total verängstigt und in Tränen aufgelöst vor mir davongelaufen, aber das war eher Glück und nicht selbstverständlich. Und auch wenn meine Jungs ruhig reagiert haben, war ich doch alles andere als ruhig. Ich war kurz vorm Explodieren und hatte das Bedürfnis, meinen Kindern Angst zu machen und ihre Gefühle zu verletzen. Warum? Warum denn bloß? Ich liebe meine Kinder und will bestimmt nicht, dass sie Angst vor mir haben müssen. Ich will ihnen keine Angst einjagen!

Ja, das Schreien musste aufhören. Ich musste mich ändern.

Und ich wusste, dass ich es kann.

Damit meine ich, dass ich mich ja schon neun Monate lang zu Hause zusammengerissen hatte und es auch tagtäglich in der Öffentlichkeit schaffe. Das wusste ich, und dazu kam die Erkenntnis, dass meine Kinder meine wichtigsten Zuhörer und Zuschauer sind, und beides brachte mich dazu, nicht nur außerhalb der eigenen vier Wände schreifrei zu leben, sondern auch zu Hause. Dass der Handwerker Ohrenzeuge geworden war, wie ich meine Kinder angebrüllt hatte, hätte einer der schlimmsten Momente meines Lebens sein können. Aber nein, er stellte sich als einer der besten heraus.

In meinem Leben hatte ich einige Ausraster, die ich gerne ungeschehen machen würde – nicht jedoch diesen einen an jenem Morgen. Nein, den nicht. Für diesen werde ich immer dankbar sein, denn er war der Auslöser dafür, dass ich mich wirklich auf dem Weg machte, weniger zu schreien, und das hat mein gesamtes Leben mit meiner Familie zum Positiven verändert.

DIE ORANGE RHINO-ERKENNTNIS

- Vor anderen Menschen schreie ich meine Kinder nicht an, denn ich habe Angst davor, was die anderen wohl von mir denken.
- In Wahrheit ist es aber viel wichtiger, was meine Kinder von mir denken, denn sie sind meine wichtigsten Zuhörer. Ich möchte ihnen eine liebevolle, herzliche, warme Mutter sein und niemand, vor dem sie Angst haben müssen.
- Wenn ich mich in der Öffentlichkeit zusammenreißen und dort nicht herumschreien kann, wird mir das auch zu Hause gelingen.

Maßnahmen des Tages

Werden Sie sich darüber klar, dass Sie etwas ändern müssen.

Schreiben Sie einen der schlimmsten Ausraster auf, den Sie jemals hatten. Seien Sie so ausführlich wie möglich. Wie fühlten Sie sich in dem Moment? Wie fühlten Sie sich einige Tage und Monate später? Was spiegelte sich in den Gesichtern Ihrer Kinder? Was sagten sie? Wie fühlen Sie sich jetzt, beim Aufschreiben dieses Erlebnisses?

Nehmen Sie Ihr Katastrophenerlebnis an. Sagen Sie sich, dass es nicht der schlimmste Moment in Ihrem Leben war, sondern der beste, denn er wird Sie immer daran erinnern, dass es jetzt wirklich an der Zeit ist, etwas zu ändern. Sagen Sie es laut: »Ich muss etwas ändern. Genug geschrien!« Mir ist klar, dass es nicht angenehm ist, an den »schlimmsten und doch besten« Moment zu denken. In schwierigen Situationen hilft es mir, wenn ich an mein Erlebnis mit unserem Handwerker zurückdenke, wie peinlich es mir war und wie traurig es mich gemacht hat. Es erinnert mich daran, warum ich diesen Weg eingeschlagen habe und warum sich die Mühe lohnt. Los geht's, schreiben Sie all die unschönen Gefühle Ihres Erlebnisses (oder auch mehrerer Situationen) auf, damit der Gedanke daran Sie nicht mehr herunterzieht, sondern motiviert.

> *In unseren dunkelsten Momenten müssen wir zum Licht schauen.*
>
> *Aristoteles Onassis*

TAGES-TIPPS

cool

Der Orange Rhino-Lieblingstipp: Babyfotos Ihrer Kinder an Stellen, wo es oft knallt, erinnern Sie daran, wie zerbrechlich Kinder sind. Behandeln Sie sie mit Umsicht.

warm

Stellen Sie sich vor, dass Sie von einer versteckten Kamera beobachtet werden. Die Angst, sich vor den Augen anderer danebenzubenehmen, wirkt Wunder.

heiß

Lassen Sie Ihre Gefühle in einem Lied heraus. Mein Lieblingslied? »Ich will schreien, la la la la laaaaaa.« Singen bringt den Überraschungseffekt, dass die Kinder plötzlich zuhören, und mich selbst bringt es runter.

Tag 2: Bitten Sie andere um Unterstützung. Hilfe hilft!

Ich geb's ja zu. Meine Kinder haben sich das Fluchen bei mir abgeschaut. Das war natürlich so nicht beabsichtigt. Ich bin ja nun nicht morgens mit dem Gedanken aufgewacht: »Okay, heute bringe ich meinem Sohn erst bei, ›bitte‹ zu sagen, und danach ›Scheiße‹.« Es ist nur so, dass ich schon vor meinen Kindern ein loses Mundwerk hatte, fluchen konnte wie ein Bierkutscher oder wie auch immer man das bezeichnet, wenn Fluchen die gängige Form ist, um Missfallen und Ärger kundzutun. Ich wollte aber nicht, dass meine Kinder schlimme Wörter in den Mund nehmen, also habe ich nach der Geburt meines ersten Kindes richtig hart an mir gearbeitet. Dennoch rutscht mir hin und wieder ein unschönes Wort raus – und nicht nur geflüstert oder gemurmelt.

Unabsichtlich habe ich meinen Jungs auf diese Art ein paar derbe Kraftausdrücke beigebracht, die sie besser nicht benutzen sollten. Darauf bin ich wahrlich nicht stolz. Ein Wort habe ich meinen Kindern aber unabsichtlich beigebracht, auf das ich wirklich stolz bin: »Hilfe«.

»Hilfe«: ein Wort, von dem ich meinen Jungs immer wieder sage, dass sie ohne es nicht auskommen.

»Hilfe«: ein Wort, das meine Kinder täglich sagen sollen, immer dann, wenn sie Hilfe brauchen.

»Hilfe«: ein Wort, dessen Bedeutung ich meinen Jungs erkläre, indem ich ihnen vorlebe, wie ich anderen helfe.

»Hilfe«: ein Wort, das ich anscheinend selbst nicht so ganz verstehe, begriffen habe oder selbst sage.

So ist es. Immer wenn einer meiner Söhne frustriert an einer Bastelarbeit sitzt, die Geduld bei einem Puzzle verliert, sich über sich selbst ärgert, weil er irgendetwas nicht kann oder genervt ist, weil er die Hausaufgaben nicht hinbekommt, sehe ich ihn an und sage: »Hey, es ist doch nicht schlimm, sich Hilfe zu holen. Schäm dich niemals, weil du etwas nicht alleine kannst, sondern bitte um Hilfe, okay?«

Und das meine ich auch so. Ja, tatsächlich. Und dennoch wäre ich die Letzte, die andere um Hilfe bittet. Vielleicht habe ich da einen kleinen Sprachfehler. Wirklich. Kurz nach der Geburt meines vierten Sohnes war ich beim ersten Elternabend der Vorschulkinder und eine andere Mutter fragte mich, ob sie mir irgendwie helfen könne, wo ich doch nun vier Kinder unter fünf Jahren hätte und Mac gerade mal einen Monat alt war. Bevor ich antworten konnte, sagten zwei Freundinnen von mir gleichzeitig: »Spar dir die Mühe. Sie nimmt sowieso keine Hilfe an.«

Da hatten sie recht. Ich selbst hätte nicht um Hilfe gebeten, weil ich nicht der Typ dafür bin. Ich bitte nicht gern um Hilfe und ich nehme sie auch nur ungern an. Ich weiß gar nicht so genau, warum. Es ist total dämlich, ich weiß. Es fällt mir überhaupt nicht schwer, anderen zu helfen, da bin ich immer sofort dabei. Ich finde es toll, anderen zu helfen. Aber ich finde es überhaupt nicht toll, wenn mir jemand helfen will. Es macht mich irgendwie verlegen, nervös und ich fühle mich schwach. Ich befürchte, als »nicht perfekte Mutter« abgestempelt zu werden, wenn ich nicht alles alleine schaffe, wie es doch scheinbar den meisten mühelos gelingt. Ich zerbreche mir den Kopf darüber, was andere Leute wohl über mich denken: »Warum hat sie sich denn so viele Kinder zugelegt, wenn sie nicht mit ihnen zurechtkommt?« oder »Wie kann sie nur Hilfe annehmen, wo sie doch selbst nie Zeit hat, anderen zu helfen? Total egoistisch!«

Und am meisten spielt vielleicht meine Befürchtung hinein, von mir selbst enttäuscht zu sein, wenn ich andere um Hilfe bitten muss. Aus irgendeinem nicht nachvollziehbaren Grund habe ich das Gefühl, mir und der Welt beweisen zu müssen, dass ich ganz alleine vier Jungs großziehen kann.

Und raten Sie mal! Das schaffe ich natürlich nicht. Ich kann nicht alles alleine machen. Ich konnte es nicht, aber ich konnte über meinen eigenen Schatten springen und erkennen, dass die Bitte um Hilfe kein Zeichen von Schwäche ist, sondern eher von Stärke. Es zeigte, dass ich genau wusste, welche Unterstützung ich brauche, um meinen Söhnen das Leben etwas ruhiger, reicher und schöner zu machen. Als mein dritter Sohn, Andrew, geboren war, wurde mir klar, dass ich nicht nur Unterstützung brauchte, sondern auch Hilfe annehmen musste, denn mein Mann war von montags bis freitags arbeiten und die restliche Familie vier Stunden entfernt. Ich bemühte mich also, engagierte für einige Stunden einen Babysitter und sagte öfter mal Ja, wenn Freunde mir anboten, etwas zu erledigen oder die Kinder mitzunehmen, wenn ich zu viele Termine oder mich ein Magen-Darm-Infekt lahmgelegt hatte. Ja, es fiel mir immer noch schwer, Hilfe anzunehmen, selbst als ich noch nicht einmal einen Cracker bei mir behalten konnte und Unterstützung wirklich nötig war. Oh Mann, ich kann so ein Dickkopf sein!

Als mein vierter Sohn da war, hatte ich mich im Bereich »um Hilfe bitten und annehmen« noch nicht wirklich verbessert, ehrlich gesagt, hatte ich mich sogar verschlechtert. Ich wollte weiterhin stur alles allein machen, den Babysitter bestellte ich nur äußerst selten und Hilfsangebote nahm ich nur in absoluten Notfällen an. Meine Freunde sagten mir, dass sie gar nicht mitansehen könnten, wie ich mich alleine durchwurschtelte, wo sie doch auf ein einfaches »Könntet ihr mir bitte helfen?« sofort dankbar eingegangen wären.

Ich weiß, dass meine Einstellung verkehrt war. Wie wollte ich denn meinen Kindern beibringen, dass es vollkommen in Ordnung ist, andere um Hilfe zu bitten, wenn ich ihnen genau das nie vorlebe? Ich habe ihnen zwar beigebracht, wie wichtig es ist, selbständig zu sein und Dinge alleine erledigen zu können, beides wichtig und richtig, aber ich wollte ihnen auch nahebringen, dass es ebenso wichtig ist, sich Hilfe zu holen. Warum? Weil es nun mal Dinge gibt, die man nicht selbst tun kann – oder vielleicht könnte man, aber dann wäre es viel schwieriger. Und warum sollte man etwas, das für einen eh schon schwierig und kompliziert ist, noch komplizierter machen?

Zum Beispiel zu lernen, weniger zu schreien.

Mir war klar, dass ich auf meinem Weg zu einem schreifreien Leben Unterstützung brauchte, und es hat mich noch nicht einmal große Überwindung gekostet, danach zu fragen. Vermutlich lag es am Umfang der Orange Rhino Challenge, die unmöglich durchzuhalten und so schwierig schien, dass ich intuitiv wusste, ohne Hilfe konnte ich es nicht schaffen.

Als ich mich dazu entschlossen hatte, diese Challenge anzunehmen, schrieb ich sofort eine E-Mail an meinen Mann, meine Mutter und zwei Freundinnen und bat sinngemäß: »Hey, ich versuche, ein Jahr lang nicht rumzuschreien. Dabei brauche ich aber eure Hilfe, damit ich mein Ziel nicht aus den Augen verliere. Kann ich auf euch zählen? Schreibt ihr mir Nachrichten, dass ich bloß nicht schreien soll? Ruft ihr mich an und fragt, wie es läuft? Meldet ihr euch, um mich an mein Versprechen zu erinnern? Darf ich ersatzweise euch anschreien? Kleiner Scherz ... oder auch nicht.«

Und was geschah? Sie antworteten alle: »Na klar helfen wir dir«, ohne Zögern oder einen dummen Kommentar. Okay, es kamen auch einige »Du bist ja verrückt«, aber direkt gefolgt von »aber sehr beeindruckend, tolle Idee!«

Danach teilte ich es der ganzen Facebook-Gemeinde mit und einfach allen Leuten, die ich kannte. Ich habe also meine Fühler weit ausgestreckt, um potentiell viele Helfer zu haben, die sich die Verantwortung teilen konnten. Wer hätte das gedacht? Wo war die sture »Ich brauche keine Hilfe«-Sheila hin? Ich hatte gerade erst mit der Orange Rhino Challenge begonnen und war schon ein anderer Mensch!

Einer der größten Schritte auf diesem Weg war die Bitte um Unterstützung und ich habe gelernt, dass ich in schwierigen Zeiten nur um Hilfe bitten muss, und schon feuern mich Menschen von nah und fern an, durchzuhalten, nicht aufzugeben, und motivieren mich. Diese Unterstützung bringt so viel. Im Internet finden sich unzählige Hilferufe von mir wie »Hilfe! Wenn die Knirpse nicht sofort aufhören, sich zu prügeln, flippe ich komplett aus« oder »Es ist gerade mal 6:50 Uhr und ich wollte schon mindestens fünfmal schreien. AAAARGH!« Und es gibt mindestens genauso viele Antworten meiner Helferlein, zum Beispiel »Halte durch«, »Bloß nicht aufgeben!« und »Du packst das!« Die Hilfe und Unterstützung von anderen hat mir nicht nur dabei geholfen, den einen oder anderen Schrei herunterzuschlucken, sondern hat den Stress von mir genommen.

Ich glaube schon, dass man es auch alleine schafft, nicht mehr zu schreien. Aber ich bin fest davon überzeugt – nein, ich weiß es sogar –, dass ich selbst es ohne die Unterstützung von Menschen, die an mich glaubten und mich anspornten, nicht so schnell und einfach geschafft hätte.

DIE ORANGE RHINO-ERKENNTNIS

Um Hilfe zu bitten, ist nicht schlecht, sondern gut. Es ist kein Zeichen von Schwäche, sondern von Stärke.
Als ich anderen von meinen Erfahrungen erzählte, erfuhr ich, dass sie dieselben Schwierigkeiten haben.

Maßnahmen des Tages

Schaffen Sie sich ein eigenes Netzwerk. Bitten Sie wenigstens jeweils eine Person, die folgenden Posten zu übernehmen. Hinweis: Diese Menschen müssen selbst nicht schreifrei leben, sie müssen nur an Sie glauben, Sie und Ihr Vorhaben unterstützen. Wie sagte Oprah Winfrey so schön? »Man sollte sich nur mit Menschen umgeben, die einen zu Höchstleistungen anspornen.« Glauben Sie niemals jemandem, der behauptet, Sie würden es nicht schaffen, denn Sie können es lernen, weniger zu schreien, und genau das werden Sie auch!

- Der Motivationscoach: jemand, den Sie anrufen können, wenn Sie alles hinschmeißen wollen, und der Ihnen immer sagt, dass Sie nicht aufgeben sollen, dass Sie es schaffen, der Sie daran erinnert, warum Sie sich dieser Challenge überhaupt gestellt haben. Geeignete Kandidaten: Ehepartner, beste Freundin, Eltern oder irgendjemand, dem Sie vertrauen.
- Der Immer-Erreichbare: jemand, der mit dem Handy in der Hand lebt und immer erreichbar ist, wenn Sie akut das Bedürfnis haben zu schreien. Suchen Sie möglichst jemanden aus derselben Zeitzone, der ähnliche Erziehungsansichten hat wie Sie, jemand, der prompt mit einem »Du schaffst das!« antwortet.
- Die Kinder: erklärt sich von selbst – ich denke, Sie kennen sie. Und ja, ich habe meinen Kindern auch erzählt, was ich vorhabe, und schreibe darüber an Tag 3.

Erzählen Sie Ihrem Netzwerk Ihr Katastrophenerlebnis. Je öfter Sie diese Geschichte erzählen und warum Sie sich ändern wollen, umso mehr motiviert Sie das, Ihr Bestes zu geben, und umso mehr Leute werden Sie unterstützen. Unangenehm? Ja. Lohnenswert? Absolut.

Wenn Sie so sind wie ich, haben Sie beim Lesen der heutigen Maßnahmen vermutlich gedacht: »Stopp mal, wenn ich mir ein Netzwerk schaffe, muss ich den Leuten ja sagen, dass ich Unterstützung brauche, was wiederum bedeutet, dass ich öffentlich zugebe, dass ich ein Schreiproblem habe, was ich aber gar nicht so zugeben will.« Das ist mir klar. Es fällt Ihnen vielleicht nicht so leicht, um Hilfe zu bitten, aber vertrauen Sie mir: Sie werden Hilfe gut gebrauchen können und es ist wichtig, dass Sie anderen davon erzählen. Nachdem ich von meiner Challenge erzählt hatte, war alles irgendwie verbindlicher, denn immer wenn ich auf jemanden aus meinem Netzwerk traf, fragte er oder sie mich, wie die Challenge lief, und wies mich so noch einmal auf mein Ziel hin.

„Sie schaffen es, aber es ist leichter, wenn Sie es nicht alleine schaffen müssen."

Wayne Dyer

TIPPS DES TAGES

cool

Stellen Sie sich am Handy eine Erinnerung ein, die Ihnen jede halbe Stunde sagt, Sie sollen nicht schreien. Das ist zwar nervig, aber sehr effektiv.

warm

Nicht schreien, machen Sie besser Liegestütze! Sportliche Betätigung setzt Endorphine (oder so) frei, die Sie ausgeglichener werden lassen. Zusätzlicher Effekt: Ihre Arme sehen bald viel durchtrainierter aus!

heiß

Sagen Sie immer wieder: »Ich liebe dich.« Es fällt schwer, jemanden anzubrüllen, den man doch eigentlich liebt.

Tag 3: Auch die Kinder können helfen

Ich werde oft gefragt: »Wie viele Anläufe hast du denn nun gebraucht, um tatsächlich 365 Tage am Stück nicht zu schreien?« Ich »glaube«, die Antwort lautet zehn, je nachdem wie ich zähle. Dank eines Adrenalinschubs nach dem ersten erfolgreichen Tag, der Unterstützung von anderen und meiner Entschlossenheit, anderen zu beweisen, dass ich es schaffe, habe ich bei meinem ersten Orange Rhino Challenge-Versuch acht Tage am Stück durchgehalten. Und danach brauchte ich acht Tage in Folge, bis ich es wieder schaffte, einen ganzen Tag lang nicht zu schreien. Es war genau wie in dem Film »Und täglich grüßt das Murmeltier« – total frustrierend.

Morgens sagte ich mir noch, dass ich es schaffe. Dann erinnerte ich mich daran, wie ich am Tag zuvor rumgebrüllt hatte, und war sofort frustriert, regte mich über jede Kleinigkeit auf und ZACK – schon schrie ich wieder. Abends ging ich enttäuscht ins Bett, wachte am nächsten Morgen auf und sagte mir, dass ich es heute schaffe. Wieder war ich frustriert, dass ich am Tag zuvor rumgebrüllt hatte, regte mich über jede Kleinigkeit auf und ZACK – schon schrie ich wieder. Abends ... Sie können sich denken, wie es weitergeht. Acht Tage lang! Es war schrecklich. Einfach schrecklich. In meinem Blog schrieb ich zu Tag 1, Versuch Nummer 6:

Es ist so schwierig

»James, wie schlage ich mich denn beim Versuch, nicht zu schreien?

» *Mies. Total mies. Du hast mich gestern angeschrien. Und gerade eben.*

Tja, das nenne ich mal eine Zusammenfassung. Ich weiß nicht, was seit letzter Woche anders ist. Letzte Woche habe ich acht Tage am Stück geschafft. Und fühlte mich gut. So dermaßen gut. Und euch Nichtschreiern da draußen sage ich: Ich weiß, dass ihr lacht und denkt, acht Tage sind doch nichts. Geht doch leicht. Aber für mich war es schwierig. Am Anfang. Der erste Tag war ANSTRENGEND. An dem Abend sagte ich zu meinem Mann: »Wow, ich fühle mich toll, dass ich nicht geschrien habe, aber, alter Schwede, ich bin fix und fertig.«

Ich musste mich richtig zusammenreißen. Und ich musste meine innere Grundschullehrerstimme wiederfinden, die leise und liebevoll redet und dennoch respektiert und beachtet wird. Irgendwie ist es mir gelungen. EINE GANZE WOCHE LANG. Jeder weitere Tag ohne Geschrei machte mich stärker und es wurde leichter. Und mir ging es so unglaublich gut. Das erste Mal seit Jahren war ich voller Elan. Ich sprudelte über vor Adrenalin und Aufregung.

Dabei hat mein Fünfjähriger ja gerade festgestellt, dass ich das ganze Schreifrei-Ding nicht so drauf habe. «

Auch wenn diese Woche, in der es überhaupt nicht lief, schon drei Jahre her ist, weiß ich noch ganz genau, wie ich mich damals fühlte. Oh ja, ich war so entmutigt und verzweifelt! Ich habe es einfach nicht hinbekommen! Ich habe sogar noch mehr rumgebrüllt als vor der Challenge ... und das auch noch selbstverschuldet. Ich setzte mich so unter Druck, dass ich bei jeder Schwierigkeit einknickte. Dass ich nicht mal einen oder auch nur einen halben schreifreien Tag schaffte, entmutige mich so sehr, dass ich es gar nicht mehr richtig versuchte. Mein Versagen war mir so peinlich, dass ich am liebsten aufgegeben hätte, um das Gesicht zu wahren.

Als ich gerade das Handtuch werfen wollte, kam mir plötzlich wie aus dem Nichts eine Idee, die sich nicht nur als eine meiner besten überhaupt herausstellen sollte, sondern als mein Rettungsanker für die gesamte Challenge. Dieser wunderbare Moment ereignete sich an Tag 1, Versuch Nummer 6. Nachdem mein Sohn mich darauf hingewiesen hatte, wie oft ich rumbrüllte, sah ich meine Jungs an und meinte: »Ich brauche Hilfe. Jedes Mal, wenn ich motzig werde, kurz davor bin loszuschreien oder es wirklich tue, sagt ihr: ›Orange Rhino.‹ Los, wir versuchen es gleich mal. Ich schreie euch gleich an, aber ich tu nur so, okay. Das zählt nicht!«

»ACH DU MEINE GÜTE, kann doch wohl nicht wahr sein, dass ihr schon wieder eure Milch verschüttet habt!«

»Orange Rhino! Orange Rhino! Orange Rhino!«, riefen James und Edward kichernd und so aufgeregt, dass ich sie fast schon anschreien musste, damit sie aufhören. Sie lieben Spiele, über alles! Zu meinem Missfallen ist eines ihrer Lieblingsspiele, sich gegenseitig Schimpfwörter an den Kopf zu knallen, wobei die Rangliste angeführt wird von »Arschgesicht«, »Stinkearsch«, »Stinkgesicht«, »Pupsgesicht« und »Popelnase«. Goldig, nicht wahr? Aber ernsthaft: Warum bin ich denn nicht schon früher darauf gekommen, mir ihr Lieblingsspiel zu Nutze zu machen?

»Orange Rhino« wurde schnell zum Lieblingsspiel, und das nicht nur, weil es oft angesagt war (also bestimmt einmal pro Stunde in den ersten zwei Wochen), sondern weil wir es alle aus unterschiedlichen Gründen toll fanden. Meine Söhne fanden es toll, weil sie mich »anzählen« konnten, so wie ich es bei ihnen bei »fragwürdigem Benehmen« tue, und weil es mich natürlich davon abhielt, sie anzuschreien. Ich fand es toll, weil meine Jungs echt gut darin waren und es mir in schwierigen Momenten wirklich half.

Man könnte meinen, als Schreiexpertin müsste ich genau wissen, wann es kurz vor knapp ist und ich besser aus der Situation gehen sollte. Aber leider ist dem nicht so. Dafür haben meine Kinder schon immer genau gespürt, wann mir ein Schrei auf der Zunge liegt. So wie sie einen sechsten Sinn dafür haben, wann ich eine Umarmung oder ein Küsschen zur Aufmunterung brauche, haben sie eben auch einen sechsten Sinn dafür, wann ich kurz davor bin auszuflippen. Bestimmt reiße ich dann die Augen auf, ziehe die Augenbrauen hoch und stampfe mit den Füßen. Bestimmt gibt es noch einige Anzeichen mehr, die aber nur meine Kinder erkennen, da sie nun mal als Einzige dabei sind. Und genau deshalb sind sie auch genau diejenigen, die mir helfen können, nicht mehr zu schreien.

Hätte mir jemand zu Beginn dieser Challenge gesagt, dass meine Kinder meine größte Unterstützung dabei sein würden, mein Vorhaben umzusetzen, hätte ich das nicht geglaubt. Meine Kinder, eine Hilfe zum schreifreien Leben? Die, die mich überhaupt erst zum Schreien bringen? Klar sind sie der Grund dafür, dass ich damit aufhören will, und es sollte eigentlich schon reichen, sie und ihre süßen Gesichter anzusehen, um nicht zu schreien. Doch leider klappt das nicht immer. Aber sobald sie »Orange Rhino, Mama!« sagen, halte ich sofort inne. Jedes. Einzelne. Mal. Es ist die doppelte Dosis – die niedlichen Gesichter und die noch niedlicheren, beharrlichen, einerseits anspornenden, aber manchmal auch verzweifelten Stimmen, die mich daran erinnern, mich zu beruhigen und liebevoll mit ihnen zu sprechen, nicht wütend.

Ich nahm immer an, dass ich meinen Kindern helfen würde, auch dabei, ihre Ziele zu erreichen. Nie im Leben hätte ich gedacht, dass meine Kinder mir einmal dabei helfen würden, meine Ziele zu erreichen, schon gar nicht in so jungen Jahren. Tja, jetzt bin ich mir ganz sicher, dass ich einem Großteil meines Erfolges meinen Kindern und ihrem Spaß am Orange Rhino-Spiel zu verdanken habe. Und genauso sicher bin ich, dass meine Antwort auf die Frage »Hast du deinen Kindern von deinem Vorhaben erzählt? Meinst du, sie sollten es wissen?« nur JA lauten kann.

Ich wurde gefragt, ob meine Kinder »Orange Rhino« ausgenutzt haben, im Sinne von »Los, wenn wir frech sind, sagen wir einfach: ›Orange Rhino‹, damit Mama uns nicht anbrüllen darf und wir keinen Ärger bekommen«. Meine Antwort? Ja, es gab definitiv Situationen, in denen meine Kinder dieses Ass aus dem Ärmel geschüttelt haben. Und nein, ich habe dann nicht geschrien. Das heißt aber nicht, dass ich ihnen ihr Verhalten durchgehen ließ. Nein, auch ohne Schreien habe ich ihnen klargemacht, dass ihr Verhalten nicht in Ordnung und ich wütend war. Ich wies sie auch darauf hin, dass der Sinn des Orange Rhino-Spiels darin liegt, dass ich weniger schreie, was auch für sie von Vorteil ist, weshalb sie achtsam damit umgehen sollten.

DIE ORANGE RHINO-ERKENNTNIS

Meine Söhne sind eine tolle und immer greifbare Hilfe! Sie sind die ganze Zeit in meiner Nähe und erkennen, wann ich kurz davor bin zu schreien.
Wenn ich meine Kinder um Hilfe bitte, schwächt das nicht meine Position als Mutter. Sie lernen, wie man um Hilfe bittet, bekommen ein Gespür dafür, dass sie etwas bewirken können, und es stärkt ihr Selbstvertrauen, wonach sich alle Kinder sehnen.

Maßnahmen des Tages

Bringen Sie Ihren Kindern das Orange Rhino-Spiel bei. Fragen Sie sie, ob sie aus dem Stegreif einige Anzeichen erkennen, dass Sie jeden Augenblick anfangen werden zu schreien, bevor Sie schreien. Fragen Sie, wie genau diese Anzeichen aussehen. Machen Sie eine Übung, bei der Sie schreien und Ihre Kinder »Orange Rhino« sagen sollen, sobald sie ein Schreianzeichen wahrnehmen.

Basteln Sie ein Orange Rhino-Schild: Schneiden Sie das große orange Nashorn im Anhang aus. Schreiben Sie Ihren eigenen Motivationssatz auf die Rückseite. Befestigen Sie es mit Klebestreifen an einem Stab (Eisstiel, Essstäbchen, Schaschlikspieß). Stellen Sie es irgendwo gut sichtbar hin und sagen Sie Ihren Kindern, dass sie das Schild holen und in einem »Orange Rhino«-Augenblick hochhalten sollen.

»Eltern sollen ihrem Kind etwas beibringen, aber sie müssen auch lernen, was das Kind ihnen beibringen kann; und das ist einiges.«

Arnold Bennett

TIPPS DES TAGES

cool

Sagen Sie laut positive Dinge über Ihre Kinder. Das zwingt Sie dazu, sich auf die positiven Verhaltensweisen zu konzentrieren, was Kinder wiederum darin bestärkt, sich gut zu benehmen.

warm

Entdecken Sie Ihre Lehrerqualitäten. Sagen Sie »1, 2, 3, 4, alle schauen jetzt zu mir« oder klingeln Sie mit einer Glocke, wenn Sie die Aufmerksamkeit Ihrer Kinder brauchen.

heiß

Klatschen Sie! »Wenn du wütend bist, dann klatsche in die Hände!« Das baut den Stress hervorragend ab.

Tag 4: Nicht die Kinder anschreien, sondern von ihnen weg

Ich stellte mich der Orange Rhino Challenge, ohne eine Ahnung zu haben, wie ich es schaffen sollte, nicht zu schreien. Also, natürlich war mir bewusst, dass ich viel mehr Geduld brauchte, um es zu schaffen, mehr Schlaf, um geduldiger zu werden, und am Ende des Tages mehr Eis, um von all dem Stress abzuschalten, unter dem man steht, wenn man sich in Geduld üben will. Aber davon abgesehen, hatte ich keinen blassen Schimmer, wie ich einen Schrei wirklich unterdrücken konnte. Schreien war für mich quasi eine instinktive Reaktion, wenn ich angenervt war. Für meinen Körper war es ganz natürlich zu schreien, und erstaunlicherweise war er es auch, der den ersten kleinen Schritt zum Nichtschreien tat.

Es war an einem ganz normalen Morgen im Rhinoland. Sie wissen schon, meine Jungs haben alle lange geschlafen, dann ihre Betten gemacht, sich angezogen und Zähne geputzt, ohne dass ich darum bitten musste. Dann kamen sie auf Zehenspitzen ins Schlafzimmer und brachten mir Frühstück und Kaffee ans Bett, von Wichtelmännchen zubereitet, als ich noch schlief. Danach spielten sie friedlich miteinander, ohne jegliche Zwischenfälle. Hach ja. Das war vielleicht herrlich.

Dann wachte ich natürlich auf und stellte fest, dass ich alles nur geträumt hatte und es ein ganz normaler Morgen im Rhinoland war. Am Abend zuvor war ich zu lange auf geblieben, um noch zu putzen. Ach was! Das glaubt mir doch sowieso niemand. Ich war zu lange auf, weil ich online noch die neuesten Klatschnachrichten gelesen hatte, und nun war ich vollkommen erledigt und wollte nicht aufstehen. Überhaupt. Gar. Nicht. Der Wecker war auf 5:30 Uhr gestellt, damit ich rechtzeitig aufstand, um zu duschen, wach zu werden und mich für den Tag vorzubereiten. Aber stattdessen schlug ich mit aller Kraft auf den Wecker und drehte mich noch mal um. Blöde Idee. Ganz blöde Idee. Miserable Idee, um einen der ersten Tage meiner schreifrei-Challenge zu beginnen.

Wenn ich nicht ganz wach, bei der Sache und voller Energie bin, bevor meine Jungs mit einem lauten »GUTEN MORGEN« hereinstürmen, gefolgt von »Das ist meins« und »Der hat mein Lego kaputt gemacht« und »Ist heute Wochenende? Ich will nicht zur Schule«, dann ist meine Geduld auch noch nicht ganz da. Und genau aus diesem Grund ist auch meine Lärmtoleranz sehr niedrig, meine Geduld, tausend Fragen zu beantworten, und meine Fähigkeit, das allmorgendliche Chaos im Zaum zu halten ohne schreien zu wollen!

Als meine drei lauten »Wir-sind-ausgeschlafen-und-HELLWACH«-Jungs an jenem Morgen ins Schlafzimmer kamen, um ihre »Ich-habe-zu-wenig-geschlafen-und-bin-immer-noch-total-müde«-Mutter zu wecken und den Tag mit einer Mischung aus Beschwerden, Fragen, Bedenken und Juchus zu beginnen, war meine Antwort: »Ich bin heute Morgen noch nicht so weit, Mutter zu sein. Ich schlafe noch eine Runde.«

Als hätte ich dazu die Gelegenheit gehabt! Sie stürzten sich aufs Bett, stellten meine Geduld, Toleranz und Fähigkeit, wieder einzuschlafen, auf die Probe. Zu allem Überfluss hörte ich auch noch Mac über das Babyfon weinen, weshalb ich aufstehen und in sein

Zimmer stolpern musste, um ihn zu holen. Total übermüdet zog ich ihn an, während seine Brüder durch den Flur rannten, um zu demonstrieren, wie ausgeschlafen sie waren, was mir noch mehr zeigte, wie gern ich weitergeschlafen und von einem friedlichen Morgen geträumt hätte. Ich tapste zurück ins Schlafzimmer und zog mich um.

Als ich mir Klamotten für den Tag heraussuchte und Mac zu meinen Füßen spielte, erinnerte ich mich selbst an die Orange Rhino Challenge. Ich ermahnte mich, mich dahinterzuklemmen und schnell wach zu werden oder ich konnte Tag 3 knicken, bevor es 7 Uhr war. Dann stellte ich fest, dass schnell nicht schnell genug war.

Sechs Füße trampelten den Flur entlang ins Schlafzimmer. Sechs Augen sahen mich tadelnd an. Drei Hände wurden in die Luft gestreckt und zeigten auf mich und drei Münder krähten, so laut es nur ging, »Mamaaaaaaa! Mamiiiii! Mama!«

»Er hat mich gehauen.«

»Er hat angefangen.«

»Aua. Aua.«

Die Lautstärke und das Rumgestreite waren einfach zu viel für meinen erst halbwachen Geist. Ich hatte so dermaßen keinen Bock auf diesen Mist. Ich wollte einfach nur schreien: »VERSCHWINDET! SEID LEISE! BITTE!« Aber bevor es dazu kam und bevor ich überhaupt wusste, was ich da tat, drehte ich mich um, steckte den Kopf in den Kleiderschrank und ließ wie in guten alten Zeiten einen Schrei los.

»Aaaaaaaaaaaaargh!«, brüllte ich.

»Scheiße«, dachte ich sofort. »Ich habe gerade geschrien. Zählt das? Immerhin habe ich ja nicht meine Kinder angeschrien. Aber geschrien habe ich. Aber nichts Gemeines, ich habe nur etwas Dampf abgelassen. Das geht in Ordnung, oder?«

Langsam und nervös drehte ich den Kopf weg von meinen zehn Jahre alten Twinsets zu meinen Kindern und fürchtete mich vor ihrer Reaktion. Ich wusste, wenn sie verstört schauten, weinten oder mir sagten, wie schlimm ich war, dann hatte ich es vergeigt. Ich bemühte mich so sehr, nicht zu schreien, und hatte es schon zwei Tage geschafft. Ich war stolz und wollte keine Enttäuschung sein oder mich wie ein Versager fühlen.

Keiner heulte mehr. Sie sahen mich nur an. Starrten mich vielmehr an.

Als Erster fand Edward die Sprache wieder. »Mama, das war bekloppt. Du hast den Kopf in den Schrank gesteckt und deine Klamotten angeschrien!«

Dann sagte ich etwas. »Oh, Jungs, habe ich gerade wirklich geschrien? Muss ich jetzt wieder von vorn anfangen?«, fragte ich nervös.

James, mein ernstes, logisch denkendes Kind, legte einen Finger an sein Kinn, spitzte die Lippen und sein Blick ging nach oben. Das war sein Grübelgesicht. »Also, Mom ...«, begann er. »Oje, das klingt nicht gut«, dachte ich.

»Nein, ist okay. Du hast nicht UNS angeschrien, sondern deine Klamotten. Das zählt nicht.«

»Hm, stimmt«, kam es von Edward.

»Habe ich denn eure Gefühle verletzt? Habe ich euch Angst gemacht?«, fragte ich aufmerksam. Das waren und sind zwei der wichtigsten Gründe, warum ich nicht mehr schreien will. Ich wollte meinen Kindern einfach keine Angst mehr einjagen oder absichtlich ihre Gefühle verletzen.

»Nö. Du hast mich zum Lachen gebracht«, sagte Edward mit einem Lächeln.

»Sicher?«, hakte ich nach. Ich war zwar selbst der Meinung, dass mein Verhalten in Ordnung war, dass es nicht gemein oder gegen meine Jungs gerichtet war, sondern wirklich nur dazu diente, den Frust so rauszulassen, dass es niemanden verletzte, aber dennoch wollte ich ihre Meinung wissen. Denn, noch mal, schlussendlich sind meine Kinder mein Publikum. Sie sind die besten und wichtigsten Richter.

James unterbrach meine Zweifel durch beruhigende Worte. »Ganz sicher, Mom. Du weißt doch, wir sind die Orange Rhino-Polizei. Wir wachen darüber, ob du dich an die Regeln hältst. Und wir sind der Meinung, dass du das getan hast«, stellte James nachdrücklich fest.

Und so war die Orange Rhino-Polizei geboren und gab mir grünes Licht.

So schnell sie gekommen waren, rannten sie nun nach unten und riefen: »Los, ziehen wir unsere Polizeikostüme und die Abzeichen an!«

Und dann war ich vollkommen wach – nicht durch ihr Gebrüll oder Gezänk oder durch meinen »Schrei«, sondern weil ich so sehr grinsen musste. Ich fand es toll, wie sie bei der Orange Rhino Challenge mitmachten und wie sehr sie sich bemühten, mir zu helfen.

Und ich fand es toll, einen neuen Ausweg gefunden zu haben, wenn ein Schrei sich nicht mehr aufhalten ließ: ihn gegen ein unbelebtes Objekt zu richten und nicht gegen meine Kinder. Wenn sich ein Schrei ankündigte, konnte ich mich abwenden und ein »AAARGH« oder ein »AAAAH« in einen Schrank, Mülleimer, Tiefkühlschrank, ein Schubfach oder meine Handtasche brüllen. Unbelebte Objekte haben keine Gefühle, Kinder schon. Meine Klamotten brechen nicht in Tränen aus, wenn ich sie anschreie, meine Kinder schon. Die Waffeln im Tiefkühlschrank bekommen keine Angst, wenn ich sie anschreie, meine Kinder schon. Die Toilette schreit mir nicht entgegen: »Du bist der gemeinste Mensch auf der ganzen Welt!«, wenn ich sie anschreie, meine Kinder schon.

Ich habe keine bösen Worte rausgelassen, sondern nur meinen Ärger. Nachdem ich das ein paar Tage getan hatte und meine Kinder darüber gelacht haben, wie ich meine Klamotten anschrie, stellte ich fest, dass ich mich doch in den Griff bekommen konnte. Das nächste Ziel war, das AAAAH nicht herauszuschreien. Je besser ich mich beherrschte, wogegen was ich meinen Schrei richtete, umso besser lernte ich, wie ich mich selbst herunterholen konnte, so dass der Schrei gar nicht mehr heraus musste. Es ist, wie der englische Fußballer Bobby Robson sagt: »Übung macht beständig.« (Ein Zitat, das ich übrigens viel besser finde als »Übung macht den Meister«. Wer will denn schon meisterlich sein?!)

Ja, ich weiß. Es klingt verrückt. Und dämlich. Sogar ziemlich lächerlich. Aber es hat an jenem Morgen funktioniert und auch in zahlreichen anderen Situationen in den ersten Tagen, als ich noch lernen musste, wie man ohne Schreien zurechtkommt, wie man einen sich anbahnenden Schrei erkennt und aufhält und wie man den ganzen Tag über ruhig(er) bleibt, damit heikle Situationen wie jene mich gar nicht so weit bringen, meine Kinder anschreien zu müssen, um mich besser zu fühlen.

Außerdem würde ich jederzeit eher in eine Kloschüssel schreien, als meine Kinder anzuschreien. Aber nur, wenn die Toilette nicht stinkt, weil noch Pipi und Kacka darin schwimmen, da mal wieder jemand nicht abgezogen hat. Ja, alles schon erlebt. IGITT! Ich musste, so schnell es ging, ins Bad, um dringend einen Schrei loszuwerden, allerdings hatte ich nicht in die Kloschüssel geschaut, bevor ich meinen Kopf reinsteckte. Ups. Aber hey, zumindest habe ich daran gedacht, mich zusammenzureißen, mich von meinen Jungs und der Situation abzuwenden und von ihnen weg zu schreien, also war doch alles gut. Ich hab die ganze Scheiße einfach weggespült – im wörtlichen und im übertragenen Sinn – und kam als neuer Mensch aus dem Bad. Angewidert, weil mein Gesicht so nah an Kacke war? Ja. Aber nicht angewidert von mir, denn ich habe mich an mein Versprechen gehalten. Yeah!

DIE ORANGE RHINO-ERKENNTNIS

Ich habe keine Kontrolle darüber, was meine Kinder tun, aber ich habe immer die Möglichkeit, meine Reaktion auf ihr Verhalten zu kontrollieren.
Ich habe immer die Wahl, aus der Situation zu gehen, tief durchzuatmen oder lieber in die Kloschüssel zu schreien, als meine Kinder anzuschreien.
Auch mit kleinen Schritten kommt man ans Ziel. Sich abzuwenden und von den Kindern weg zu schreien, fühlte sich zunächst komisch und nach nichts Großem an, aber dieser kleine Schritt änderte mein Verhalten um 180 Grad.

Maßnahmen des Tages

Üben Sie, sich abzuwenden. Auch wenn sich das Anmeckern nicht unterdrücken lässt und vielleicht sogar Schimpfworte fallen, ist es immer noch besser, sich dabei abzuwenden. Drehen Sie sich weg, geht das Gesagte nicht direkt von Ihrem Mund in die Augen und Herzen Ihrer Kinder. Suchen Sie sich, wenn möglich, ein unbelebtes Objekt, das Sie anschreien können. Der Vorteil daran? (a) Es ist vielleicht witzig und lässt Ihre Kinder stutzig werden, (b) es ermöglicht Ihnen, die Kontrolle wiederzuerlangen, und (c) Sie können Frust loswerden.

Zählen Sie, wie oft Sie sich zum Schreien abwenden. Warum? Erstens öffnet Ihnen das die Augen dafür, dass sich etwas ändern muss, und motiviert Sie, das auch zu tun. Zweitens lässt sich daran sehr gut eine Verbesserung ablesen. Wenn Sie dieses Buch zu Ende gelesen haben, können Sie erneut zählen und überprüfen, wie viel weniger Sie nun schreien.

Mir ist bewusst, dass es manchmal seltsam, wenn nicht sogar peinlich ist, in eine Kloschüssel oder Handtasche zu schreien, und ich gebe zu, dass es bessere Möglichkeiten gibt, seinem Ärger Luft zu machen. Diese Möglichkeiten werden Sie noch kennenlernen. Jetzt geht es zunächst darum, dass Sie erkennen, dass Sie sich viel besser im Griff haben können, als Sie vielleicht glauben. Das wird Ihnen das so wichtige Selbstvertrauen geben, dass Sie es schaffen können!

> *„Auch der längste Marsch beginnt mit dem ersten Schritt."*
>
> *Laotse*

TIPPS DES TAGES

cool

Ziehen Sie im Laufe des Tages sanft an Ihren Fingern, um Anspannung loszuwerden. Mir hat mal jemand erzählt, dass es am besten am Mittelfinger klappt. Ha, ha!

warm

Spritzen Sie sich kaltes Wasser ins Gesicht. Das vertreibt sofort die schlechte Laune. Schicken Sie einer Freundin eine Frustnachricht, dann wird Ihr Geist frei genug, um Ihrem Kind etwas Warmes und Nettes sagen zu können.

heiß

Schreien Sie in einen Schrank. Sie wissen ja: Klamotten haben keine Gefühle, Kinder schon.

Tag 5: Kleine Erinnerungshilfen

Ich werde nie den Tag in der 7. Klasse vergessen, als ich versuchte, Julia Roberts zu imitieren. Endlich hatten mir meine Eltern erlaubt, »Pretty Woman« zu sehen, und ich war sofort hin und weg von Julias (Vivians) Kleidung. Also, die schicke, gehobenere – nicht die, die sie, naja, auf dem Strich anhatte. Das rote Abendkleid beim Opernbesuch? Ich war hin und weg davon! Aber was mir noch besser gefiel: der schwarze Blazer über dem weißen T-Shirt. Fand ich klasse – so klasse, dass ich am Montag, nachdem ich den Film gesehen hatte, meinem Vater ein schwarzes Jackett geklaut habe und ihn in der Schule trug. Nur war es zu kalt für ein weißes T-Shirt (und ich glaube, ich war auch zu schüchtern, eins zu tragen, aus Angst, man könne meinen BH erahnen, schluck!), also kombinierte ich lieber mit einem blau-rot-gestreiften Rollkragenpullover. Rückblickend kein modisches Highlight. Wo war denn nur die Orange Rhino-Modepolizei, wenn man sie brauchte? Tja. War mir egal. Ich war mir sicher, dass ich umwerfend aussah und voll der Trendsetter war.

In der Schule schien niemand meiner Meinung zu sein, denn niemand sagte: »Hey, coole Jacke«. Einen Tag später. Das beliebteste Mädchen in der Schule trägt, wer hätte es gedacht, das schwarze Jackett ihres Vaters und einen Rollkragenpullover. Und, wer hätte es gedacht, jeder sagt ihr, wie umwerfend und cool sie aussieht. Hallo?! Ich hatte gestern genau das Gleiche an! Wer sie wohl auf die Idee gebracht hat?! Zwei Tage später ... So ziemlich jedes Mädchen trägt irgendein Jackett. Zum ersten und letzten Mal hatte ich einen Modetrend (mehr oder weniger) gesetzt und wer mich kennt, weiß, dass das eigentlich nicht nur schier unmöglich ist, sondern auch noch zum Kaputtlachen.

Sie müssen wissen, ich bin ich so ziemlich das Gegenteil von »voll im Trend«. Ich habe keinen Sinn und kein Händchen für Mode, erst recht nicht jetzt als Vollzeitmama. Ich bin schon froh, wenn meine Jeans nicht kaputt und im halbwegs zeitgemäßen Blauton sind. Seit acht Jahren trage ich denselben Gürtel und werde ihn so bald auch nicht ersetzen. Meine Haare sind immer geflochten, auch wenn angeblich nur kleine Mädchen Zöpfe tragen sollten. Ich trage keine Accessoires und wüsste auch nicht, welche, und Klamotten-Shoppen ist nicht meins. Wenn ich mich mal für einen besonderen Anlass hübsch machen muss, muss ich mir immer bei einer Freundin eine Handtasche oder gar ein komplettes Outfit leihen. Und das alles macht mir nichts aus. So bin ich nun mal und »im Trend sein« ist mir wirklich nicht wichtig.

Okay, es war mir nicht wichtig bis zum Frühjahr 2012.

Als ich mich für mein symbolisches Nashorn für die Farbe Orange entschied, tat ich das, weil mir die Bedeutung der Farbe gefiel – Wärme, Kraft, Entschlossenheit, Zuversicht, Glück und Erfolg. Ich habe mich nicht dafür entschieden, weil ich dachte, die Farbe sei »in«, sondern weil es die perfekte Farbe für die Orange Rhino Challenge war. Orange verkörperte einfach so gut, was ich wollte und brauchte. Ich wollte wärmer sein, glücklicher, erfolgreicher. Dazu brauchte ich Kraft, Entschlossenheit und Zuversicht. Voilà! Orange Rhino.

Ende Januar entschied ich mich für Orange, also bevor die Frühlingsfarben Einzug gehalten hatten. Ein paar Wochen später, raten Sie mal, welche Farbe plötzlich »in« und überall zu sehen war. Orange! Und die beliebteste Farbkombination? Orange und Pink – die Farben meines Blogs. Es war fast schon unheimlich. Wo auch immer ich einkaufen ging, egal ob Haushaltswaren (mag jemand orange Topflappen?) oder Klamotten (orange Shirts, Shorts, Badeanzüge, Hüte), Orange stach mir ins Auge – im guten Sinne natürlich. Orange war wirklich das neue Schwarz. Ich lag total im Trend und es war mir wichtig. Aber nicht, weil ich jetzt cool war, sondern weil es meine Challenge erleichterte!

Wie das? Nun, einerseits, auch wenn es sich verrückt anhört, es fühlte sich für mich ein wenig so an, als hätte sich die Welt hinter mich gestellt, um mich bei meiner Challenge zu unterstützen, was mir noch mehr Kraft gab. Natürlich hat die Modeindustrie ihre Frühjahrskollektion nicht nach mir und meinem Versprechen gegenüber meinen Kindern ausgerichtet. Dennoch war es toll, mit meinen Kindern einkaufen zu gehen und überall Orange zu sehen, das mir zuzurufen schien: »Hey Mädel, du schaffst das! Haben die Kinder einen Wutanfall in Gang 9? Kein Problem! Wirf linkerhand einen Blick auf die schönen orangenen und pinken Halstücher oder rechterhand auf die orangenen Ketten.«

»Im Trend« zu liegen und überall Orange zu sehen, brachte mich dazu, mich mit orange Gegenständen zu umgeben, um am Ball zu bleiben. Das machte es unendlich leichter, an mein Versprechen zu denken. Den Halstüchern und Ketten konnte ich nicht widerstehen, auch nicht den orangen T-Shirts für die Jungs und mich, den orangen Füllern für die Schule oder dem genialen orangenen Pfannenwender mit der Aufschrift »Hier wird mit Liebe gekocht«. Ach, wie passend! Es passte einfach alles: Nun hatte ich viele kleine orange Helfer, die mich zu Hause und unterwegs an mein Versprechen erinnerten, voller Wärme und Liebe zu sein.

Mein Mann würde wohl sagen, dass ich es beim Shoppen etwas übertrieben hätte. Ich würde selbstverständlich widersprechen (naja, ein bisschen). Aber es war so toll. Wenn ich morgens müde aufwachte, zog ich entweder ein oranges T-Shirt an oder trug eine orange Kette. Wenn meine orange Kleidung dreckig war oder einer der Jungs besonders, hm, energiegeladen war, zog ich ihm Orange an. Manche Tage gingen schon so schlecht los, dass ich, fünf Minuten nachdem ich zum Frühstückmachen nach unten gegangen war, alle Mann wieder nach oben schickte, um sich etwas Oranges anzuziehen. Kein Witz!

Und – auch keine Witz – es klappte! Es klappte wirklich. Ich wurde optisch an mein Versprechen erinnert, liebevoller und herzlicher zu erziehen, und das spornte mich an und zeigte mir immer wieder mein Ziel auf. Besonders die orange Kleidung – man muss sich einfach an sein Versprechen erinnern, wenn man die Hand zum zehnten Mal an diesem Morgen zum Kühlschrank ausstreckt und ein langes, oranges Etwas (der Ärmel) ins Blickfeld kommt. Als würde die Kleidung sagen: »Junge Dame, schreien Sie nicht Ihre Kinder an, weil diese zu ›laut‹ sind, nur weil Sie selbst spät dran sind und sich scheinbar nicht darauf konzentrieren können, die Frühstücksdosen zu befüllen.«

Witzig ist, dass mein Mann bei unseren ersten Dates oft fragte: »Hast du eigentlich auch irgendwelche farbigen Klamotten – du weißt schon, außer Schwarz und Grau?«

Meine Antwort? »Ja, ich habe viel Blau und Weiß. Ein wenig Dunkelpink. Farbig? Was genau meinst du denn damit?«

»Grün. Gelb. Orange. Irgendwas«, kam es von ihm.

Hm, gute zwölf Jahre später klingt das ganz anders. Jetzt fragt er: »Hast du eigentlich auch Klamotten, die nicht orange sind?«

Meine Antwort: »Eigentlich nicht.«

Orange ist eben mein neues Schwarz und ich liebe es. Ich finde es toll, dass viele meiner Pullover irgendeinen Orange- oder Pinkton haben, und nicht nur wegen der Ironie der ganzen Geschichte oder weil Orange mir steht, sondern weil orange Kleidung mich wirklich an mein Versprechen erinnert hat, weniger zu schreien. Frank Sinatra hatte so recht, als er meinte: »Orange ist die fröhlichste Farbe«. Wenn ich Orange sehe, kann ich nicht finster schauen, sondern muss lächeln und bin dankbar, dass ich überall von orangenen Wächtern umgeben bin. Denn genau das bewirkt Orange nun bei mir: Es ist mein Wächter, den ich gut gebrauchen kann. Ein arabisches Sprichwort lautet so schön: »Jedes unserer Worte sollte durch drei Tore gehen. Der erste Torwächter fragt: Ist es wahr? Der zweite: Ist es notwendig? Der dritte: Ist es freundlich?« Orange lässt mich in der Tat innehalten, so dass nur Worte, die wahr, notwendig und freundlich sind, das Tor passieren und ganz sicher nichts Gegenteiliges geschrien wird.

Als mir auffiel, wie hilfreich die orange Gegenstände waren, habe ich noch ein klitzekleines bisschen mehr eingekauft. Diesmal hatte ich aber einen Plan. Ich ging in einen Schönheitssalon, kaufte mir orangen Nagellack und lackierte meine Zehen. Wie kann ein Tag besser beginnen, als wenn man mit dem richtigen Fuß aufsteht und in der Dusche oder beim Anziehen orange Nägel sieht? Und ich besorgte mir im Schreibwarenladen orange Post-its, die ich an gefährlichen Orten aufklebte, zum Beispiel an die Rucksäcke der Kinder, den Badspiegel und auf das Armaturenbrett im Auto.

Wer weiß schon, wie lange Orange noch in ist oder wie lange man noch problemlos Alltagsgegenstände in Orange kaufen kann. Und wer weiß, vielleicht war Orange ja nie so angesagt, wie ich dachte. Vielleicht war es nur bei mir in, weil ich es brauchte, weil ich überall nach Unterstützung Ausschau gehalten habe. Die gute Nachricht: Als mir bewusst wurde, wie hilfreich die visuelle Unterstützung war, um mich vom Schreien abzuhalten, sah ich plötzlich überall Orange, nicht nur da, wo es die »angesagtesten Trends der Saison« gab.

Es gibt orange Lebensmittel (Möhren, Orangen, Käse), orange Verkehrsschilder (der »Umleitungspfeil«, eine passende Erinnerung, im Leben und in der Erziehung auch mal andere Wege zu wählen), orange Logos (Dunkin' Donuts) und orange Blätter und Blumen. Eine tolle Erinnerungshilfe in der freien Wildbahn, wenn einem die Kinder auf dem Weg zur Schule den letzten Nerv rauben. Überall war und ist Orange, wenn ich die Augen aufhalte, um nicht zu vergessen, dass ich weniger schreien und mehr lieben wollte. Und genau deshalb ist es meine neue Lieblingsfarbe. Ja, Orange ist mein neues Schwarz!

Oder sollte ich lieber sagen, Orange ist das neue Grau? Ja, das trifft es. Gewöhnliche Nashörner – Sie wissen schon, die, die wütend werden, wenn man sie reizt. Die sind grau. Ich bin kein graues Nashorn mehr und nutze meine Stimme nicht mehr zum Meckern. Ich bin jetzt ein gelasseneres Orange Rhino. Genau, Orange ist auf mehr als eine Weise das neue Grau!

DIE ORANGE RHINO-ERKENNTNIS

Orange Gegenstände sind nicht nur grandiose Gedankenstützen, die mich an mein Versprechen erinnern, herzlicher zu sein, sie sind auch ein Blickfang für mich, auf den ich mich konzentrieren kann, um ruhiger zu werden, wenn ich kurz vorm Losschreien bin. Orange ist immer um mich herum, ich muss nur die Augen offen halten und mich danach umschauen, wenn ich es brauche.

Maßnahmen des Tages

Suchen Sie sich wenigstens einen orangen Gegenstand, der Sie daran erinnert, nicht zu schreien. Zum Beispiel: Kleidung, Haftnotizzettel, Knete, Tonpapier, dieses Buch ... Wenn Sie Zeit und Muße haben, wäre auch ein kleiner Einkaufsbummel eine Idee. Wenn Sie sich nur ein Ding kaufen wollen, rate ich zu Post-its, weil sie günstig sind und immer und überall mitgenommen werden können.

Platzieren Sie Ihren orangen Gegenstand oder die Gegenstände in Hochgefahrenzonen. Zum Beispiel: Bad, Armaturenbrett, bei den Rucksäcken an der Garderobe, an der Schlafzimmertür. Auf Post-its können Sie kurze Botschaften an sich selbst schreiben: Du schaffst das!

Mir ist schon klar, dass Orange nicht jedermanns Lieblingsfarbe ist und manche Menschen es gar nicht mögen. So ähnlich ging es mir auch, bis ich mich in die Bedeutung dieser Farbe verliebt habe. Also geben Sie Orange eine Chance und vielleicht finden Sie es dann ja auch toll. Außerdem habe ich festgestellt, dass Orange eine gute Farbe ist, um Aufmerksamkeit zu erzeugen, ohne zu grell zu sein (Rot). Und Aufmerksamkeit ist genau das, was wir wollen!

Ich, am Morgen nach dem Elternabend nach den Ferien: »James, ich wusste nicht, welches Arbeitsblatt deins ist. Ich dachte, Rot ist deine Lieblingsfarbe, aber es gab kein Rot. Dann habe ich deins doch noch gefunden – das letzte auf dem Tisch. Seit wann ist denn Orange deine Lieblingsfarbe?«

James: »Na seitdem das Orange Rhino dich vom Rumschreien abhält.«

> *„Orange ist the new black!“*

TIPPS DES TAGES

cool

Lackieren Sie Ihre Nägel – an Händen und Füßen – orange; das erinnert Sie daran, warm und gelassen zu sein.

warm

Sagen Sie zu sich: »Ich werde nicht schreien. Ich werde nicht schreien. Ich werde nicht schreien«, wieder und wieder, bis der Moment vorbei ist.

heiß

Der Orange Rhino-Lieblingstipp: Schnappen Sie sich Ihre Kinder und knuddeln Sie sie. Wenn ich mit meinen Kindern Meinungsverschiedenheiten habe, vermeide ich ein Gegeneinander und kuschele stattdessen mit ihnen. Alle kommen runter und was gibt es Besseres, als Ihre Kinder in den Arm zu nehmen, um Sie daran zu erinnern, dass Sie weniger schreien wollten?

Achtsam werden

Wir beschäftigen uns näher mit Ihren Triggern. Was lässt Sie aus der Haut fahren? Und wie können Sie achtsam mit ihnen umgehen, um Schreianfälle zu vermeiden?

Was mich so alles triggert

Dieses Kapitel bezeichne ich liebevoll als »Das Kapitel, das wirklich jeder lesen sollte, das aber niemand lesen will!«

Es geht um die Grundlagen, wie man vermeidet auszurasten: Erkennen Sie Ihre Trigger. Bäh! Ich weiß schon. »Die eigenen Trigger erkennen« klingt anstrengend, und genau das ist es auch. Und es klingt zeitaufwendig. Was es ebenfalls ist. Aber wissen Sie, was? Es ist einfach notwendig und äußerst hilfreich. Sobald ich meine Trigger kannte, wusste ich viel besser, wie ich das Schreien vermeiden konnte. Erst erkannte ich meine Trigger, dann lernte ich, mit ihnen zurecht zu kommen und mich nicht von ihnen leiten zu lassen. War es unangenehm, mich mit meinen Triggern zu beschäftigen? Auf jeden Fall! Ich will nicht jeden Tag darauf hingewiesen werden, dass meine Mutterqualitäten mangelhaft sind, denn diese Erkenntnis hat mich zutiefst erschüttert. Meine Trigger hingegen zu kennen erschütterte mich zwar auch, aber auf eine ganz andere Weise, denn diese Erkenntnis machte mein Leben ruhiger, friedlicher, glücklicher und auch einfacher.

Stelle dich deinen Fehlern und erkenne sie, aber lass dich nicht von ihnen leiten. Sie mögen dich Geduld, Güte und Erkenntnis lehren.

Helen Keller

Tag 6: Auf Trigger-Suche: Liebe auf den zweiten Blick

Als ich meinen Mann vor 13 Jahren bei einem Blind Date kennenlernte, war das definitiv keine Liebe auf den ersten Blick. Ich hielt ihn für einen arroganten A**** und wollte nichts mit ihm zu tun haben. Er hingegen fand, dass sich ein zweites Date mit mir lohnen würde, und versuchte verzweifelt, an meine Nummer zu kommen. Ich wiederum suchte verzweifelt nach Ausreden, sie ihm nicht zu geben.

»Ich habe weder Stift noch Zettel«, sagte ich störrisch.

»Ich habe ja mein Handy und kann sie direkt einspeichern«, erwiderte er unbeeindruckt.

»Oh, stimmt. Du, ich glaube, ich muss mich gleich übergeben. Ich hatte heute Abend eine Pizza von Benny T, die war wohl nicht so gut. Ich muss dringend nach Hause.«

»Pizza von Benny T? Verstehe. Soll ich dich nach Hause bringen?«, bot er freundlich an.

»Nein, ich wohne gleich um die Ecke, das geht schon«, sagte ich weniger freundlich.

Und dann rief sein Kumpel an, er drehte sich um und ich rannte, so schnell ich konnte, aus der Bar. Im Laufe des Wochenendes wurde mir bewusst, wie oberflächlich das von mir war, und ich rief ihn an. Eine Woche später hatten wir unser zweites Date und es war tatsächlich Liebe auf den zweiten Blick! Bei diesem Date stellte ich fest, dass ich mir ein völlig falsches Bild von ihm gemacht hatte und dass er vielmehr der Mann war, den ich irgendwann heiraten wollte. Das war mir einfach klar.

Eine weitere Woche später beschloss ich endlich, die überflüssigen 18 Kilo, die ich mir auf dem College angefuttert hatte, loszuwerden. Ich wollte gesund sein für ein langes Leben mit meinem zukünftigen Ehemann. Ich wollte fit genug sein, um unseren Kindern hinterherzurennen und mit ihnen zu spielen, ohne aus der Puste zu kommen. Ich wollte es nun unbedingt angehen und schloss mich am folgenden Tag einer Freundin bei ihrer Diät an. Ich tat dasselbe wie sie: Einige Wochen lang notierte ich, was ich aß.

Es nervte immens, immer daran zu denken, alles aufzuschreiben, Stift und Papier zur Hand zu haben und mir dann eingestehen zu müssen, dass ich mir gerade eben den Bauch mit »Ben & Jerry's-Eis« vollgeschlagen hatte ... schon wieder! Es war so mühsam und ich fühlte mich dermaßen unfähig. Aber dann wurde ich so langsam warm damit, denn aufzuzeichnen, was ich aß und wie viel zu viel ich aß (hm, ich sage nur: nächtliche Plünderungen aus Langeweile ...), motivierte mich nicht nur, daran zu arbeiten, weniger zu essen, sondern zeigte mir auch genau auf, was ich weniger essen sollte. Erst hasste ich es, dann liebte ich es, meine Essgewohnheiten zu protokollieren, denn letztlich bekam ich eine genaue Vorstellung davon, wie ich abnehmen konnte. Liebe auf den zweiten Blick!

Und wissen Sie, was? Ich habe nicht nur abgenommen, sondern auch an Zuversicht, Stolz und Zufriedenheit zugelegt.

Und wissen Sie, was noch? Als ich mit dem Schreien aufhörte, nahm ich auch ab. An emotionalem Ballast. Ich verlor an Schuldgefühlen, Betroffenheit, Enttäuschung und Verdruss und legte an Zuversicht, Stolz und Zufriedenheit zu.

Einen Großteil meines emotionalen Gewichtsverlustes verdanke ich derselben Vorgehensweise, mit der ich auch mein Körpergewicht reduzieren konnte – nämlich, meinen Schreigewohnheiten auf die Schliche zu kommen. Der Unterschied war nur, dass ich dieses Mal nicht aufpassen musste, was alles Schönes in meinen Mund hineingelangte, sondern was alles nicht so Schönes dort heraus wollte.

Zu Beginn war ich mir nicht sicher, ob das, was beim Abnehmen funktioniert hatte, mir auch beim nicht-mehr-Schreien helfen konnte, aber ich musste es ausprobieren, denn einen anderen Plan hatte ich sowieso nicht. Gar keinen. Ich hatte nichts zu diesem Thema gelesen und nahm an – oder besser: ich setzte meine GANZE Hoffnung darauf –, dass es schon reichen würde, wenn ich mir wirklich Mühe gab, wenn ich mir oft genug auf die Zunge biss, mich von einer Bloß-nicht-schreien-Alternative zur nächsten hangelte und Freunden Nachrichten schickte, wenn ich Unterstützung brauchte, um, Sie wissen schon, wie von Zauberhand nicht mehr rumzuschreien.

Weil ich ahnte, dass dieser Plan wohl so nicht aufgehen würde, habe ich mich zusätzlich auf die systematische Suche nach meinen Triggern gemacht. Ich hoffte inständig, dass ich meine Schreianfälle in den Griff bekäme, wenn ich herausfände, was mich triggert, so wie es mir beim Abnehmen geholfen hatte, meine Essgewohnheiten genau zu kennen. Ach, ich hoffte wirklich, dass es mich abschrecken, mir die Augen öffnen und mich motivieren würde, mir wirklich Mühe zu geben, wenn ich erst einmal schwarz auf weiß sähe, wie oft ich ausrastete. Und ja, ich hoffte auch, dass ich dadurch vielleicht, ganz vielleicht nur, erkennen könnte, in welchen Bereichen ich besonders an mir arbeiten müsste, um endlich ein schreifreies Leben zu beginnen.

Etwa zwei Wochen lang dokumentierte ich also auf orange (wie konnte es anders sein) Post-its jede Situation: wann ich kurz vorm Ausflippen war, warum, wen ich anbrüllen wollte, wo ich gerade war und wie ich mich direkt davor fühlte. Außerdem schrieb ich jede klitzekleine Zusatzinfo auf, die eventuell von Bedeutung sein könnte. Beim Aufräumen habe ich neulich einige Zettel auf meinem Schreibtisch wiedergefunden. Hier können Sie eine kleine Auswahl meiner Lieblingsnotizen nachlesen. Ich flippte nun mal leicht aus, also gab es auch viele Zettel.

- 2. Tag. 7:54 Uhr. James um 5 wach, weckt Edward. Andrew hat Angst, weint und weckt dadurch Mac auf. Hundemüde, bekomme nichts auf die Reihe. Könnte bei dem leisesten Geräusch an die Decke gehen.
- 4. Tag. 17:42 Uhr. Wow. James hat beim Essen seine Milch verschüttet. Benutzte seinen Teller als Surfbrett, als ich Mac die Windeln wechselte. Das darf alles nicht wahr sein. Herr, schenk mir Gelassenheit!
- 4. Tag. 18:17 Uhr. War gerade auf dem Klo. Klobrille, Boden und Wände waren vollgepinkelt. AAAAAARGH!
- 5. Tag. 11:48 Uhr. Will nur noch schreien. Überall Spielzeug verstreut. Ich hasse dieses Chaos!
- keine Ahnung, welcher Tag. 8:53 Uhr. Habe die Kinder, ohne zu schreien, ins Auto bekommen, um zur Schule zu fahren. Ein Wunder!

Zunächst war es nicht schön, all diese Situationen aufzuschreiben, und zwar nicht nur, weil es zeitaufwendig war, sondern auch wegen des Ergebnisses. Es ist schon sehr ernüchternd, wenn man schwarz auf weiß sieht, wie oft man kurz vorm Ausflippen ist. Es stellte sich heraus, dass das viel öfter der Fall war, als ich glaubte, was bedeutete: Mein Problem war größer als gedacht. Puh!

Nicht nur auf dem Weg zur Schule oder im Bad war ich oft kurz davor auszurasten, sondern auch häufig, wenn ich auf ein Spielzeug trat, die Kinder beim Kochen um mich herumrannten, sie nicht ordentlich genug aufgeräumt hatten, wenn ich müde oder hungrig war, wenn die Kinder müde oder hungrig waren und aus diesem Grund knatschten, knatschten und, ach ja, knatschten.

Es stellte sich also heraus, dass ich mehr »Problemzonen« oder auch Trigger hatte als ursprünglich gedacht, und ja, diese Erkenntnis war nicht schön (okay, sie war echt zum Kotzen). ABER mir wurde schnell der Vorteil dieser neuen Erkenntnis bewusst. Wie gehofft war mein Plan aufgegangen, mir alle potenziellen Schrei-Situationen klarzumachen. Als ich mir die Notizen einige Tage später ansah, fiel mir ein Muster auf, wann und warum ich oft an meine Grenzen kam. Ich wusste nun, wann ich Gefahr lief herumzubrüllen und konnte mich wappnen.

Das Wissen darum, was mich triggert, hat eine Art Alarmsystem in mir erschaffen, das mich rechtzeitig bremst. Da ich nun meine Trigger kannte, meldete sich das Orange Rhino in meinem Kopf zu Wort, wenn es brenzlig wurde:

»Achtung! Spielzeug auf dem Boden. Schreigefahr. Sei gewappnet. Atme tief durch.«

Oder:

»Achtung! Du bist ausgelaugt. Lieber jetzt etwas Bewegung, als nachher rumschreien. Also los, zehn Liegestütze!«

Oder:

»Achtung! Ihr kommt zu spät zur Schule. Schreigefahr. Sag dir lieber schnell ein paar positive Dinge, bevor du rumbrüllst.«

Dann muss ich immer lachen, denn indem ich das denke, sage ich mir ja bereits etwas Positives! Aber hey, Hauptsache, es funktioniert. Glauben Sie mir, es funktioniert wirklich, und zwar richtig gut. Ich liebe diese Methode! Ob das von Anfang an so war? Weit gefehlt! Ich schätzte die Methode erst, als ich merkte, wie sehr sie mir half, die Ruhe zu bewahren und von der ganzen Sache nicht völlig überrannt zu werden. Wieder mal eine Liebe auf den zweiten Blick, der auch Sie eine Chance geben und es mit aller Kraft versuchen sollten.

DIE ORANGE RHINO-ERKENNTNIS

Im ersten Moment ist es anstrengend und zeitaufwändig, meine Trigger herauszufinden, aber langfristig macht es das Leben leichter.
Meine Trigger zu kennen ist wie ein Wegweiser hin zu einem schreifreien Leben.

Maßnahmen des Tages

Was triggert Sie? Sammeln Sie erst einmal Informationen, es geht noch nicht um Lösungen. Jede Info gibt Ihnen Hinweise, was Sie ändern können, sowohl bei sich als auch in Ihrem Umfeld, um weniger zu schreien. Im Anhang finden Sie eine Beispielliste und mehrere leere Seiten, die Sie für Ihre Aufzeichnungen nutzen können.

Notieren Sie jede Situation, in der Sie schreien. Auch wenn Sie nur kurz davor waren, schreiben Sie es auf und fügen Sie hinzu, was Sie davon abgehalten hat.

- Seien Sie genau: Füllen Sie so viele Spalten wie möglich aus. Je mehr Informationen, umso mehr lernen Sie daraus und umso besser werden Sie mit Ihren Triggern zurechtkommen. Auch Kleinigkeiten, die Sie vielleicht zunächst nicht wichtig finden, können sich rückblickend als wichtig herausstellen.
- Seien Sie ehrlich: Lassen Sie keine unangenehmen Situationen unter den Tisch fallen, nur weil es unschön ist, es schwarz auf weiß zu lesen. Ich weiß, dass das nicht leicht ist, denn wer will schon genau aufgelistet sehen, wie oft es vorkommt, aber glauben Sie mir, aus den unangenehmsten Situationen kann man am meisten lernen.
- Seien Sie wirklich penibel: Machen Sie den ganzen Tag über Notizen. Vielleicht wollen Sie nach einigen Situationen lieber aufhören, weil es Ihnen zu viel wird. Halten Sie durch! Es geht darum, Tendenzen zu erkennen, und je mehr Informationen Sie über sich bekommen, umso besser. Zusatznutzen? Sie schreiben sich den Frust von der Seele, anstatt zu schreien.

Wenn man sieht, wie oft man schreit, mag das entmutigend sein. Verständlich. Seien Sie nachsichtig mit sich selbst und denken Sie daran, dass Sie diese Informationen sammeln, um daraus zu lernen und sich zu ändern.

> *Der einzige wirkliche Fehler ist der, aus dem wir nichts lernen.*
>
> *John Powell*

TIPPS DES TAGES

cool

Der Orange Rhino-Lieblingstipp: Kleben Sie orangene Post-its ins ganze Haus, besonders dorthin, wo Sie Gefahr laufen auszurasten. Wenn Sie nicht geschrien haben, schreiben Sie eine positive Botschaft auf, zum Beispiel: »Ich hab's geschafft!« und kleben Sie sie zur Unterstützung auf.

warm

Der Orange Rhino-Lieblingstipp: Heben Sie beide Hände hoch – damit gehört die Aufmerksamkeit Ihrer Kinder sofort Ihnen und Sie signalisieren, dass Sie kurz davor sind, auszuflippen. Außerdem strecken Sie sich dabei, was beruhigend sein kann.

heiß

Knüllen Sie ein Blatt Papier wieder und wieder zusammen, bis Sie sich beruhigt haben.

Tag 7: Seien Sie ehrlich zu sich selbst: »Warum, Mami?«

Nur zwei Wochen vor meinem Blind Date mit meinem zukünftigen Ehemann saß ich in meiner Küche mit Mike zusammen, einem Typen, mit dem ich seit vier Monaten hin und wieder ausging. Er war zwar ein toller Kerl mit einer tollen Karriere, war für mich aber eher wie ein guter Freund und nicht wie ein möglicher fester Partner. Als er an diesem Abend nervös davon sprach, mich als seine Freundin zu einem Familienfest mitnehmen zu wollen, hantierte ich mit meinen Essstäbchen herum und überlegte, wie ich ihm zu verstehen geben konnte, dass ich gar nicht zur Freundin auserkoren werden wollte. Dann legte ich die Stäbchen weg und zerbrach einen Glückskeks. Auf dem Zettel darin stand – ohne Witz! – »Sie sind von wunderbaren Freunden umgeben.«

Mike fragte mich, was auf dem Zettel stand. Ich habe einfach kein Pokerface und wollte den Zettel deshalb nicht laut vorlesen, also schob ich ihn einfach über den Tisch. Er las ihn, sah mich an und wusste, was ich dachte.

»Du möchtest, dass wir nur Freunde sind, oder?«

»Ja. Tut mir wirklich leid.«

Und dann führte ich alle möglichen Ausreden an – okay, es waren Lügen –, denn das war einfacher (und netter), als die Wahrheit zu sagen. Zunächst sagte ich ihm, ich wolle im Moment keine feste Beziehung, aber, naja, zwei Wochen später habe ich meinen jetzigen Ehemann kennengelernt. Dann sagte ich ihm, und ich erinnere mich daran, als wäre es gestern gewesen: »Es liegt nicht an dir, sondern an mir«. Oh, oh, das war in dem Moment so leicht dahingesagt. Es fühlte sich wie die Wahrheit an, obwohl es eine Lüge war. Ach, Lügen war so leicht.

Elf Jahre später. Wir befinden uns in den ersten Monaten der Orange Rhino Challenge. Als ich meinen Triggern auf die Spur kommen wollte, vermutete ich drei Dinge: Es würde mich motivieren, ich würde auf Trigger stoßen, an denen ich arbeiten konnte, und alle Trigger hätten etwas mit meinen Kindern und nicht im Entferntesten mit mir selbst zu tun. Nun, bei den ersten beiden Annahmen lag ich vollkommen richtig, bei der dritten nicht so ganz. Ehrlich gesagt lag ich total daneben. Ziemlich schnell musste ich feststellen, dass meistens ich selbst der Grund dafür war, herumschreien zu wollen, und nicht meine Kinder. Ungern, aber doch dankbar gebe ich zu, dass mein Sohn Andrew mir dafür die Augen geöffnet hat, dass die Erkenntnis »Es liegt nicht an dir, sondern an mir« nicht nur dabei helfen kann, eine Person loszuwerden, sondern auch das Schreien.

Als ich eines Morgens ganz besonders schlecht gelaunt und ungeduldig war, bombardierte Andrew mich fortwährend beharrlich mit Fragen wie: »Warum ist der Himmel blau?«, »Warum machen Glühlampen Licht?«, »Warum hat ein Traktor nicht noch mehr Räder?« und »Warum regnet es?«. Wie immer wusste ich auf keine einzige Frage eine Antwort, tat aber mein Bestes, um ihn mit meinen Erklärungen zufriedenzustellen. Und wie immer reichte ihm das nicht und er bohrte weiter: »Aber warum, Mama, warum, warum?«, bis er eine befriedigende Antwort erhielt. Nach einigen dieser Fragerunden wollte ich ihn, wie immer, nur noch anmotzen: »Warum stellst du mir so viele Fragen? Warum? Warum? Warum?« Das habe ich zwar nicht geschrien, aber, oje, ich habe es doch recht barsch gesagt. Andrew reagierte total süß: »Aber warum denn nicht, warum, verrückte Mami, warum?«

Verdammt, noch eine Frage, die ich nicht beantworten konnte! Aber diesmal speiste ich ihn nicht mit einer halbherzigen Antwort ab, denn das kam mir einfach nicht richtig vor. Stattdessen war ich dankbar für diese Frage und machte Andrew nach, ohne mir dessen bewusst zu sein. Ich sagte zu mir selbst: »Warum, Sheila, warum? Warum? WARUM?«

»Warum willst du rumbrüllen«, fragte ich mich. »Wegen all der Fragen?«

»Ja. Ich halte diese ständige Fragerei nicht mehr aus«, antwortete ich mir.

»Wirklich? Das ist doch lächerlich. Du willst herumschreien, weil dein Sohn neugierig ist?«, fragte ich weiter.

»Genau!«, erwiderte ich.

Aber diese Antwort gefiel mir nicht; es fühlte sich ganz mies an, dass ich schreien wollte, weil mein Sohn so wunderbar neugierig war, also bohrte ich beharrlich weiter: »Warum, Sheila, warum willst du schreien? Warum?«

»Darum«, erwiderte ich und benutzte meine Lieblingsantwort, die meine Kinder immer wieder zu hören bekommen. Ich hoffte immer, dass dies ihre unendlichen Fragerunden beendete. Das klappte bei meinen Kindern natürlich nicht – und bei mir auch nicht. Meine innere Stimme gab sich damit nicht zufrieden, also ging es weiter.

»Warum, Sheila, WARUM?«

»ARGH. Weiß ich doch nicht ... Vielleicht weil ich müde bin und mich nicht konzentrieren kann. Weil ich gerade tausend Dinge zu erledigen habe und seine Neugier mittlerweile nicht mehr süß ist. Ich will ja eine gute Antwort geben, aber ich will auch einfach nur schreien: ›ES REICHT!‹«

»Also noch mal, WARUM willst du schreien? Wegen der Fragerei oder wegen deiner eigenen schlechten Laune und deiner Unfähigkeit, geduldig zu sein?«

Und dann verstummte meine innere Stimme. Ich wusste, dass ich nun die Antwort, die wahre Antwort gefunden hatte, denn ich fühlte sie tief in mir. Ich hatte nicht länger das Bedürfnis, »Warum?« zu fragen, denn mein Geist sagte: »Oh, oh, erwischt. Es liegt gar nicht an der Fragerei. Ich will rumschreien, weil ich so viel um die Ohren habe, dass ich total ungeduldig bin. Verdammt, es liegt nicht an ihm, es liegt an mir.«

Die Wahrheit traf mich und ich wollte es nicht glauben. Vor elf Jahren hatte ich zu Mike gesagt: »Es liegt nicht an dir, es liegt an mir« und die Worte, die mir damals so leicht über die Lippen kamen, brachte ich heute kaum über mich.

Warum fiel es mir so schwer, zu sagen: »Du bist nicht der Grund, warum ich schreien will; ich bin der Grund«? Warum, warum nur? Weil ich einfach nicht wahrhaben wollte, dass ich meinen Kindern unnötigerweise Kummer bereitete. Ich wollte nicht wahrhaben, dass ich meine schlechte Laune an meinen Kindern ausließ. Ich wollte nicht wahrhaben, dass ich oft selbst der Auslöser für mein Schreien war und nicht meine Kinder, dass ich meine Jungs nicht ihretwegen anbrüllte, sondern meinetwegen, weil ich schlecht drauf war.

Nicht weil du so lange brauchst, um deine Schuhe anzuziehen, will ich schreien ... sondern meinetwegen. Weil ich sauer auf mich bin, dass ich meine Zeit auf Facebook vertrödelt habe und wir deshalb zu spät dran sind.

Nicht weil du fröhlich und laut ins Schlafzimmer kommst, um mich zu wecken, will ich schreien ... sondern meinetwegen. Ich bin wütend auf deinen Vater und wegen dem, was er gesagt hat.

Nicht weil du dein Mittagessen nicht anrühren willst, will ich schreien ... sondern meinetwegen. Ich bin gerade stinksauer, weil die Versicherung sich weigert, unsere Rechnungen zu übernehmen.

Ach, diese Liste ließe sich ewig fortführen mit Dingen, die meine Kinder angeblich »getan hatten«, um mich ausflippen zu lassen, wobei es doch in Wahrheit an mir selbst lag. Ich war der Grund. Meine schlechte Laune. Meine Unfähigkeit, mit Stress umzugehen. Meine Weigerung, einzusehen, welche Rolle ich in diesem »Schrei-Spiel« spiele. Natürlich sind meine Kinder hin und wieder nervig, gehen mir auf den Keks, treiben mich in den Wahnsinn und verlocken mich dazu, rumzubrüllen, aber an jenem Morgen fiel es mir wie Schuppen von den Augen: Mein Verhalten muss ebenso unter die Lupe genommen werden wie das meiner Kinder. Wenn ich auf meine Stimmung achte, meine Stimmung im Griff habe, bin ich viel mehr Herrin über meine Geduld und schreie meine Kinder nicht unnötig an.

Bis zu diesem Moment hatte ich den Fokus darauf gelegt, das Verhalten meiner Kinder zu verändern und möglichst ruhig und gelassen zu reagieren, wenn sie mir auf die Nerven gingen. Dieser Ansatz hat sehr gut funktioniert – sehr, sehr gut. Dennoch war es anstrengend, denn ich war auch oft von ihnen genervt und wollte sie ohne ersichtlichen Grund anbrüllen, wenn sie sich gut, sogar vorbildlich benahmen. Ich hatte einen entscheidenden Punkt nicht beachtet: mein eigenes Verhalten unter die Lupe zu nehmen und zu verändern.

Es dauerte etwas, bis ich mich über die Erkenntnis wirklich freuen konnte, dass ich auf meine eigene Stimmung aufpassen und meine Rolle in diesem Ganzen annehmen musste, um weniger Kraft mit Schreien zu verschwenden, und wow, sobald ich das tat, sobald ich routinemäßig immer wieder mein eigenes Verhalten genauer betrachtete, wurde diese Challenge wirklich leichter. Immer wenn ich mich besonders bemühte, alles unter Kontrolle zu haben, wusste ich, es war höchste Zeit, weniger auf das Verhalten meiner Kinder zu achten als vielmehr auf mein eigenes. Es war dann an der Zeit, so lange »Warum, Sheila, warum, warum?« zu fragen, bis ich mich auch gefühlsmäßig mit der wahren Antwort »Es liegt an mir« zufriedengab. Ja, an mir selbst zu arbeiten und bis zur wahren Antwort vorzudringen und mir diese einzugestehen, war nicht leicht, aber diese Wahrheit half mir ungemein, meine Kinder nicht mehr einfach so anzuschreien, sondern es bestärkte mich darin, meinen Ärger auf den wahren Auslöser zu richten, indem ich zu mir selbst sagte: »Schrei sie nicht an. Du bist nicht auf sie sauer, sondern auf etwas anderes.«

An manchen Tagen fällt es mir schwer, »Warum, warum, warum?« zu fragen, dann wäre es einfacher und ginge schneller, den Kindern die Schuld in die Schuhe zu schieben oder mir von einem Glückskeks sagen zu lassen, was genau gerade mein Problem ist und wie ich es lösen kann. Aber leider habe ich noch keinen Glückskeks gefunden, der mir sagt, wie ich das Schreien vermeide, und ich will meine Kinder einfach nicht mehr grundlos anschreien. Ich habe nur mich und mein Verhalten und die Gewissheit, dass die Wahrscheinlichkeit des Nicht-Schreiens immens steigt, wenn ich nachhake und versuche, meine eigene Rolle in der Orange Rhino Challenge anzunehmen.

DIE ORANGE RHINO-ERKENNTNIS

Es ist leichter, meine Schreianfälle auf das Verhalten der Kinder zu schieben, als mir einzugestehen, dass meine eigenen Probleme mich ungeduldig werden lassen.
In neun von zehn Fällen liegt es an mir, nicht am Verhalten meiner Söhne.
Durch das »Nachhaken« habe ich viel über mich selbst gelernt und das hilft mir nicht nur, mit dem Schreien aufzuhören, sondern auch dabei, bereichernde Beziehungen zu meinen Mitmenschen aufzubauen, nicht nur zu meinen Kindern.

Maßnahmen des Tages

Seien Sie ehrlich zu sich selbst.

Werden Sie sich weiterhin Ihrer Trigger bewusst und seien Sie dabei aufrichtig. Die Vorteile, wenn Sie nicht lockerlassen, selbst wenn es unangenehm wird:

- Sie erkennen Ihre Rolle in der jeweiligen Situation.
- Ihnen wird bewusst, dass Sie die Verantwortung für Ihr Verhalten übernehmen müssen.
- Nennen Sie jeden Mist beim Namen, der Sie in Ihrem Leben herunterzieht.
- Fragen Sie sich »Warum, warum, warum?«, um zum Kern der Sache zu gelangen.
- Es ist einfacher, oberflächliche Antworten zu geben, wie zum Beispiel dass die Kinder ihre Stifte nicht weggeräumt, ihre Milch verschüttet haben oder unaufhörlich quengeln. Manchmal sind solche oberflächlichen Gründe tatsächlich die wahren Gründe, manchmal aber auch nicht. Wenn sich aber Ihre Antwort nicht richtig anfühlt, wenn Ihre innere Stimme damit nicht einverstanden ist, fragen Sie sich: »Warum schreie ich denn nun wirklich?«
- Die Wahrheit werden Sie daran erkennen, dass Ihre innere Stimme laut »Aha!« ruft und Sie keine Zweifel mehr an der Antwort haben.

Stellen Sie sich die folgenden Fragen, um die wahren Gründe herauszufinden:

- Benehmen sich meine Kinder tatsächlich »schlecht« oder habe ich nur schlechte Laune?
- Bin ich gerade glücklich oder traurig, frustriert, gestresst, nervös?
- Habe ich mich vor kurzem mit jemandem gestritten?
- Erschlägt mich meine heutige To-do-Liste?
- Liegt es an einem der folgenden häufigen (und seien Sie versichert: üblichen) Trigger, dass Sie rumschreien wollen: Stress auf der Arbeit, Ehestreit, Müdigkeit, Bewegungsmangel, soziale Probleme, finanzielle Schwierigkeiten, gesundheitliche Probleme, zu wenig Unterstützung, zu wenig Vertrauen in die eigenen Qualitäten als Mutter/Vater (das heißt, nicht auf das Kind sauer sein, weil es nicht hört, sondern auf sich selbst, weil man nicht weiß, wie man das Kind dazu bringt, zu hören)?

Zu den größten Vorteilen dieser Challenge gehört, dass Sie Ihre Trigger erkennen und mehr über sich selbst erfahren. Halten Sie also durch, auch wenn es lästig ist und wie Zeitverschwendung erscheint! Der wahre Grund ist vielleicht das Verhalten Ihres Kindes. Oder vielleicht etwas in Ihrem Leben. Geben Sie sich einen Ruck. Es ist zwar einfacher zu lügen, aber die Wahrheit hilft Ihnen mehr.

> »*Wenn wir bei einem Kind etwas ändern wollen, sollten wir zuerst prüfen, ob es sich nicht um etwas handelt, das wir an uns selbst ändern müssen.*«
>
> *Carl Gustav Jung*

TIPPS DES TAGES

cool

Bitten Sie Ihre Kinder, Sie zu umarmen. Wenn meine Kinder mich umarmen, werde ich gelassener und die Schreianfälle werden im Keim erstickt. Je mehr Umarmungen im Laufe eines Tages, umso besser!

warm

Fragen Sie Ihre Kinder, WARUM sie knatschen. Es ist nicht unwahrscheinlich, dass es einen guten Grund dafür gibt und Sie Ihre Kinder dafür knuddeln wollen, anstatt sie anzubrüllen. Außerdem finden Kinder es toll, wenn sie gehört und verstanden werden.

heiß

Der Orange Rhino-Lieblingstipp: Lassen Sie Dampf ab, indem Sie aus einem Schrei Kauderwelsch machen, das Ihre Mitmenschen nicht zum Weinen, sondern zum Lachen bringt. Mein Lieblingswort ist »Ugaschmugabuga!«

Tag 8: Symptome, die einem Schrei vorausgehen

Ich habe Ihnen ja bereits gestanden, dass ich meinen Kindern das Fluchen beigebracht hatte (unabsichtlich, wie Sie sich erinnern werden), und deshalb macht es auch nichts, wenn ich nun ein weiteres peinliches Geheimnis offenbare. Einmal (na gut, vielleicht auch zweimal) war ich so genervt von den Kindern, die mal wieder nicht hörten, als wir uns auf den Weg zur Schule machen mussten, dass ich einen Trinklernbecher schnappte, der eben herumstand, und ihn so fest gegen die Wand warf, dass er sogar eine Delle hinterließ. Natürlich brüllte ich dabei auch herum: »AB INS AUTO MIT EUCH, ABER SOFORT!« Als der Becher die Tür traf und meine Stimme das Level »laut und beängstigend« erreichte, spritzte die Milch umher, auch in mein Gesicht. Ich schnaubte vor Wut, nur um dabei auch noch Milch die Nase hochzuziehen. Die Jungs starrten mich total verängstigt an. Konnte ich wirklich ihnen die Schuld an all dem hier geben? Nein.

Bis zum heutigen Tag habe ich niemandem von diesem Vorkommnis erzählt.

Ich schäme mich so wahnsinnig dafür, es ist mir unangenehm und ich bin von mir selbst enttäuscht. Also wirklich, wie konnte ich nur etwas in Richtung meiner Kinder werfen, womit ich sie hätte verletzen können, auch wenn ich nicht direkt auf sie gezielt habe? Und wie konnte ich nur so scheinheilig sein und von meinen Kindern verlangen, sich nicht gegenseitig Bauklötze um die Ohren zu werfen, wenn sie wütend sind, wenn ich doch selbst einen noch größeren Gegenstand geworfen hatte? Warum merkte ich nicht, wenn die Wut mich übermannte und ich kurz vorm Ausrasten war? Warum hatte ich als Erwachsene keine Kontrolle über meine Aggressionen? Mein impulsives Verhalten? Meinen Zorn?

Was stimmte nicht mit mir? Zu diesem Zeitpunkt hatte ich noch nicht mit der Orange Rhino Challenge begonnen und wirklich gar keine Ahnung, dass mich, wenn ich ausgelaugt war und keinen Nerv mehr hatte, schon ein zufällig vor mir stehender Trinklernbecher überreagieren lassen konnte. Ganz offensichtlich war mir auch entgangen, dass mein Körper einige Warnsignale gegeben hatte, dass ich kurz davor war auszurasten.

Nein, an jenem schicksalhaften Trinklernbecher-Geschoss-Morgen wusste ich noch nicht, dass schwitzende Hände bei mir höchstwahrscheinlich bedeuten, dass mein Geduldsfaden immer dünner wird und zu reißen droht – wenn nicht gerade Sport der Auslöser des Schwitzens ist.

Ich wusste noch nicht, dass ein schneller Herzschlag, wenn ich nicht gerade Wii Dance mit meinen Kindern spiele, vermutlich bedeutet, dass ich gereizt bin und mir fast die Hutschnur platzt.

Ich wusste auch noch nicht, dass mein roter Kopf, sollte nicht gerade Channing Tatum mir gesagt haben, wie umwerfend ich bin (kam noch nicht vor, seufz), bedeutet, dass mir ein Schrei auf der Zunge liegt.

Nein, erst durch die Orange Rhino Challenge kam ich darauf, dass mein Körper Signale aussendet, um mich darauf hinzuweisen, dass ich mich unbedingt beruhigen muss. An einem Abend zu Beginn der Challenge habe ich die Jungs wie gewohnt ins Bad getrieben. Wie gewohnt fühlte ich einen Schrei herannahen, nachdem sie mich einige Zeit nassgespritzt, einander angemeckert und getrödelt hatten. Dann nahm ich die bekannten körperlichen Symptome, die ich jeden Abend im Bad hatte, erstmals wahr: schwitzige Hände, Herzrasen, gerötetes Gesicht. Und anstatt bis zehn zu zählen, um den gewohnten und ersehnten Schrei zu unterdrücken, gab ich ein fettes »PAAAH!« von mir.

Paaah, paaah, paaah!

Dadurch, dass ich mich selbst dazu verpflichtet hatte, auf Post-its zu notieren, wann und warum ich schrie, perfektionierte mein Kopf seine »Denk- und Analysierfähigkeiten« zum Thema »Schreien«; er sammelte alle Informationen, die mir helfen konnten. An jenem Abend gelang meinem Kopf der Durchbruch. Auch wenn ich nicht mehr genau weiß, was ich mit mir selbst geredet habe, klang es wohl in etwa so:

»Mädel, die letzten zwei oder noch mehr Jahre hattest du abends im Bad immer dieselben Symptome, schwitzige Hände, Herzrasen, gerötetes Gesicht – und immer hast du geschrien. Jetzt bemerkst du wieder genau diese Symptome und möchtest rumschreien, aber du kannst und wirst es nicht tun. Hey, diese Symptome stehen nicht für ›Oh, vielleicht sind diese Hitzewallungen nur PMS‹ oder ›Vielleicht habe ich feuchte Hände, weil ich heute zu wenig getrunken habe‹, wie du dir immer eingeredet hast – es sind die körperlichen Anzeichen, dass du gerade ziemlich unter Stress stehst und losschreien willst!«

Ja, so ziemlich an jedem Abend in den zwei Jahren vor der Challenge hatte ich diese Symptome und erkannte dennoch nicht den Zusammenhang mit meinem üblichen Badgemeckere wie »Beeilt euch!«, »Hört auf, mich nass zu spritzen!« oder »Sofort Schlafanzüge anziehen oder ihr geht ohne Kuscheln und Geschichte ins Bett«. Ich weiß nicht, wie mir das nicht auffallen konnte; die Anzeichen waren so eindeutig. Ich sehe noch genau vor mir, wie ich auf dem Boden im Badezimmer sitze, die Hände an der Jeans abwische und denke: »Oje, ich halt's nicht mehr aus. Mein Herz rast und ich schwitze ohne Ende.« Das Schreien war so heftig, dass solche Badezimmermomente (Plural, leider!) die zweitschlimmsten waren, direkt nach meinem »Erleuchtungsschrei«. Seufz.

Ach, wie oft hat mein Körper versucht, mich darauf hinzuweisen, dass ich runterkommen musste, aber mir fiel es gar nicht auf. Ich schrie meinen Frust heraus und bescherte mir und meinen Kindern keine entspannte Nacht, sondern eine voller Schuldgefühle und Enttäuschung. Oje, wie gern würde ich diese Badezimmererlebnisse ungeschehen machen und die Trinklernbecher-Geschoss-Geschichte auch, das Paradebeispiel schlechthin für elterliches Versagen.

Doch das geht nicht.

Ich kann aber das machen, was ich seit dem »Paaah-Moment« im Bad immer mache: Auf die Signale meines Körpers achten, damit sich so ein Erlebnis nicht wiederholt, kein sinnloses Schreien, keine Trinklernbecher-Wurfgeschosse und keine durch die Nase hochgezogene Milch. (Nebenbei gesagt, nichts an den beiden letztgenannten Dingen ist toll!)

DIE ORANGE RHINO-ERKENNTNIS

Mein Körper sendet recht eindeutige Warnsignale (unter anderem eine immer lauter werdende Stimme), wenn ich kurz vorm Ausflippen bin.
Es hilft ungemein dabei, weniger zu schreien, wenn man diese körperlichen Symptome kennt und auf sie zu achtet.

Maßnahmen des Tages

Achten Sie auf die körperlichen Symptome, die einem Schrei vorausgehen.

Achten Sie weiterhin auf Ihre Trigger und merken Sie so, auf welche Situationen Sie ein Auge haben sollten. Ihre Notizen helfen Ihnen dabei. Wenn Sie schreiben: »Ich habe rumgeschrien, weil wir spät dran waren«, zwingen Sie sich, darüber nachzudenken, warum Sie spät dran waren. Waren Sie schlecht organisiert? Hatten Sie verschlafen? Haben Sie nicht auf die Uhr geschaut?

Achten Sie darauf, wie Sie sich kurz vor und während des Schreiens fühlen.

Notieren Sie körperliche Anzeichen für einen sich anbahnenden Schrei auf dem Trigger-Arbeitsblatt oder direkt hier unten. Diese Aufzeichnungen helfen Ihnen herauszufinden, wann die Situation kippt.

Haben Sie schwitzige Hände? Sind Sie unruhig, fuchteln Sie mit den Händen herum? Schlägt Ihr Herz wie wild? Ist Ihnen plötzlich richtig heiß? Würden Sie am liebsten gegen eine Wand schlagen? Könnten Sie sich die Haare raufen?

Ich weiß, dass all diese neuen Informationen über Sie und Ihre Trigger unangenehm, erschreckend und manchmal auch traurig sein können. Vertrauen Sie mir, dass die Auseinandersetzung damit wirklich gut für Sie ist, denn sie hilft Ihnen dabei, sich zu ändern und weniger zu schreien.

”Ich glaube, dass Selbsterkenntnis die wichtigste Voraussetzung ist, um Sieger zu werden.“

Billie Jean King

TIPPS DES TAGES

cool

Machen Sie sich die Aromatherapie zu Nutze und cremen Sie beispielsweise Ihre Hände ein, so dass Ihnen ein angenehmer Duft in die Nase steigt, wenn Ihre Hände vor Wut gerade eine Tür zuknallen wollen. (Lavendel wirkt beruhigend.)

warm

Trinken Sie langsam ein Glas Wasser. Das zwingt Sie dazu, einmal Luft zu holen. Oder auch zweimal.

heiß

Schreien Sie in eine Kloschüssel und spülen Sie dann den Schrei und den Ärger einfach weg.

Tag 9: Benennen Sie Ihre Trigger: »Will nicht aufräumen!«

Edward liebt es über alles, sein Zimmer aufzuräumen. Er liebt es sogar so sehr, dass er sich niemals heulend auf den Boden wirft und »Ich hasse aufräumen« und »Nö, ich räum mein Zimmer nicht auf!« schreit. Ganz im Gegenteil: Jeden Morgen kommt er zu mir und sagt: »Ach Mama, darf ich endlich mein Zimmer aufräumen?«

Oh, ich wünschte, das wäre wahr. Dann wären meine Vormittage so viel friedlicher. Leider ist dem aber nicht so. Jeden Morgen haben Edward und ich das zweifelhafte Vergnügen einer hitzigen Diskussion darüber, dass er all die Spielsachen, Kuscheltiere und Bücher, mit denen er sich in seinem Zimmer die Zeit vertrieben hatte, als alle anderen noch schliefen, auch wieder aufräumen muss. Und jeden Morgen behauptet Edward steif und fest, dass er »das Zimmer einfach nicht aufräumen kann«. Bei einem solchen Kampf stand ich eines Morgens mit einem Fuß auf Captain Hook und seinen Piratenfreunden und kämpfte erbittert gegen den Teil in mir, der rumschreien wollte. Ich entschied aber, mir eine der vielen Lektionen vor Augen zu führen, die mich die Orange Rhino Challenge gelehrt hat. Ich entschied, nicht weiter zu diskutieren und zu fordern und stattdessen zuzuhören und nachzufragen. Vielleicht gab es ja einen guten Grund für sein Verhalten. Vielleicht nicht, aber vielleicht eben doch. Ich würde es nicht herausfinden, wenn ich meinem Sohn nicht wenigstens die Chance gäbe, sich dazu zu äußern.

»Na gut, Edward, erzähl mal, warum kannst du dein Zimmer nicht aufräumen?« »Weil hier zu viel Chaos ist«, war seine Antwort. Ich wollte natürlich erwidern: »Tja. Du wolltest ja nicht hören, als ich dir sagte, räum am besten alles immer direkt wieder auf, damit am Ende nicht ein riesiges Durcheinander in deinem Zimmer ist«. Ich wusste natürlich, dass so eine Antwort weder besonders empathisch noch hilfreich war, also biss ich mir auf die Zunge und sagte stattdessen: »Du hast Recht, hier ist wirklich ein unglaubliches Chaos. Aber du schaffst das. Ich weiß es.« »Aber Mama, ich weiß noch nicht mal, wo ich anfangen soll. Es ist zu viel«, seufzte er. »Okay. Und wenn wir gemeinsam aufräumen?« »Ach Mama, ich hab doch gesagt, dass es zu viel ist. Das schaffen wir nie.« »Doch. Das schaffen wir. Na los.« »Mamaaaaa, ich hab dir doch gesagt, dass es ZU VIEL ist!«, jammerte er schon fast hysterisch. »Ja, du erwähntest es«, dachte ich angesäuert. Argh! STOPP. Er sagte mir doch genau, warum er nicht aufräumen konnte, ich hörte nur nicht richtig hin. Es war zu viel – er war von der Menge erschlagen. Das verstand ich nun. Also versuchte ich es erneut. »Okay, Edward. Ich hab's verstanden. Du hast recht. Es kommt einem einfach viel zu viel vor. Also lass uns Stück für Stück zusammen aufräumen, in Ordnung? Wir müssen nicht alles auf einmal machen, immer nur Stück für Stück. Okay? Vertrau mir.« Und dann räumten wir sein Zimmer Stück für Stück auf. Erst räumten wir die Piraten auf, dann die Legosteine, dann die Schlümpfe, danach die Bücher, dann die Sockenschublade und zum Schluss machten wir sein Bett. »Geschafft! Siehst du, Edward, wir haben es geschafft! Wir haben Stück für Stück aufgeräumt und das war gar nicht so schwer, oder?«, sagte ich enthusiastisch und war ganz begeistert von mir, dass ich die Ruhe bewahrt hatte. »Stimmt, Mama, danke«, sagte er zuckersüß, kam zu mir und umarmte mich.

Wissen Sie, dieses morgendliche Chaos liebe ich zwar nicht, aber ich liebe die morgendlichen Umarmungen und wie dankbar mein Knirps sein kann.

Edward zog sich an und ich war der Orange Rhino Challenge dankbar, dass sie mir die »Stück für Stück, eins nach dem anderen«-Denkweise ins Hirn gebrannt hatte. Vor der Challenge hatte ich nicht so gedacht. Ich reagierte damals eher wie Edward und verfiel in Schockstarre, wenn mir alles zu viel wurde. Ich geriet in Panik, ich tat genau das Gegenteil von dem, was ich hätte tun sollen, also ... nichts. Nichtstun führte natürlich dazu, dass ich mich noch erschlagener fühlte und deshalb tat ich weiterhin nichts und es fühlte sich immer schlimmer und schlimmer an, bis ich schließlich etwas tun musste. Und was? Meinen Mann oder meine Mutter anrufen und ihnen die Ohren volljammern, dass ich »es einfach nicht schaffe«, wie Edward es an jenem – und vielen anderen – Morgen auch tat. Und was, wenn ich weder meinen Mann noch meine Mutter erreichen konnte? Tja, dann brüllte ich eben grundlos meine Kinder an.

Natürlich war mir diese unangenehme Verbindung zwischen dem alles-zu-viel-Gefühl und dem Schreien nicht bewusst, bis ich mir meine Trigger genauer ansah und feststellte, dass einer meiner größten »es liegt nicht an dir, sondern an mir«-Trigger tatsächlich das Gefühl war, dass alles zu viel wird. Ja, es war erhellend, motivierend und hilfreich, genauer zu verstehen, warum ich herumschrie, ABER zunächst war es auch erschlagend. All diese Informationen führten mich zu einem Plan ... einem Plan aus vielen Schritten. Viel zu tun also! So viel, dass ich ganz bestimmt mindestens einmal pro Woche meinen Mann und meine Mutter anrief und ihnen die Ohren volljammerte, dass ich »es einfach nicht schaffe«.

Mein Mann sagte darauf immer: »Doch. Wie lautet noch mal dein Lieblingszitat von Herb Kelleher (dem Mitbegründer von Southwest Airlines)? ›Im Kleinen denken und handeln lässt uns größer werden. Im Großen denken und handeln lässt uns kleiner werden.‹ Also denke im Kleinen; eins nach dem anderen.« Meine Mutter sagte immer: »Eins nach dem anderen. Konzentriere dich auf einen Trigger, auf ein Ziel. Du schaffst das.«

Beide hatten recht. Ich zwang mich dazu, einen Schritt zurück zu gehen, mir all meine Trigger anzusehen und mich zunächst auf die kleineren, leichteren zu konzentrieren. Es stellte sich heraus, dass es ziemlich viele kleine Trigger gab, dass eigentlich alle nicht so riesig oder überwältigend waren. Dann nahm ich mir einen nach dem anderen vor, Schritt für Schritt ging ich die Sache an. Und immer wenn ich mich von der Challenge oder einer anderen großen Sache erschlagen fühlte, erinnerte ich mich daran, »im Kleinen zu denken, Stück für Stück, Schritt für Schritt«. Bevor ich's mich versah, hatte ich schon viele der kleineren Trigger abgemildert und fand es immer weniger unmöglich, nicht zu schreien. Gab und gibt es Zeiten, in denen ich am liebsten wie Edward schreien und mit den Fäusten auf den Boden schlagen würde, wenn mir alles zu viel wird? Ja. SELBSTVERSTÄNDLICH. Aber jetzt weiß ich wenigstens, wie ich damit umgehen kann und nicht mehr in Schockstarre verharre und, noch wichtiger, nicht schreie!

DIE ORANGE RHINO-ERKENNTNIS

Meine Trigger sind nicht alle gleich schwierig zu überwinden.
Zunächst konzentriere ich mich auf die einfacheren Trigger und komme auf diese Weise schnell zu Erfolgserlebnissen, die mein Selbstvertrauen stärken, um dann die größeren Trigger anzugehen – einen nach dem anderen.
Einige Trigger sind übermächtig, denn ich kann sie weder ändern noch beeinflussen, aber allein dieses Wissen und sie als solche zu bezeichnen, lässt sie schon etwas schrumpfen und bewältigbarer erscheinen.

Maßnahmen des Tages

Beobachten Sie Ihre Trigger heute »offiziell« zum letzten Mal. Sind Sie der Meinung, ein paar Tage mehr wären auch nicht schlecht, dann nur zu. Es sind Ihnen keine Grenzen gesetzt! Kommen Sie aber nach einiger Zeit wieder ins Hier und Jetzt zurück und gehen Sie die weiteren Maßnahmen des Tages an, damit das Wissen um Ihre Trigger Ihnen auf dem Weg zu einem schreifreien Leben hilft.

Kategorisieren Sie Ihre Trigger. Sehen Sie sich noch einmal die vier Tage genau an, an denen Sie Ihre Trigger gesammelt haben, und teilen Sie die Trigger in verschiedene Gruppen auf: Trigger, die Sie leicht in den Griff bekommen, kontrollierbare Trigger und unabänderliche Trigger.

- Einfache Trigger: Das sind die Trigger, mit denen Sie gut zurechtkommen, die Ihnen schnelle Erfolgserlebnisse bescheren, weil es eine einfache Lösung gibt. Zum Beispiel: Hektik am Morgen (bereiten Sie am Abend vorher alles vor), Lärm (tragen Sie Ohrenschützer oder führen Sie bei sich zu Hause Ruhezonen ein), die Kinder vergessen den morgendlichen Ablauf (hängen Sie einen bebilderten Zeitplan ins Bad).
- Kontrollierbare Trigger: Diese Trigger sind nicht immer da, aber Sie können lernen, sich zu wappnen, sodass Sie direkt reagieren können, sobald sie auftauchen. Mit genügend Übung können Sie einige davon vielleicht gänzlich auslöschen. Zum Beispiel: Streit mit dem Mann, PMS, zankende Kinder, Erschöpfung.
- Unabänderliche Trigger: Über diese Trigger haben Sie keine Kontrolle, denn Sie können sie nicht aus Ihrem Leben verbannen, weder ganz und schon gar nicht, wann Sie wollen. Womöglich sind das Ihre täglichen Herausforderungen. Zum Beispiel: gesundheitliche Probleme, traumatische Erlebnisse in der Vergangenheit, das Verhalten anderer Menschen. Das müssen noch nicht mal große Sachen sein, sondern vielleicht Kleinigkeiten wie »Mann macht sein Bett nicht«.

Machen Sie sich keine Gedanken, ob Sie Ihre Trigger immer korrekt labeln. Es geht um eine grobe Eingruppierung, die Ihnen dabei helfen soll, die Herausforderung, weniger zu schreien, besser zu bewältigen.

»Das Geheimnis des Erfolgs ist anzufangen. Das Geheimnis anzufangen besteht darin, die komplizierten überwältigenden Aufgaben in kleine, lösbare Aufgaben aufzuteilen und mit der ersten zu beginnen.«

Mark Twain

TIPPS DES TAGES

cool

Der Orange Rhino-Lieblingstipp: Schließen Sie die Augen und stellen Sie sich vor, Sie wären an einem Strand, vielleicht mit einem leckeren Drink mit einem Schirmchen drin in der Hand. Sie sind an einem glücklichen, friedlichen Ort. Damit die Reise noch schöner wird, sagen Sie Ihren Kindern Bescheid. Wenn ich zu meinen Jungs sage: »Mama verschwindet kurz nach Machu Picchu«, wissen sie, dass ich eine Auszeit für mich brauche.

warm

Lachen Sie, auch wenn Ihnen gar nicht danach ist! Lachen ist gut für die Seele und verändert den Blickwinkel.

heiß

Schreien Sie gemeinsam mit den Kindern. Wenn die Anspannung zu groß ist und ein Schrei einfach mal heraus muss, nehmen Sie die Kinder mit nach draußen und schreien Sie alle gemeinsam.

Mit den Triggern umgehen

Wir sehen uns an, welche Strategien es gibt, um besser mit den eigenen Triggern zurechtzukommen. Manche können Sie nicht ändern, Ihre eigene Haltung schon!

Üben, üben, üben

Ich kann mich noch gut daran erinnern, wie meine Mutter mir in meiner Kindheit sagte, ich müsse üben, um besser Klavier zu spielen.

Und mein Vater meinte, dass mir Mathe nicht mehr so schwer fallen würde, wenn ich mehr übte ... und ich weiß noch, wie ich solche Diskussionen hasste! Wenn Sie mich nun also hassen, weil ich das Wort ÜBEN habe fallen lassen, kann ich das verstehen. Also wirklich, wer übt denn schon gern? Ich nicht! Als ich mit der Orange Rhino Challenge begann, wollte ich einfach morgens aufwachen und nicht mehr schreien, ich wollte nicht dafür üben müssen! Musste ich aber. Ich brauchte vier Anläufe und etwa zwei Wochen Übung, bis ich einen sich anbahnenden Schrei rechtzeitig bemerkte, bis ich wusste, bei welchem Trigger welche Alternative funktionierte und welche nicht, und schließlich erfolgreich meinem Ziel näher kam. Ich weiß, dass Sie am liebsten direkt loslegen würden, um Ihr persönliches Ziel Schreifreiheit zu erreichen (dahin kommen wir auch, versprochen), aber glauben Sie mir, wenn Sie die nächsten fünf Tage üben, sehen Sie Erfolge, auf die Sie stolz sein werden.

Das Schwierigste ist die Entscheidung zu handeln. Der Rest ist nur Beharrlichkeit. Du kannst alles tun, wofür du dich entscheidest. Du kannst handeln, um dich zu verändern und dein Leben zu kontrollieren; und der Weg dorthin ist die Belohnung selbst.

Amelia Earhart

Tag 10: Zuerst die einfachen Trigger: Chaos nervt mich

Ich habe nicht nur oft ein kleines »Orange Rhino« in meinem Kopf, das mich warnt, wenn ich kurz davor bin, auszuflippen, nein, manchmal taucht in meinem Kopf auch das kleine gelbe Vögelchen aus P. D. Eastmans »Big Dog, Little Dog« auf. Es sitzt direkt neben dem Orange Rhino und erinnert mich immer, wenn ich es brauche, daran, wie man im Leben am besten zurechtkommt. Das Vögelchen ist seit dem Abend da, als ich die letzten Zeilen des Buches gelesen hatte, die da lauten:

Am nächsten Morgen sagte Fred: »Mein Bett ist zu klein!«

»Mein Bett ist zu groß!«, erwiderte Ted.

»Ich hab eine Idee«, sagte das Vögelchen.

»Ted könnte oben schlafen und Fred unten!«

... Ted schlief den ganzen Tag in dem gemütlichen kleinen Bett. Und Fred schlief den ganzen Tag in dem gemütlichen großen Bett.

»Das war einfach. Große Hunde brauchen große Betten. Kleine Hunde brauchen kleine Betten.

Warum sollte man aus kleinen Probleme große Probleme machen?«

Genau. Warum sollte man aus kleinen Problemen große machen? Warum? Probleme sind schon anstrengend genug, warum sollte man sie also noch größer machen? Oder anders gesagt, warum sollte man aus einem kleinen Trigger eine große Sache machen, indem man unverhältnismäßig herumbrüllt? Ich habe schnell gemerkt, dass Schreien nichts bringt – außer meine Jungs zum Weinen. Und dann fühlt sich ein eigentlich kleiner Trigger riesig an, denn nun muss ich mich nicht nur um das eigentliche Problem kümmern, sondern auch noch um mein trauriges, am Boden zerstörtes Kind. Es bringt also rein gar nichts, aus einer Mücke einen Elefanten zu machen. Deshalb musste ich auch so lachen, als ich die Zeile las »Warum sollte man aus kleinen Problemen große Probleme machen?«. Ein Vögelchen (na gut, eigentlich P.D. Eastman, aber gehen Sie diesen Gedanken einfach mal mit mir mit) fasste so treffend zusammen, was an jenem Tag mein Problem gewesen war. Ein klitzekleines Problemchen hatte mich beinahe dazu gebracht, herumzuschreien. Das kann doch nicht wahr sein!

Es war nämlich so, dass ich beim Sortieren der Wäsche total ausgeflippt bin. Ja, richtig gelesen: beim Wäschesortieren. Ich hatte einen kleinen Wutanfall, weil ich mal wieder nicht zu jeder Socke das passende Gegenstück fand! Kann mir mal jemand verraten, warum die Größe in der Farbe der Socke aufgedruckt wird, sodass mir fast die Augen ausfallen, wenn ich versuche, es zu entziffern? Hallo?! Die Größe wird doch unten aufgedruckt! Niemand kann es sehen, also ist doch die Farbe egal! Ich will einfach nur die Größe entziffern können, um die Socken richtig zu sortieren und zur nächsten Tagesaufgabe übergehen!

Gut, so war also die Ausgangslage. Weiter geht's. Ich war also schon genervt und dann stellten mir meine Jungs auch noch Fragen über Fragen, und Mac »half« mir bei der Wäsche (indem er den Wäschekorb ausleerte). Das war natürlich ganz klar ein »Es liegt nicht an euch, es liegt an mir«-Moment, aber dennoch AAARGH! Ich wurde immer barscher, und der Wunsch, herumzuschreien, immer größer. Zum Glück klingelte das Telefon, sodass der Schrei und die Wäsche warten mussten. Das blöde Problem war zwar nicht gelöst, aber es endete auch nicht im Schreien.

Als ich Andrew an dem Abend vorlas und das gelbe Vögelchen sagte: »Warum sollte man aus kleinen Problemen große Probleme machen?«, kam mir die Lösung. Ich hatte eine einfache Lösung für das Sockenproblem gefunden. Ein wenig Mathe reichte.

4 Kinder + 2 Erwachsene = 6 Personen

Tage pro Woche = 7

Das bedeutete, ich brauchte nicht mehr die ganze Wäsche zusammenwerfen und abends alles wieder auseinandersortieren, nein, ich konnte pro Tag die Wäsche einer Person waschen und nie wieder Wäsche und Socken sortieren – was für eine leichte, einfache Lösung! Es ist eigentlich untertrieben, wenn ich sage, diese Lösung veränderte mein Leben. Na gut, es ist ein wenig übertrieben, aber nur ein wenig. Ich musste nie wieder Wäsche oder Socken sortieren und das ersparte gute zwanzig Minuten Zeit und Frust pro Tag! Wirklich, was für eine leichte, einfache Lösung! (Sagte ich das schon?)

Warum bin ich denn nicht eher auf diese Wäschelösung gekommen? Das lag bestimmt nicht an mangelnder Wäsche, denn davon gab es mehr als genug! Nein, es lag daran, dass ich nicht innehielt, um über eine Lösung nachzudenken, was ziemlich komisch ist, da ich ja die letzten elf Monate während der Orange Rhino Challenge nichts anderes tat. Sobald ich anfing, meinen Triggern auf die Schliche zu kommen, stellte ich fest, dass ich viele einfach zu lösende Trigger hatte. Ich musste nur innehalten, nach Lösungen suchen und, schwupps, war das Problem vom Tisch.

Trigger: Kurz vor dem Abendessen in Panik ausbrechen, weil ich nicht weiß, was ich kochen soll oder was ich überhaupt mit den noch vorhandenen Lebensmitteln kochen könnte ... während die Jungs schon ungeduldig mit den Hufen scharren und ich nicht mal in Ruhe überlegen kann. Einfache Lösung: Jeden Samstagmorgen einen Essensplan für die Woche erstellen, dementsprechend einkaufen, das jeweilige Rezept an den Kühlschrank heften und voilà! Keinen Stress mehr bei der Planung und vor allem keine Panik, dass nicht alle Zutaten im Haus sind.

Trigger: James schüttet all seine Legosteine aus, damit er schneller findet, wonach er sucht, was es aber unmöglich macht, (1) durch sein Zimmer zu gehen, ohne sich zu verletzen, und (2) ihn zum Aufräumen zu bewegen, weil das ja EWIG dauert. Einfache Lösung: Eine große Unterbettkommode für die Legosteine kaufen. Jetzt holt er einfach die Kiste unter dem Bett hervor und kann direkt darin wühlen. Volltreffer!

Trigger: Hektik am Morgen. Sagt alles, oder? Für die Suche nach dem Rucksack, den Schuhen, den Weg ins Bad, anziehen und ins Auto einsteigen brauchen meine leicht ablenkbaren Kinder so lange, dass ich am liebsten Marschbefehle brüllen würde, um sie anzutreiben. Einfache Lösung: Am Abend zuvor schon Rucksäcke packen und Pausenbrote schmieren und alles griffbereit in der Küche platzieren. Es ist zwar nur eine Kleinigkeit, aber jede Kleinigkeit zählt.

Und einer meiner größten und zugleich kleinsten Trigger ... CHAOS!

Trigger: O Chaos, du Chaos, wie ich dich hasse!

Ich erinnere mich noch sehr gut, wie ich eines Morgens, kurz vor der Orange Rhino Challenge, in die Küche kam und den ganzen Mist in der Küche und im Wohnzimmer vorfand. Wohin ich auch sah, grinsten mich Zettel, Spielsachen und Schuhe an. Sie sagten: »Ätschibätschi, wir sind nicht dort, wo wir hingehören. Na, wie findest du das?« Na wie wohl?! Dann sagte Andrew ganz unschuldig und niedlich: »Mami?« und ich fauchte. Also FAUCHTE ihn an: »Was willst du?!« Verständlich, dass er in Tränen ausbrach.

»Ich wollte nur guten Morgen sagen und dich drücken.«

Tja, wer hatte hier Mist gebaut?

Ich natürlich.

Mit Tränen in den Augen blickte ich zu meinem Mann. »Schatz. Wohin ich auch sehe, überall liegt Mist herum. Es hört nie auf. Ich weiß, ich muss mich davon distanzieren, aber ich schaffe das nicht. Es erinnert mich an ALLES, was ich zu erledigen habe und doch nie schaffe. Es erinnert mich daran, wie chaotisch mein Leben ist, dass ich es nie in den Griff kriege. Ich könnte durchdrehen!«

»Ist schon gut«, versicherte er, aber das war es nicht. Ich wollte noch mehr meckern. Ich wollte mir einen Mülleimer schnappen und all die Zettelwirtschaft und das herumliegende Spielzeug einsammeln und in die Mülltonne kippen.

Was ich aber an jenem Morgen, und an JEDEM MORGEN, wirklich wollte, war nicht nur eine aufgeräumte Arbeitsplatte, sondern Ordnung. Aufgeräumte Arbeitsplatten beruhigen mich. Aufgeräumte Schränke beruhigen mich. Aufgeräumte Schlafzimmer beruhigen mich. Denn sie stehen für Ordnung. Und gerade jetzt, mit vier kleinen Kindern, habe ich nur selten Ordnung, und das fehlt mir. Ordnung erdet mich. Sie hält mich im Gleichgewicht. Und die einfache Lösung, auf die ich schließlich gekommen bin, hält mich im Gleichgewicht ... und vom Schreien ab!

Einfache Lösung: Jeden Abend nehme ich mir fünf oder auch mal zehn Minuten Zeit und räume all den Plunder weg, den ich sehe. Diese einfache Lösung hat mein Leben genauso verändert wie die Sache mit der Wäsche. Warum ich mir da so sicher bin? Seitdem ich innegehalten und nach einer Lösung gesucht habe, komme ich nun morgens immer in eine aufgeräumte Küche, ich kann durchatmen und selbst dann Ruhe bewahren, wenn alle vier Kinder gleichzeitig Saft, Milch, Wasser, Obst und Müsli wollen. Warum ich mir außerdem sicher bin? Naja, an den Tagen, an denen ich mir nicht die Zeit dafür genommen habe, dauert es länger, bis ich mir einen friedlichen Ort geschaffen habe, an dem ich nicht das Bedürfnis habe zu schreien.

Oh ja, es gibt so viele Schreiauslöser in meinem Leben und es dauert, sie alle aufzustöbern. Aber die gute Nachricht ist: Viele davon lassen sich leicht abstellen, wenn ich mir nur die Zeit zum Nachdenken nehme. Die andere gute Nachricht: Allein über diese kleinen Probleme nachzudenken, verhindert, dass sie zu großen Problemen werden, sprich: verletzte Gefühle bei den Kindern und Gewissensbisse und Schuldgefühle bei der Mama. Ich bin der Meinung, die Mühe und die Zeit sind gut investiert. Finden Sie nicht auch?

DIE ORANGE RHINO-ERKENNTNIS

Schreien macht alles nur noch schlimmer. Egal wie groß oder klein das ursprüngliche Problem ist, Schreien macht es noch größer.
Schreien löst keine Probleme. Innehalten, nachdenken und sich etwas überlegen hingegen schon.

Maßnahmen des Tages

Nehmen Sie sich die einfachen Trigger vor. Schreiben Sie alle Trigger, die sie als einfach eingestuft haben, auf einen neuen Zettel mit der Überschrift »Schnelle Orange Rhino-Erfolge«.

Suchen Sie sich einen aus, an dem Sie heute arbeiten wollen. Denken Sie fünf bis zehn Minuten über das Problem nach und suchen Sie nach Lösungen. Sie können auch Ihre Kinder fragen, ob sie Ideen haben. Wenn Sie die Kinder einbeziehen, fällt die Umsetzung oft leichter.

Haken Sie den Trigger ab, wenn Sie eine Lösung für ihn umsetzen konnten, damit Sie stolz auf sich sein können. Ja, wirklich! Wenn Sie noch Zeit und Energie übrig haben, nehmen Sie sich einen weiteren Trigger von Ihrer Liste vor. Haken Sie ihn danach ab.

Hängen Sie die Liste »Schnelle Orange Rhino-Erfolge« dort auf, wo Sie sich oft aufhalten. Wenn Sie später einmal geknickt sind, weil es nicht so läuft, sehen Sie sich diese Liste an und alles, was Sie geschafft haben. Nehmen Sie sich dann einen »schnellen Erfolg« vor, der Ihr Selbstvertrauen stärkt.

„Denke links und denke rechts und denke hoch und denke runter. Ach, wohin du alles denken kannst, wenn du es nur versuchst!“

Dr. Seuss

TIPPS DES TAGES

cool

Stellen Sie orange Blumen in eine Vase in die Küche. Die kleinsten Dinge (Blumen) können die größte Freude bereiten. Und wer glücklich ist, schreit weniger.

warm

Schnappen Sie sich den Fotoapparat oder das Smartphone. Machen Sie ein Foto von all den Kleinigkeiten, die Sie nerven, und Sie werden sehen, dass ein großer Schrei gar nicht wirklich nötig ist. Außerdem bringt es Sie und andere zum Lachen.

Verlassen Sie die Situation. Das Problem lässt sich nicht durch Schreien lösen. Wenn Sie aus der Situation herausgehen, hält Sie das nicht nur vom Schreien ab, sondern Sie haben auch die Gelegenheit, alles aus einer neuen Perspektive zu betrachten.

heiß

Trommeln Sie auf der Arbeitsplatte herum/gegen den Schrank, bis sich die Wut gelegt hat. Das ist eine gute Möglichkeit, Stress abzubauen, und vielleicht der Anfang einer kleinen Party, die alle runterkommen lässt.

Tag 11: Kontrollieren Sie die kontrollierbaren Trigger

Ich weihe Sie nun in ein sehr persönliches Thema ein, von dem nur wenige Menschen in meinem Leben wissen, denn es ist so unangenehm und frustrierend, dass ich es jahrelang geheimgehalten und ignoriert habe. Ach, ich hatte so gehofft, dass es auf wundersame Art von selbst verschwindet und ich nie wieder den Schmerz und die Scham ertragen müsse, die es mit sich bringt, wenn es seine böse, hässliche Fratze zeigt (was übrigens mindestens drei- bis viermal am Tag der Fall ist). Aber das ist nie passiert, und sobald ich mit der Orange Rhino Challenge begann, konnte ich mich nicht mehr davor verstecken oder weglaufen. Als ich mir meine Trigger genauer ansah und mir bewusst wurde, was mich ausflippen ließ, erkannte ich – oder war vielmehr gezwungen, es mir endlich einzugestehen –, dass dieser kleine Kampf nicht nur tatsächlich existierte, sondern auch noch ein wirklich großer (man könnte auch sagen gigantischer) Trigger war. Ja, es führte kein Weg daran vorbei, diese Sache SCHLEUNIGST in den Griff zu bekommen, egal wie schwierig es sein sollte, wenn ich endlich schreifrei leben wollte.

Bereit für die bittere Wahrheit?

Ich leide an einer Störung der Sinnesverarbeitung, auch bekannt als Störung der sensorischen Integration.

Ähm, was zum Geier bedeutet das denn, wollen Sie wissen?

Das bedeutet, dass ich »sensorische Anfälle« habe, bei denen irgendeiner meiner fünf Sinne oder auch alle zusammen so überstimuliert sind, dass ich mich nicht mehr zusammenreißen kann und blitzschnell von gelassen zum absoluten Gegenteil wechsele. Der Auslöser kann alles Mögliche sein: Lärm, Chaos, manchmal ist mir auch einfach nur heiß oder meine Klamotten fühlen sich zu eng oder zu kratzig an oder ich habe einen matschigen Geschmack im Mund, nehme einen unangenehmen Geruch wahr oder es kann auch eine Mischung aus allem sein, und plötzlich steht mein Körper »unter Strom«. Manchmal kommen diese Attacken wie aus dem Nichts, manchmal spüre ich sie aber auch herankommen. Es kann eine halbe Stunde bis zu einem ganzen Tag dauern, bis ich wieder in mir ruhe und die Kontrolle über meinen Körper zurückgewonnen habe (und es dauert noch viel länger, die Scham und Schande darüber zu vergessen, dass ich mich nicht mehr im Griff hatte).

Während eines »sensorischen Anfalls« habe ich wortwörtlich das Gefühl, alles auf eine aggressive Art rauslassen zu müssen. Es fühlt sich an, als würde ich von innen her verbrennen, als versuche mein Körper, die Haut zu verbrennen, damit er hinausschlüpfen und fliehen kann. Ich würde am liebsten so schnell wie möglich davonrennen und so lange rennen, bis ich mich abgekühlt habe, bis mein Herz nicht mehr wie wild rast, meine Haut nicht mehr so schrecklich juckt, dass ich sie am liebsten aufkratzen würde, so lange, bis diese Intensität, die mich überrollt, aufhört. Körper, Seele und Geist wollen vor dieser intensiven körperlichen Reaktion und vor dem unangenehmen Gefühl während so eines sensorischen Anfalls davonlaufen, aber es geht nicht.

Ich fühle mich gefangen, und das bin ich auch, gefangen in diesem Anfall, und ich kann nichts tun, außer abzuwarten, bis er vorbei ist. Und weil ich vor dem Schmerz und der Enttäuschung nicht fliehen kann, kämpfe ich eben. Ich kämpfe gegen meinen Körper an, indem ich Dinge herumwerfe, weine oder mir sogar Haare ausreiße oder den Kopf gegen etwas schlage. Und früher kämpfte ich immer, indem ich herumschrie.

Wie gern würde ich schreiben, dass meine Kinder so einen Anfall nie mitbekommen haben, nie gesehen haben, wie ich meinen Teller quer über den Tisch pfefferte, weil meine Salsiccia die falsche Konsistenz zur falschen Zeit hatte. Wie gern würde ich schreiben, dass meine Jungs mich nie gesehen haben, wie ich mir einen nagelneuen (und sehr hippen und coolen) Schal vom Hals gerissen und in den Mülleimer geworfen habe, während ich rumschrie: »Ich hasse Klamotten. Ich hasse, hasse, hasse sie! Nie fühlt sich etwas gut an!« Wie gern würde ich schreiben, dass sie nie sahen, wie ich vollkommen ausgeflippt bin, weil mein Mann eine Sportreportage im Radio hörte und ich ihn wegen der fiependen Geräusche der schlechten Übertragung völlig übertrieben anbrüllte, er solle den Mist ausstellen, bevor ich an die Decke gehe. Ach, wie gern würde ich schreiben, dass sie nichts von alldem mitbekommen haben, aber das wäre gelogen.

Noch viel lieber würde ich schreiben, dass meine Kinder nie das Ziel eines solchen Anfalls waren, aber auch das wäre gelogen. Die schlechte Nachricht ist, dass sie tatsächlich einmal das Ziel eines meiner »sensorischen Momente« waren, aber die gute Nachricht (zumindest besser als die schlechte) ist, dass ich wenigstens nur geschrien habe und nicht noch Schlimmeres tat. Oh, wie ich sie angeschrien habe, als ich gerade keinerlei Geräusche ertragen konnte, egal wie leise und ungewollt es auch war.

Ich schrie: »Geht nach oben, sonst ...«, als meine Kinder neben mir friedlich Popcorn gegessen haben, nicht mal direkt neben mir, sondern in meiner Nähe, aber mit offenem Mund, so dass ich jedes Knacken hören konnte.

Ich schrie: »Seid SOFORT leise, es reicht! Ich halte das nicht mehr aus! Ich hau ab!«, als alle Kinder gleichzeitig redeten und sich gegenseitig in der Lautstärke übertrafen.

Ich schrie: »Okay, genug Umarmungen! Ich will nicht mehr angefasst werden! Runter von mir!« Ja, das war wirklich eine schlimme Aussage, noch schlimmer ist nur, dass ich das oft gesagt habe.

Und danach schrie ich mich selbst an: »Reiß dich mal zusammen! Wenn du nur willst, dass deine Kinder leise sind und sich nicht bemerkbar machen, weil du Lärm und Chaos nicht ertragen kannst, warum hast du dir dann überhaupt Kinder angeschafft? Und dann auch noch vier! Du machst nichts anderes, als ihnen den Spaß und die Begeisterung zu verderben, weil Mami damit nicht umgehen kann. Das kann doch nicht dein Ernst sein!« Mein ganzes Leben lang habe ich mich so bemüht, meine Störung der Sinnesverarbeitung in den Griff zu kriegen und zu verstecken. Und als ich Mutter wurde, bemühte ich mich noch mehr, denn ich wollte meine Kinder einfach nur lieben und nicht meine Wut an ihnen auslassen. Oft ist es mir gelungen. Manchmal aber auch nicht, und dann schämte ich mich, war entmutigt und todunglücklich.

Aber die gute, die richtig gute Nachricht ist, dass die Orange Rhino Challenge mich förmlich dazu gezwungen hat, mit meiner Störung zurechtzukommen. Diese Störung ist nicht länger ein Grund zum Schreien, denn als ich mich näher mit meinen Triggern beschäftigte, wurde meine Wahrnehmung geschärft, und ich war gezwungen, einen Weg zu finden, mit diesem wirklich großen Trigger umzugehen. Und zum Glück für mich begann einer meiner Söhne wegen seiner eigenen Sinnesverarbeitungsstörung genau zu der Zeit mit Ergotherapie, als ich meine Störung als Trigger erkannte und akzeptierte.

Alles, was er gelernt hat, was er mir erzählt hat, jede Übung, die wir gemeinsam durchgeführt haben, um »ihm zu helfen«, half auch mir beim Umgang mit meiner eigenen Störung.

Ich lernte, ein paar Liegestütze zu machen, wenn sich ein Anfall ankündigte.

Ich lernte, Ohrenschützer zu tragen, wenn mir der Krach zu viel wurde.

Ich lernte, sanft an meinen Fingern zu ziehen, um mich zu beruhigen.

Ich lernte, etwas Knackiges zu essen, zum Beispiel einen Apfel, um mich wieder zu fangen, wenn mein Kopf völlig durcheinander war.

Ich lernte, tief durchzuatmen, selbst wenn ich das absolut nicht ausstehen kann.

Ich lernte, dass Schlafen oberste Priorität hat, weil das der Schlüssel zu meiner guten Laune ist.

Diese kleinen Maßnahmen wirkten so gut, ließen mich gelassen bleiben und verhinderten sensorische Anfälle, sodass ich versuchte, damit auch meine Schreianfälle in den Griff zu bekommen. Wie Sie sich denken können ... funktionierte es tatsächlich!

Rückblickend war es viel einfacher, meine sensorische Störung in den Griff zu bekommen, als ich gedacht hätte. Sind die Anfälle ganz verschwunden, wie ich es mir jahrelang gewünscht habe? Nein, ich bin doch nur das Orange Rhino und keine gute Fee! Aber da mir dieses Problem viel bewusster wurde, lernte ich so damit umzugehen, dass es inzwischen kein so großes Thema mehr ist, was wiederum einfach nur großartig ist. Ich habe nun nicht nur meine Emotionen besser unter Kontrolle und kann mich leichter beruhigen, sondern schreie meine Kinder auch nicht mehr grundlos an. Das beides zusammen ergibt, dass ich mich als viel besserer Mensch und bessere Mutter fühle. (Ein Mensch und eine Mutter, die, nebenbei gesagt, gerade weint, weil sie so dankbar dafür ist, sich auf diese Reise zum schreifreien Leben begeben zu haben, und dabei nach vielen Jahren endlich auch noch eine ihrer größten persönlichen Hürden überwunden hat.)

DIE ORANGE RHINO-ERKENNTNIS

Es bringt mir nichts, einen Trigger zu ignorieren, nur weil ich glaube, dass ich ihn sowieso nicht ändern kann. Es bringt mir viel mehr, mir diesen Trigger einzugestehen, ihn versuchen zu begreifen und in den Griff zu bekommen.
Einen Trigger besser kontrollieren können, als ich glaubte, stärkt mich. Und zu dieser Erkenntnis wäre ich nie gelangt, wenn ich mich weiterhin vor ihm versteckt hätte, weil er mich einschüchtert.

Maßnahmen des Tages

Kontrollieren Sie die kontrollierbaren Trigger. Nehmen Sie sich heute einen Trigger vor, den Sie als »kontrollierbar« eingestuft haben. Überlegen Sie sich, wie Sie ihn eindämmen und wie Sie auf ihn reagieren können. Fragen Sie eventuell auch Freunde und Familienmitglieder, denn gemeinsam kommt man auf verschiedene Lösungen.

Notieren Sie den Trigger und Ihre Ideen, wie Sie auf ihn reagieren wollen, damit es mehr Gewicht hat und Sie bei der Stange bleiben. Zum Beispiel:

Trigger: Die Kinder verschmähen das Essen.

Plan: Pro Mahlzeit mindestens ein Nahrungsmittel anbieten, das jedes der Kinder mag. Tacos für Kind 1, Bohnen für Kind 2, Mais für alle.

Alternative zum Schreien, falls der Plan nicht aufgeht: Orange Servietten auf dem Tisch als Erinnerung, ruhig zu bleiben.

Wenn Sie sich den Trigger vornehmen, denken Sie daran, dass Sie noch üben und dabei sind zu lernen, wie man weniger schreit. Kämpfen gehört dazu. Oder wie der Menschenrechtler Frederick Douglass sagte: »Ohne Kampf gibt es auch keinen Fortschritt.« Sie machen Fortschritte. Und zu lernen, wie man mit einem Trigger zurechtkommt, ist ein Fortschritt. Ärgern Sie sich nicht, wenn heute noch nicht alles klappt – Sie haben noch viele Tage zum Üben vor sich!

Akzeptieren bedeutet nicht resignieren, sondern zu verstehen, dass etwas so ist, wie es ist, und dass es immer einen Weg gibt.

Michael J. Fox

TIPPS DES TAGES

cool

Tragen Sie während der bekannten lauten Zeiten Ohrenschützer oder Kopfhörer, um nicht vom Krach überrollt zu werden. Das sorgt auch bei den Kindern für einen Lacher.

»Danke« sagen. Je dankbarer ich auch nach außen hin bin, umso glücklicher bin ich. Und je glücklicher ich bin, umso mehr Liebe spüre ich. Und, na klar, je mehr Liebe ich spüre, umso weniger ist mir nach Schreien.

warm

Kauen Sie Kaugummi. Wenn ich auf meinem Frust herumkaue, rutscht mir nicht so leicht etwas heraus, was ich dann bereue.

heiß

Schnappen Sie sich Knete (oder einen Anti-Stress-Ball, ein Geschirrhandtuch oder einen anderen sicheren Gegenstand), drücken Sie darauf herum, aber schreien Sie nicht. Kneten Sie so lange, bis Sie keine Kraft mehr zum Schreien haben.

Tag 12: Die unabänderlichen Trigger: Der 25-Stunden-Tag

Am ersten Weihnachten nach James' Geburt wünschte ich mir vom Weihnachtsmann eine zusätzliche Stunde pro Tag. Ich befürchte, er hat meinen Wunschzettel nie bekommen, denn der Wunsch ging nie in Erfüllung. Oder vielleicht hat er ihn ja bekommen, aber nicht darauf reagiert, weil ich anstatt drei nur zwei selbstgebackene Plätzchen hingelegt habe. Oder ganz vielleicht hat er mir stattdessen auch einen neuen Schal und eine neue Jacke gebracht, denn obwohl er vieles kann, passte eine zusätzliche Stunde pro Tag wohl nicht in seinen Sack, egal wie brav ich in jenem Jahr auch war.

Seufz. Ich befürchte, diese eine Stunde wird mir der Weihnachtsmann wohl nie bringen. Und auch sonst niemand.

Sosehr ich es mir auch wünsche und hoffe, ich bekomme diese heiß ersehnte 25. Stunde des Tages nicht. Ein Tag hat nun mal nur 24 Stunden und mehr werden es auch nicht. Das ist mir klar. Ich bin ja nicht doof. Aber trotzdem ... wenn ich wirklich einsähe, dass ein Tag niemals 25 Stunden haben wird, würde ich nicht versuchen, so viele Dinge zu erledigen, denn dann wäre mir bewusst, dass ich das in der mir zur Verfügung stehenden Zeit gar nicht alles schaffen kann.

Oder anders ausgedrückt: Schaffe ich alles, was ich mir vornehme? Bekomme ich die Therapien von vier Kindern, ihre Hobbys und persönlichen Wünsche und Bedürfnisse unter einen Hut und schaffe es, mich um meine Ehe zu kümmern, das Feuer auch während der anstrengenden Zeit mit kleinen Kindern nicht ausgehen zu lassen? Und schaffe ich all das auch noch, während ich mich zusätzlich bemühe, mit meinen Freunden so viel Kontakt zu halten, wie ich möchte und es brauche und wie sie es verdient haben? Und dann auch noch ehrenamtlich in drei verschiedenen Schulen und Kindergärten aktiv zu sein, weil ich der Meinung bin, dass es als Mutter meine Pflicht ist, meine Jungs zu unterstützen? Ach stimmt ja, da wäre auch noch der Haushalt zu erledigen und mir selbst sollte ich auch hin und wieder etwas Gutes tun, zum Beispiel Sport, Schreiben und mich um Freunde, die Familie und um Fremde kümmern.

Theoretisch schaffe ich das.

Ich schaffe das alles.

Ich kann jeden Abend spät ins Bett gehen und frühmorgens aufstehen, damit ich das tun kann, was ich will. Ich kann mir noch mehr abverlangen und mir den Tag vollpacken, weil ich alles schaffen will. Und wenn ich alles erledigt habe, kann ich meinem Mann die Ohren volljammern, dass ich mal wieder die Kinder angebrüllt habe, weil ich so schrecklich übermüdet bin. Ich kann mich bei meiner Mutter ausheulen, dass ich die Kinder angeschrien habe, denn ich bin von mir selbst so enttäuscht, weil ich nichts so perfekt hinbekomme, wie ich will, dass ich nichts genießen kann, weil ich im Hinterkopf immer an alles denke, was ich noch zu erledigen habe. Ich kann mich bei mir selbst ausheulen, dass ich die Kinder angebrüllt habe, weil ich so überarbeitet und gestresst bin, dass jeder Tropfen das Fass zum Überlaufen bringt.

Ich kann alles in 24 Stunden schaffen.

Aber den Preis dafür muss ich selbst zahlen.

Und meine Kinder (und möglicherweise alle in meinem Umfeld). Einer meiner größten Trigger ist, dass ich zu viel in der Zeit, die ich habe, erledigen will, dass ich ein »Nein, lass das lieber bleiben, du hast keine Zeit dafür« nicht akzeptiere – dass ich überhaupt kein Nein als Antwort akzeptiere. Seitdem ich während dieser Challenge meinen Triggern auf der Spur bin, ist das tatsächlich der einzige, den ich nicht in den Griff bekomme.

Ich sage immer Ja und will alles machen. Ich überfordere mich selbst, weil ich alles schaffen will. Ich will alles machen, damit meine Kinder sich als etwas Besonderes fühlen, zum Beispiel für jedes Fest dekorieren, ihnen liebevolle Zettelchen schreiben, außergewöhnliche Kindergeburtstage feiern. Und ich überrasche gern meine Freunde und meinen Mann mit netten Kleinigkeiten, nicht nur, weil es mir Freude bereitet und ihnen hoffentlich auch, sondern auch damit meine Kinder lernen, wie man anderen eine Freude bereitet. Und ich greife gern jede Gelegenheit beim Schopf. Ich bin ein Profi darin, mir selbst zu sagen: »Das musst du jetzt aber machen. So eine Gelegenheit bekommst du nicht noch mal. Jetzt. Oder. Nie. Also LOS! Du schaffst das!«

Die andere Wahrheit ist aber, dass ich selbst mit dem Ergebnis oft alles andere als zufrieden bin: Ich werde schlecht gelaunt, weil ich mich selbst über meine Grenzen zwinge. Ich will meine Kinder nicht mehr anfauchen, nur weil ich schlechte Laune habe. Ich will sie nicht mehr anschreien, weil ich mir wieder zu viel aufgehalst habe.

Ich kann mich gut an einen Tag während der Challenge erinnern, als ich wieder auf die Schreifrei-Schiene kommen wollte. Ich hatte mir viel zu viel vorgenommen. Ich hatte mir gerade erst vorgenommen, nicht mehr zu schreien, was, wie Sie wissen, eine große Sache ist. Zeitgleich wollte ich auch noch abnehmen. Die Ferien waren gerade zu Ende und ich dachte mir, ach, komm, packst du noch ein paar Termine obendrauf. Der Berg wuchs und wuchs, genau wie meine Schroffheit und Ungeduld gegenüber mir selbst, weil ich zu viel wollte.

Während ich mir meine To-do-Liste ansah und überlegte, wie ich das alles schaffen sollte, spielten meine Jungs fröhlich zusammen im Kinderzimmer. Friedlich und vergnügt hatten sie alle Bauklötze, Autos, Spielfiguren und alle Kissen von den Betten geholt und eine große Stadt/Festung/was auch immer gebaut. Doch was sah ich? Nur Chaos. Ich blickte von meiner Liste auf, noch völlig gefangen in meiner selbstverschuldeten Zu-viel-zu-tun-Welt, und schrie:

»Schaut euch mal das Durcheinander an! Ist doch nicht zu fassen! Das bekommen wir nie im Leben wieder aufgeräumt!«

Acht Augen sahen mich ganz entsetzt an, weil ich ihre wundervolle Arbeit als Chaos bezeichnet hatte, weil ich ihr Gemeinschaftsprojekt kritisiert und schlechtgemacht hatte. Was vollkommen unnötig war.

Das war kein Durcheinander. Ich war durcheinander.

Ich wurde ganz traurig. Nicht zum ersten Mal war ich wegen einer Kleinigkeit ausgerastet. Das passierte mir öfter. Zum Beispiel, wenn meine Kinder ihr Stieleis schleckten. Hallo?! Eisschlecken ist ja nun wirklich kein Grund zum Schreien. Lächerlich! In dem Moment begriff ich, dass ich meine Kinder oft anschrie, wenn sie doch einfach nur ihr

Leben genossen (so wie Kinder das nun mal tun), und dass mein Verhalten in solchen Situationen oft ihrer Lebensfreude einen Dämpfer gab, ihre Freude und ihr Lächeln abrupt verschwanden.

Diese Erkenntnis war wie ein gewaltiger Tritt in den Hintern.

Ich musste also nicht nur mit dem Schreien aufhören. Ich musste auch aufhören, von einem 25-Stunden-Tag zu träumen und mir zu viel vorzunehmen. Ich musste – nein, wollte – das Leben mehr genießen, so wie meine Jungs, anstatt schon mit den negativen Auswirkungen eines zu voll gepackten Tages zu rechnen.

An jenem Tag ergänzte ich auf meiner Liste den Trigger »glauben, dass ich alles erledigen kann«. Auch wenn ich verstanden habe, dass der Tag keine 25 Stunden hat, ich einfach nicht alles erledigen kann und es nicht allem und jedem Recht machen kann, habe ich das nicht so ganz akzeptiert. Auch wenn es mir gut tut, mir nicht zu viel aufzuhalsen und zu begreifen, dass ich meine Kinder, Freunde und Verwandten auch dann liebe, wenn ich nicht alles für sie mache, ertappe ich mich immer wieder dabei, mir viel zu viel vorzunehmen, weil ich glaube, dass sich alles wie von Zauberhand erledigt.

Tut es aber nicht.

Ich muss der Wahrheit ins Auge sehen, wenn ich will, dass dieser Trigger kein so großes Thema mehr ist. Wenn mir das gelingt, packe ich mir meine Tage gar nicht erst so übervoll, sondern fülle sie mit mehr schönen Erlebnissen mit meinen Kindern.

DIE ORANGE RHINO-ERKENNTNIS

Es ist zunächst ätzend, mir die Trigger, die ich nicht ändern kann, einzugestehen, aber dann ist es befreiend, denn ich muss nun keine Kraft mehr aufbringen, um sie und meine Einstellung zu ändern – ich kann mich direkt auf meine eigene Einstellung konzentrieren. Kinder sind nun mal Kinder und tun, was Kinder eben so tun. Das kann ich nicht ändern, erst recht nicht durch Herumschreien.

Maßnahmen des Tages

Akzeptieren Sie die unabänderlichen Trigger. Lesen Sie sich Ihre Trigger noch einmal durch und wählen Sie einen unabänderlichen, auf den Sie sich nun konzentrieren.

Schreiben Sie auf, warum Sie ihn nicht ändern können. Notieren Sie dann die zahlreichen Vorteile, wenn Sie stattdessen an Ihrer Einstellung gegenüber dem Trigger arbeiten. Zum Beispiel: Mein Mann macht sein Bett nicht, weil er das die letzten zehn Jahre auch nicht machen musste. Wenn ich das akzeptiere, nicht mehr darüber meckere und es stattdessen selbst mache, fängt der Tag gleich besser an.

Zeigen Sie Ihren Unterstützern Ihre Aufzeichnungen, damit Sie wirklich akzeptieren, dass Sie an dem Trigger nichts ändern können. Je mehr Sie darüber sprechen, umso einfacher fällt es Ihnen, diese Tatsache wirklich zu akzeptieren und zu erkennen, dass Sie stattdessen an sich selbst arbeiten können.

Mir ist schon klar, dass die Erkenntnisse und Maßnahmen des heutigen Tages schon beim Lesen wie eine Herausforderung klingen und es in der Umsetzung noch mehr sein werden. Seien Sie heute nachsichtig mit sich selbst und denken Sie daran, dass schon das Nachdenken über so schwierige Themen wie »unabänderliche Trigger« selbst ein Trigger sein kann. Umgeben Sie sich mit Erinnerungshilfen an Ihr Versprechen, lassen Sie sich von Freunden aufmuntern und vergessen Sie nicht, dass dieser anstrengende Tag Ihnen in der Zukunft zahlreiche leichtere Tage bescheren wird!

„Über zwei Dinge sollte man sich nicht ärgern: über das, was man ändern kann, und über das, was man nicht ändern kann“

Platon

TIPPS DES TAGES

cool

Machen Sie das Licht aus. Die Kinder hören sofort mit dem auf, was sie tun (huch, was ist los?) und alles wird ruhiger. Zum Abendessen können Sie das noch verstärken, indem Sie eine Kerze anzünden und bei Kerzenschein essen.

warm

Berufen Sie im größten Chaos eine Familienkonferenz ein. Jedes Kind darf sich zum Problem äußern und Lösungsvorschläge einbringen.

heiß

Sagen Sie laut, wie alt Ihr Kind ist. Das erinnert Sie daran, dass Ihr Kind eben ein Kind ist. »Oh mein Gott, du bist erst vier!« Genau, erst vier. Nicht vierzig. Natürlich lernt Ihr Kind noch, zu hören!

„Das Große kommt nicht allein durch Impuls zustande, sondern ist eine Aneinanderkettung kleiner Dinge, die zu einem Ganzen vereint worden sind.“

Vincent van Gogh

Tag 13: Akzeptieren Sie die unabänderlichen Trigger

Andrew hatte schon früher mal gefiebert, aber kurz nach seinem ersten Geburtstag hatte er das erste Fieber »dieser Art«: Fieber zwischen 40°C und 40,5°C, das zwischen sieben und zehn Tage andauerte. Bei so einem Fieber waren sein Mund und sein Hals so ausgetrocknet, dass er kaum essen und trinken konnte, aber stattdessen vor Schmerzen weinte und schrie. Nach einer Woche mit so einem Fieber war er so ausgehungert und erschöpft, dass er noch eine Woche lang weinte und schrie, weil er uns nicht sagen konnte, was er brauchte. Dieses Fieber wurde schlussendlich als periodisches Fiebersyndrom diagnostiziert.

Als seine Mutter und diejenige, die tagein, tagaus während dieser Phasen bei ihm war, habe ich eine andere Diagnose gestellt, nämlich: Fieberanfälle, die ihn wie am Spieß schreien ließen. Fieberanfälle, die ihn in seiner Sprachentwicklung hemmten. Fieberanfälle, die ihm zusetzten. Fieberanfälle, die mir zusetzten. Fieberanfälle, die mich zum Schreien brachten – richtig, richtig heftig.

Und während ich das schreibe, tropfen ein paar Tränchen auf die Tastatur. Mein Baby, mein süßer Andrew musste zehn Monate lang während dieser etwa monatlich auftretenden Fieberanfälle so schrecklich leiden. In seinem zweiten Lebensjahr ging es ihm so oft nicht gut, und ich konnte nichts dagegen tun. Gar nichts. Sein Schreien, weil er Schmerzen hatte und uns noch nicht sagen konnte, was ihm fehlte, brachte mich zum Schreien. An manchen Tagen kam ich einfach nicht damit zurecht und brüllte ihn an: »STOP!« oder »ES REICHT!« Ich war gemein. Verletzend. Hatte kein Verständnis. Solche Tage gab es zwar nur selten, aber dennoch war ich dann keine liebevolle Mutter, noch nicht mal annähernd.

Ich war nur wütend.

Natürlich nicht auf ihn, sondern auf die Situation. Ich war wütend, weil wir nichts tun konnten, außer abzuwarten, ob er diese Art von Fieberanfällen hatte, die mit zehn Jahren vorbei sein oder ob sie ihn sein ganzes Leben begleiten würden. Ich war wütend, weil ich ihm nicht helfen konnte, weil ich es nicht ändern konnte. Ich war wütend, weil ich unterwegs immer Angst vor einem seiner Schreianfälle hatte, denn da er den Großteil der Zeit krank war, war sein Schreien und Weinen eher die Norm und, so traurig das auch ist, zu seiner üblichen Kommunikationsweise geworden, ob er nun krank war oder nicht.

Und ich war wütend, weil ich unsere neue Normalität einfach nicht akzeptieren konnte. Ich wollte nicht wahrhaben, dass es eine langfristige Sache sein könnte. Ich wollte die Schreianfälle nicht akzeptieren. Ich wollte mir nicht eingestehen, dass manchmal auch die besten Ratschläge nichts gegen diese Schreianfälle ausrichten konnten.
Ich wollte nicht wahrhaben, dass ich mich dem Urteil und der Kritik anderer stellen musste, die über mich als Mutter und über meinen Sohn als Kind urteilten, wenn wir draußen unterwegs waren. Ich wollte nicht einsehen, dass die ursprüngliche leichte Sprachentwicklungsverzögerung durch die Fieberanfälle verschlimmert wurde, weshalb wir Schwierigkeiten hatten, zu verstehen, was er brauchte, wenn er krank war, aber eben auch wenn er gesund war. Und ich wollte nicht akzeptieren, dass es noch lange dauerte, bis er sagen konnte: »Mami, ich hab dich lieb.«

Nein, nichts davon wollte ich wahrhaben. Also verbarg ich meinen Frust und meine Enttäuschung und das Gefühl, keine Ahnung zu haben, wie ich in solchen Situationen reagieren sollte, wurde barscher und harscher, und das nicht nur zu Andrew, sondern auch zu allen Leuten, die während seiner Anfälle zur falschen Zeit am falschen Ort waren.

Nach zehn Monaten lösten sich die Fieberanfälle einfach so in Luft auf. Und ich dachte natürlich (oder hoffte vielmehr verzweifelt), dass zeitgleich auch Andrews Sprachentwicklung einen Sprung machen, sowohl die Schreianfälle als auch mein eigener Stress »einfach so« verschwinden würden.

Dem war natürlich nicht so.

Den Großteil seines zweiten Lebensjahres hatte Andrew Halsschmerzen, und das motivierte ihn natürlich nicht zum Sprechen. Es motivierte ihn eher, noch mehr zu schreien, und mich auch, da es sich so eingebürgert hatte.

Kurz nachdem die Fieberanfälle überstanden waren, aber sein Schreien eher noch zunahm, saß ich heulend und außer mir in der Ecke. Ich hielt diese Schreianfälle einfach nicht mehr aus. Und ich hielt es auch keinen weiteren Tag mehr aus, dass er mit dem Trinklernbecher nach mir warf, weil er sich einfach nicht verständlich machen konnte. Oder dass er mit dem Kopf gegen die Wand schlug, weil er nicht sagen konnte, was los war. Ich heulte hysterisch, weil ich es keinen weiteren Tag aushielt, so wütend auf meinen eigenen Sohn zu sein, dass ich ihn nur noch anschreien wollte.

Schließlich raffte ich mich wieder auf.

Ich ging in die Küche, schnappte mir das Telefon und sah endlich ein, dass ich das nicht allein schaffen konnte. Ich rief die Logopädin an, deren Nummer ich schon seit Wochen hatte, die ich aber nicht angerufen hatte, weil ich mir nicht eingestehen wollte, dass mein Sohn ein Problem hatte, das ich nicht lösen konnte.

Glücklicherweise konnte Rachelle, die Logopädin, Andrew helfen. Sie mochte ihn, arbeitete mit ihm und brachte ihn zum Sprechen. Und glauben Sie mir, als er endlich »Mami, ich hab dich lieb« sagte, war ich hin und weg. Und als er »Mami, ORANGE RHINO!« sagte, weinte ich vor Glück. Er sprach nicht nur, sondern er verstand auch und konnte sich verständlich machen. Es war ein langer und oft beschwerlicher Weg bis dahin. Andrew macht weiterhin Fortschritte bei Rachelle in der Therapie. Und ich mache auch weiterhin Fortschritte und arbeite an meiner Gelassenheit während seiner Schreianfälle.

Ich arbeite jeden Tag daran, die Situation zu akzeptieren und dass ich die Sprachverzögerung nicht in meinem Tempo aufholen, das Schrei-Jahr nicht einfach gelöscht werden und dass ich Andrew diese Mühen nicht abnehmen kann.

Ich arbeite jeden Tag daran zu akzeptieren, dass Andrew sich sehr ums Sprechen bemüht, dass er keine Schreianfälle hat, um mich zu ärgern, sondern weil das so lange sein Alltag war, dass es einfach Zeit braucht, diese Angewohnheit abzulegen.

Ich arbeite jeden Tag daran zu akzeptieren, dass zu unserem Alltag eben gehört, dass Andrew in der Öffentlichkeit Schreianfälle hat, dass er vielleicht länger und lauter schreit, als mir lieb ist, dass ich mich in solchen Situationen nicht immer so verhalte, wie ich möchte, und dass die zufällig Anwesenden mich mit Sicherheit belächeln, über mich reden oder mich sogar anmotzen.

Jeden Tag versuche ich mich an das Zitat des amerikanischen Schriftstellers Robert Elias zu klammern: »Wenn du weder kämpfen noch fliehen kannst, schwimme mit dem Strom.«

Ich will nicht gegen meinen Sohn kämpfen, wenn er selbst zu kämpfen hat, und erst recht will ich nicht vor ihm fliehen. Ich liebe ihn.

Also sage ich mir Tag für Tag, lieber mit dem Strom zu schwimmen und die Situation, Andrew, seine laute Stimme zu akzeptieren und dass alles nun mal schwieriger ist, als mir lieb ist. Wenn ich das alles akzeptiere – die Wahrheit wirklich akzeptiere –, sind diese Tage bedeutend besser und es fällt mir leichter, meine süßen Jungs nicht grundlos anzuschreien. Denn an diesen Tagen bin ich nicht voller Wut, sondern voller bedingungsloser Liebe, Mitgefühl und dem Wissen, dass wir beide unter diesen Umständen unser Bestes geben, und darauf kommt es eben an.

DIE ORANGE RHINO-ERKENNTNIS

Ich verschwende viel negative Energie darauf, Dinge ändern zu wollen, die ich nicht ändern kann. Diese negative Energie sammelt sich an und bringt mich so weit, dass ich nicht mehr in Kontakt mit meinen Kindern bin, sondern mich jede Kleinigkeit ausrasten lässt. Es ist schwer, Dinge, die ich nicht ändern kann, zu akzeptieren, aber das macht das Leben leichter und voller positiver Energie. Wenn ich die unabänderlichen Trigger akzeptiere, ist mir schon weniger nach Schreien und die Beziehung zu allen Menschen in meinem Leben verbessert sich.

Maßnahmen des Tages

Akzeptieren Sie die unabänderlichen Trigger. Sehen Sie sich noch einmal Ihre Trigger von gestern an. Nehmen Sie sie noch mehr an, indem Sie immer wieder sagen: »Ich kann es nicht ändern, aber ich kann mich ändern.« Notfalls sagen Sie es tausend Mal, bis Sie es glauben. Schreiben Sie den Satz auf einen Zettel und kleben Sie ihn an Ihre Sockenschublade, wenn Sie schon direkt beim Aufstehen daran erinnert werden wollen.

Notieren Sie sich zwei oder drei Möglichkeiten, wie Sie Ihre Haltung ändern können, wenn dieser Trigger auftaucht. Zum Beispiel: an schöne Erinnerungen denken, die Sie mit der Person/dem Problem haben, das Sie gerade nervt, dankbar sein, eine Freundin anrufen.

Weinen Sie, lassen Sie Frust, Traurigkeit und Enttäuschung raus, wenn es Ihnen hilft (mir half und hilft es manchmal noch immer). Lassen Sie alles raus. Fressen Sie es nicht in sich hinein ... das lässt Sie sonst vielleicht explodieren! Manchmal ist das der Schlüssel zum Erfolg. Gestehen Sie sich ein, was Sie fühlen, aber nicht wahrhaben wollten.

Mir ist schon klar, dass das keine leichte Aufgabe ist. Und von meinem Blog weiß ich, dass jeder mindestens einen, vielleicht auch zwei Trigger hat, die er am liebsten loswerden oder zumindest unter Kontrolle bekommen würde, aber es nun mal nicht geht. Ja, wir können nicht alles beeinflussen, und das nervt. Akzeptieren Sie das – genau wie die Tatsache, dass Sie Ihr eigenes Verhalten beeinflussen können – und schon schrumpft dieser Trigger.

> *»Gib mir die Gelassenheit, Dinge hinzunehmen, die ich nicht ändern kann, den Mut, Dinge zu ändern die ich ändern kann, und die Weisheit, das eine vom anderen zu unterscheiden.«*
>
> *Reinhold Niebuhr*

TIPPS DES TAGES

cool

Holen Sie das Fotoalbum hervor. Schöne Erinnerungen machen alle glücklich.

warm

Bedienen Sie sich der Zeichensprache. Meine Kinder finden es klasse, wenn ich sie in meiner geheimen Zeichensprache um etwas bitte. Warum auch nicht? Ist auf jeden Fall besser, als Befehle zu schreien. Sagen Sie sich: »Ach, könnte schlimmer sein«, um einen anderen Blickwinkel einzunehmen und dankbar zu sein für alles, was Sie getan haben.

heiß

Legen Sie einen Zeigefinger auf die Lippen. Das sperrt einen Schrei förmlich ein.

Tag 14: Vergebung: Ich bin, also schreie ich

Okay, diese Kapitel waren bislang ganz schön schwere Kost und tiefgehend, finden Sie nicht auch? Die folgende Geschichte wird Sie hoffentlich ein wenig aufheitern und zum Lachen bringen. Ja, ja, ich rechne damit, dass Sie über mich lachen, damit habe ich gar kein Problem.

Zu Beginn der Orange Rhino Challenge, als ich meinen Triggern gerade auf der Spur war, stellte ich fest, dass ich oft dann unnötig oder übereilt herumschreien wollte, wenn mein Kopf gerade mit einem Problem beschäftigt war, dass sich laut meinen Notizen als ein, hm, ziemlich großes herausstellte. Ein riesengroßes.

Wenn etwas nicht nach Plan lief, sei es eine Geburtstagsfeier, der Urlaub, die Paarzeit mit meinem Mann oder ein Familienausflug, konnte ich immer nur daran denken, was mir alles entgangen war, was hätte besser laufen können.

Hatte ich eine schwierige Unterredung mit meiner Mutter oder ein nerviges Gespräch mit meinem Sohn, grübelte ich darüber nach, was gerade passiert war, was hätte besser laufen können und sollen und was besser nicht gesagt oder getan worden wäre.

Schaffte ich nicht alles, was ich mir für den Tag vorgenommen hatte, oder schaffte ich es nicht zu meiner eigenen Zufriedenheit, besonders einen Blogbeitrag, ärgerte ich mich darüber, dass ich nicht perfekt bin.

Hatte ich mit einer Freundin geschrieben und war danach traurig, dass wir nicht mehr so viel Kontakt wie früher hatten, oder stellte ich nach einer vollen Woche fest, dass ich keine Zeit für meine Freunde gehabt hatte, noch nicht mal für einen kurzen Anruf, was mir vor Augen führte, wie schwer es war, all die wichtigen Dinge im Leben unter einen Hut zu bringen, dann haderte ich mit mir, weil ich keine gute Freundin, Ehefrau, Mutter war.

Ja, ich war gut darin, mir selbst ein schlechtes Gewissen zu machen. Das war nichts Neues. Ich hatte schon immer einen Hang dazu. Es war mir nur nicht aufgefallen (oder wollte ich es nicht wahrhaben?), dass dieser Hang gleichzeitig auch meinen Hang zum Schreien erklärte. Wenn etwas nicht nach Plan lief, grübelte ich automatisch darüber nach und grübelte und grübelte, bis Frust, Schmerz, Ärger, Verwirrung oder Enttäuschung bei mir so groß und allgegenwärtig (oder eher allmächtig?) wurden, dass es reichte, wenn ein Kind wegen irgendetwas nach mir verlangte, sich mit seinem Bruder stritt oder es wagte, meine selbstverschuldete Gedankenabwärtsspirale zu stören, und ich: GRRRRRR! Oh ja, mein schlechtes Gewissen verschlug mir sehr oft die Sprache.

Mit dieser neuen Erkenntnis machte ich noch einmal, was ich zu Beginn der Challenge getan hatte: Ich dachte (okay, grübelte) darüber nach, wie ich diesen Trigger in den Griff bekommen konnte. Ich kam zu dem Ergebnis, dass ich keinen blassen Schimmer hatte; seit Jahren machte ich mir selbst ein schlechtes Gewissen und wusste ganz offensichtlich nicht, wie ich das ändern konnte. Glücklicherweise saß ich am nächsten Tag in einem Wartezimmer und blätterte durch eine Frauenzeitschrift, als ich auf einen Artikel darüber stieß, wie man von schlechten Angewohnheiten loskommt. Ich war ja gerade dabei, mir das Schreien abzugewöhnen, also las ich eifrig, was die Zeitschrift zu sagen hatte.

Im ersten Beispiel ging es ums Grübeln. Mein erster Gedanke? »Was zum Geier meinen die denn mit Grübeln?«

Mein zweiter Gedanke, nachdem ich die einleitende Erklärung dazu gelesen hatte: »Alter Schwede! Mein Problem hat ja einen Namen. Ich bin ein Grübler.«

Und mein dritter Gedanke, denn mein Gehirn macht immer seltsame, absurde Sprünge, besonders wenn sich Blödsinn reimt: »Ich übler Grübler ...«

Dieser Satz half mir wirklich dabei, weniger zu grübeln und dadurch auch weniger zu schreien. Immer wenn ich mich beim Grübeln erwische, sage ich zu mir: »Ich bin ein Grübler ... ein echt übler Grübler.«

Und dann muss ich lachen. Was mich wiederum daran erinnert, dass ich gar nicht so viel grübeln und mir ein schlechtes Gewissen machen will, denn dann schreie ich vielleicht wieder rum. Besser ist es, loszulassen und nach vorn zu schauen. Oder anders ausgedrückt: Ich darf nicht mehr der Grübler sein, sondern ... warten Sie, ich hab's gleich ... der Un-Verübler! Ich hab's echt drauf! Ich hoffe, ich konnte Sie damit wenigstens zum Schmunzeln bringen.

Aber mal im Ernst, um mit dem Schreien aufzuhören, musste ich erst aufhören, ein Grübler zu sein, und stattdessen zum Un-Verübler zu werden. Ich musste mich dazu zwingen, nicht mehr über das Problem nachzudenken, das mich so heruntergezogen hat, weil das Problem dadurch noch größer wirkte. Das tat mir nicht gut und tat deshalb auch meinen Kindern nicht gut. Ich musste aber nicht nur von schlechten Gesprächen mit anderen loskommen. Oh nein. Ich durfte auch nicht länger über alles nachgrübeln und mich selbst fertigmachen.

Ich durfte mir nicht länger vorwerfen, ich sei zu dick.

Ich durfte mir nicht länger einreden, ich sei keine gute Mutter.

Ich durfte mir nicht länger wegen Kleinigkeiten ständig Vorwürfe machen, zum Beispiel wenn ich meine Kinder anmotzte.

UND ich musste mir endlich selbst verzeihen, wenn ich meine Kinder angebrüllt hatte, denn ohne Vergebung ging es auch nicht voran. Ich ärgerte mich dann nur noch mehr, dass ich geschrien hatte, weshalb ich noch mehr schrie – ein echter Teufelskreis!

Für die Orange Rhino Challenge benötigte ich mehrere Anläufe. Zunächst hatte ich acht schreifreie Tage in Folge. Und dann schrie ich wieder rum. Ich ärgerte mich so sehr über mich selbst. Ich bin mir sicher, dass das ständige Grübeln, warum mir das passiert war, mich noch mehr schreien ließ und ich meinem Ziel so kein Stück näher kam. C. S. Lewis hat mein Problem perfekt beschrieben: »Die Überwindung einer schmerzlichen Erfahrung ist wie das Hangeln an einem Klettergerüst: Man muss irgendwann loslassen, um vorwärtszukommen.« Aber ich konnte den Gedanken »Jeder macht mal Fehler« (dieses Ich-bin-halt-auch-nur-ein-Mensch) einfach nicht annehmen und auch nicht meine Enttäuschung über mich selbst. Ich dachte ständig nur daran, dass ich etwas falsch gemacht hatte – aber nicht auf die positive Art, wie »Was kann ich aus der Situation lernen, um nach vorn schauen zu können?«, sondern auf die »Ich bin einfach zu blöd, um ohne Schreien auszukommen«-Art.

Ich muss wohl nicht extra erwähnen, dass das Grübeln zunimmt, je größer mein schlechtes Gewissen wird. Ich musste einsehen, dass ich auch nur ein Mensch bin, dass auch ich Fehler mache, zum Beispiel eben zu oft schreien. Also tat ich das.

An diesem Tag konnte ich endlich annehmen, dass ich mir den Arsch aufriss. Ich grübelte nicht mehr über meine Fehler nach, sondern freute mich, dass ich acht schreifreie Tage geschafft hatte und dass doch alles gut war. Ich hatte kein schlechtes Gewissen mehr wegen des »Schreis, der mir meine Glückssträhne versaut hatte«, und ich konnte mir selbst verzeihen. Und dieser Tag sollte der erste von insgesamt 365 erfolgreichen, schreifreien Tagen werden.

Man kann nicht rasch genug seine Irrtümer und Fehler vergessen. Lange bei ihnen verweilen, heißt ihre Schuld vergrößern.

Henry David Thoreau

Liebes zukünftiges Orange Rhino

Ich muss mir jetzt einfach die Zeit nehmen, dir ein paar aufmunternde Zeilen zu schreiben, denn ich weiß, wie schwer der Weg zum schreifreien Leben ist! Ich weiß, wie verlockend es manchmal erscheint, aufzugeben, besonders wenn der Erfolg auf sich warten lässt. O, wie gut ich das kenne! Aber gib bitte nicht auf, weder dich, noch diese Reise oder den Weg. Du schaffst das. Schon allein, dass du dieses Buch bis hierhin gelesen hast, zeigt ja, dass du wirklich etwas ändern willst. Halte dich an diesem Willen fest und lass dich von ihm und von der Liebe zu deinen Kindern deinem Ziel näher bringen. Es klappt. Vielleicht nicht so schnell, wie du es dir wünschst, aber es wird klappen. Immer wenn du gerade deprimiert bist, weil es nicht vorangeht, denke an mein neues Lieblingszitat (siehe unten), auf das ich während meiner eigenen Reise gestoßen bin und das mich immer wieder motivierte.

Und wenn du weiterliest, denke bitte immer an diese vier wirklich wichtigen Punkte:

- Wenn du schreist, hast du nicht versagt, sondern bist noch dabei etwas zu lernen, das noch nicht ganz so gut klappt.
- Du bist kein Versager – du gibst jeden Tag dein Bestes.
- Du machst das alles besser, als du glaubst – schon der Wille zur Veränderung und die ersten Versuche sind ein großer Schritt, ein großer Schritt in die richtige Richtung.
- Du bist ein toller Mensch und ein toller Elternteil, der Tag für Tag macht und tut und sein Bestes gibt.

Ich denke an dich und sende dir gute Gedanken für deinen Weg

Dein Orange Rhino

Der Sieg wird nicht auf Kilometern, sondern auf Metern errungen. Gewinne ein wenig jetzt, halte deine Stellung und später gewinne ein wenig mehr.

Louis L'Amour

DIE ORANGE RHINO-ERKENNTNIS

Der Ausdruck »Hätte ich doch bloß« ist gefährlich. Er schürt Schuldgefühle und führt zum Schreien. »Beim nächsten Mal …« ist viel positiver.
Schuldgefühle machen alles nur noch schlimmer, Schreien auch.
Wenn ich mich auf das Negative in meinem Leben konzentriere, fällt es mir schwer, das Positive in anderen zu sehen, besonders in meinen Kindern. Konzentriere ich mich auf das Negative, rede ich oft auch negativ.
Anderen verzeihe ich leicht ihre Fehler, mir selbst aber nicht. Daran muss ich arbeiten.

Maßnahmen des Tages

Verzeihen Sie sich selbst. Verzeihen Sie sich alle bisherigen Ausraster. Sagen Sie laut – ja, laut, denn zu einem Freund würden Sie es auch laut sagen: »Ich verzeihe mir, dass ich in der Vergangenheit ausgerastet bin. Jeder macht mal Fehler. Ich bin auch nur ein Mensch.« Versteifen Sie sich nicht auf Trigger, die Sie sowieso nicht ändern können. Für mich bedeutete das, nicht so sehr auf den Trigger zu schauen, sondern auf mein Verhalten und meine Reaktion auf ihn. Wenn ich das Gefühl habe, ich sollte meinem Ärger Luft machen, tue ich das auch, damit sich nicht noch mehr anstaut. Aber ich begrenze bewusst die Zeit, in der ich negativ denke. Danach richte ich meine Gedanken auf etwas Positives und auf mögliche Lösungen.

TIPPS DES TAGES

cool

Machen Sie Seifenblasen. Ich fühle mich dann wieder wie ein Kind und als Kind hatte ich weniger Sorgen, konnte besser loslassen und mich entspannen. (Außerdem atmen Sie dabei auch bewusster und Ihr Puls wird langsamer!)

warm

Wenn jemand übernehmen kann, ziehen Sie sich zurück. Es ist ein großer Schritt, die Kontrolle abzugeben und Hilfe anzunehmen. Ist das gerade nicht möglich, spielen Sie mit Ihren Kindern Fangen. Das Bedürfnis zu schreien verschwindet dabei oft.

heiß

Schütteln Sie Ihren Körper, Ihre Arme und Beine aus – Sie wissen schon so, wie Ihre Kinder das auch machen. Schütteln Sie den Stress und den Wunsch zu schreien einfach weg!

Die letzten Vorbereitungen

Bevor es richtig losgeht, setzen Sie sich erst kleine Ziele – und seien Sie gut zu sich selbst! Erfolgserlebnisse sind toll, Rückschläge aber kein Beinbruch.

Klein anfangen, an großen Zielen ankommen

Mittlerweile wissen Sie ja, dass ich mehrere Anläufe brauchte, um tatsächlich 365 Tage am Stück nicht zu schreien. Kleine Schritte führen auch zum Ziel.

Es war wichtig, dass ich mir selbst meinen »Ausrutscher-Schrei« verzeihen konnte. Mein zweiter Schlüsselmoment? Am 7. Februar 2012, dem ersten Tag meines erfolgreichen 365-Tage-Durchmarsches, wachte ich morgens auf und zweifelte nicht mehr an mir. Zu Beginn der Challenge hatte ich Erfolg, weil mich das Adrenalin pushte und ich jedem, der an mir zweifelte, das Gegenteil beweisen wollte. Aber dieses Gefühl hielt nur bis zu Tag acht an, dem Tag, als ich rumschrie. Plötzliche zweifelte ich an mir. Diese Zweifel gepaart mit der Tatsache, mir meinen »Ausrutscher-Schrei« nicht verzeihen zu können, hinderten mich am Erfolg. Aber ich erinnere mich noch genau daran, wie ich an jenem Februarmorgen voller Zuversicht aufwachte, da mir klar geworden war, dass alle bisherigen Tage nur eine Vorbereitung gewesen waren.

Die guten Tage hatten mir gezeigt, was funktionierte und was ich brauchte, um gelassen zu bleiben, und wie sehr ich es brauchte. Und all die nicht so guten Tage hatten mir gezeigt, was überhaupt nicht funktionierte! Diese plötzliche Erkenntnis bestärkte mich, dass ich alle vor mir liegenden Herausforderungen meistern konnte, weil ich über das nötige Werkzeug und die Erfahrung verfügte. Das folgende Zitat der Tennislegende Arthur Ashe könnte treffender nicht sein und deshalb schlage ich vor, dass Sie vor dem offiziellen Beginn der Orange Rhino Challenge die nächsten drei Tage als »Trainingslager« ansehen, um Selbstvertrauen aufzubauen und sich auf den Erfolg vorzubereiten.

> *Ein wichtiger Schlüssel zum Erfolg ist Selbstvertrauen. Ein wichtiger Schlüssel zum Selbstvertrauen ist Vorbereitung.*
>
> Arthur Ashe

Tag 15: Setzen Sie sich ein Ziel: Nur bis 9:05 Uhr ...

Ich kann das Folgende einfach nicht so elegant formulieren, wie es die amerikanische Moderatorin Martha Stewart gewiss könnte: Jeder Morgen, an dem die Kinder in die Schule mussten, war (und ist es auch heute manchmal noch) einfach nur richtig beschissen. Ich sagte ja schon, dass ich ein Morgenmuffel bin. Ich brauche bestimmt zwei Stunden, bis ich wirklich wach und bereit für den Tag bin, was etwa zwei Stunden zu spät ist. Selbst nach einer guten, erholsamen Nacht komme ich nicht leichter in die Gänge. Ich bin einfach leicht gereizt. Gefährlich leicht gereizt. Und Sie haben es sich bestimmt schon gedacht: Diese Eigenschaft erschwert es ganz schön, ruhig und schreifrei zu bleiben in der morgendlichen Hektik zwischen Frühstück, Schulbrote schmieren und alle rechtzeitig mit leerer Blase und Schuhen an beiden Füßen aus dem Haus zu bekommen, während ich nebenbei noch den Streitschlichter spielen muss, weil die Jungs über Nacht wohl vergessen haben, wie man friedlich miteinander spielt. Ich schwöre Ihnen, dass ich wirklich jeden Morgen wieder bei den Grundregeln des zwischenmenschlichen Miteinanders anfangen muss! Na gut, nicht jeden Morgen, das stimmt so nicht, nur ein paar Mal pro Woche.

An einem besonders schrecklichen, haarsträubenden, unfassbar anstrengenden Morgen rief mein Mann an und fragte ganz unschuldig: »Hey, wie läuft es denn so?« Ich brach in Tränen aus und jammerte: »Ich halt das nicht aus! Ich halt das einfach nicht mehr aus! Morgens ist es zum Kotzen! Es ist so schwierig! Ich drehe hier jeden Moment durch! Scheiß auf die Orange Rhino Challenge! Ich gebe auf!«

Wenn mich das Muttersein in den Wahnsinn treibt, ist er immer mein Fels in der Brandung, und so fragte er mich: »Wie spät ist es?«

»Was meinst du?«, blaffte ich ihn an. »Was für eine blöde Frage. Es ist 8:27 Uhr. Genau wie in deinem Büro.«

»Okay. Es ist 8:27 Uhr. Wann macht ihr euch auf den Weg zur Schule und in den Kindergarten?«

»8:50 Uhr.«

»Gut. Und wie viele Kinder bleiben dann dort?«

»Drei. Das weißt du doch. Warum stellst du mir so dämliche Fragen?«

»Und wann bist du wieder zu Hause, damit Mac sein Schläfchen machen kann?«

»9:05 Uhr.«

»Prima. Dann musst du nur noch bis 8:50 Uhr durchhalten. Also 23 Minuten. Das schaffst du. In 23 Minuten sind die Kinder angeschnallt und können nicht mehr aufeinander losgehen.«

»Hm-hm«, schluchzte ich und wischte mir gerade etwas Rotz aus dem Gesicht, als mir jemand sein Frühstück ans Bein schmierte.

»Und dann musst du es nur noch bis 9:05 Uhr schaffen, bis Mac schläft. Das sind auch nur 15 Minuten. Ab dann hast du etwa zwei Stunden Ruhe, kannst langsam wach werden und noch einmal neu in den Tag starten.«

»Hmmm.«

»Dreiundzwanzig Minuten, Süße. Dann noch mal 15 Minuten. Und dann ist es schon 9:05 Uhr. Das schaffst du. Verstanden?«

Er hatte so recht. Das konnte ich schaffen. Es war ein absehbares, machbares Ziel. Für lächerliche 23 Minuten und dann noch mal 15 Minuten halte ich alles aus. Ich sagte mir immer wieder, dass ich nur bis 9:05 Uhr durchhalten musste. Es ging nicht darum, einen ganzen Tag nicht zu schreien. Ich musste nicht 10 Stunden und 33 Minuten ohne rumschreien auskommen. Es ging nur um 38 Minuten. Achtunddreißig lächerliche Minuten. Das schaffte ich. Das ist eine leichtere Aufgabe und ein beflügelnderes Ziel als 10 Stunden und 33 Minuten!

Tja, ob Sie es glauben oder nicht, ich habe es geschafft! Kein einziger Schrei an jenem Morgen ... fast. Als die Tür unserer Familienkutsche zugeknallt wurde und mein letzter Knirps zur Schule trottete, rutschte mir so ein lautes, erleichtertes »PUH!« raus, dass ein Lehrer sich umdrehte, um zu schauen, ob alles in Ordnung war. Ups! Natürlich war alles in Ordnung, in bester Ordnung! Ich hatte einen höllischen Morgen ohne Schreien überstanden und war mächtig stolz! Ich war an diesem Tag kurz davor zu sagen: »Scheiß drauf, mir doch egal, wenn ich rumbrülle«, doch stattdessen habe ich mir den Arsch aufgerissen, um nicht auszuflippen. Ich fuhr nach Hause, legte den holden Herren schlafen und genoss die Ruhe bei einem schönen Becher kalten Kaffee, für den ich morgens keine Zeit gehabt hatte. (Randbemerkung: Habe ich überhaupt mal heißen Kaffee getrunken, seitdem ich Kinder habe?! Oder wenigstens einen, der nicht fünf oder sechs Mal in der Mikrowelle aufgewärmt worden war? Hm, nein.)

Nach dem holprigen Start verlief der Rest des Tages überraschend gut. Sogar so gut, dass ich mich noch nicht einmal daran erinnern kann, meinem Mann heulend angerufen zu haben oder alles hinschmeißen zu wollen. Aber ich erinnere mich an zwei fantastische Schlussfolgerungen, auf die ich mich nun immer verlasse, die mir abends lümmelnd auf dem Sofa kamen, als ich die Ruhe genoss (bei einem HEISSEN koffeinfreien Kaffee) und mich darüber freute, den ganzen Tag nicht geschrien zu haben. Ich machte es mir gemütlich, niemand nervte, keine negativen Gedanken störten mich und so sinnierte ich, wie zum Teufel ich es geschafft hatte, einen Tag lang nicht rumzubrüllen. Natürlich war mein Mann eine Hilfe gewesen, aber ich wollte herausfinden, was mir außerdem dabei geholfen hatte, damit ich mich am nächsten Morgen erneut auf diese Zauberkräfte verlassen konnte.

Was mir sofort bewusst wurde: Ich hatte keine Zauberkräfte. So ein Mist! Wäre toll, wenn es Zauberkräfte gäbe, die mich vom Schreien abhalten. Das hätte das Leben VIEL einfacher gemacht. Aber wenigstens erkannte ich zwei andere Dinge:

Erstens: Wenn ich bis 9:05 Uhr ohne Schreien durchhalte und die Kinder ausgestattet mit Liebe in ihren Herzen (und Gedanken) anstatt Wut und negativen Gefühlen in die Schule und den Kindergarten bringe, läuft der Tag viel besser. Wenn der Tag gut anfängt, haben wir alle etwas davon. Diese Erkenntnis gibt mir nicht nur das Vertrauen, dass ich tatsächlich ohne Schreien zurechtkomme, sondern sie schenkt meinen Kindern auch Glück und Bindung, was sie besser hören lässt, da bin ich mir sicher, und was es mir wiederum leichter macht, nicht zu schreien.

Zweitens: Als mir bewusst wurde, dass ich nur bis 9:05 Uhr ohne Schreien durchhalten musste und nicht bis 19 Uhr, wirkte die Challenge direkt viel einfacher. Auf lange Sicht war es mein Ziel, 365 schreifreie Tage in Folge zu schaffen – ich hatte ein konkretes Ziel vor Augen, auf das ich hinarbeitete. Aber ich will ehrlich sein: Manchmal erschien es mir hoffnungslos. Kein Wunder, oder?! 365 Tage mal 14 Stunden – das sind ganz schön viele Stunden, in denen man nicht schreien darf. Aber 365 Tage mal die 3 Stunden vor Schul- und Kindergartenbeginn – das klingt schon viel besser.

Am nächsten Tag nahm ich mir diese beiden Erkenntnisse zu Herzen und teilte meinen Tag in kleinere Abschnitte auf. Ja, ich hielt an meinem großen 365-Tage-Ziel fest, aber ich setzte mir auch kleinere Ziele: das Frühstück überstehen. Alle für den Tag fertig machen, ohne zu schreien. Die erste Zeit, nachdem die Jungs wieder zu Hause und völlig aufgekratzt sind, überstehen. Dann die Hausaufgabenzeit. Das Abendessen. Alle im Bad für die Nacht fertig machen. Indem ich mich an kleineren Zwischenzielen entlanghangelte, um mein großes Ziel zu erreichen, wurde aus dem erschlagenden »Argh, ich muss irgendwie den Tag überstehen« ein »Okay, jetzt geht es nur darum, diesen Moment zu überstehen«. Und plötzlich folgte wie von selbst ein »Wow, ich habe es wirklich den ganzen Tag geschafft!«

Ein paar Tage später fragte mich mein Mann, wie es nun morgens so wäre. Da ich ein Sturkopf bin, wollte ich ihm nicht unter die Nase reiben, dass sein »nur bis 9:05 Uhr durchhalten«-Rat den Erfolg gebracht hatte. Sie verstehen bestimmt, dass ich nicht zugeben wollte, dass er recht hatte. Ich bin halt stur. Also antwortete ich stattdessen: »Viel besser. Dein Ratschlag neulich erinnerte mich wieder an das Zitat von Herb Kelleher, von dem ich dir andauernd erzähle: ›Im Kleinen denken und handeln, lässt uns größer werden. Im Großen denken und handeln, lässt uns kleiner werden‹. Ich wollte direkt alles oder aber hinschmeißen – du weißt schon, den ganzen Tag nicht schreien. Dann bin ich jede Situation einzeln angegangen und schon wurde es leichter. Und die einzelnen Situationen zusammen ergeben einen ganzen Tag.«

»Oh, dann war mein ›Nur bis 9:05 Uhr durchhalten‹-Tipp wohl ganz gut.«

»Hm, scheint so.«

»Also hatte ich recht?«, fragte mein Mann grinsend.

»Ja, Schatz, du hattest recht«, gab ich dankbar zu.

Auch wenn ein klitzekleiner Teil von mir es hasste, dass er recht hatte, war der Rest einfach nur unglaublich dankbar. Dankbar, dass er mir diesen Rat gegeben und ich zugehört hatte. Dankbar, dass ich nun jede Situation einzeln anging, nicht nur morgens, sondern den ganzen Tag lang. Dankbar, erkannt zu haben, dass man auch mit kleinen Erfolgen ans Ziel kommt. Und ganz besonders dankbar war ich dafür, dass ich diese Challenge nicht allein meistern musste, sondern dass mein Mann an meiner Seite war, mich unterstützte und mir half, meinem Ziel näher zu kommen.

DIE ORANGE RHINO-ERKENNTNIS

Sowohl die kleinen als auch die großen Ziele halten mich bei der Stange.
Wenn ich meine kleinen Ziele erreiche, bestärkt mich das, auch den Rest des Tages durchzustehen.
Das große Ziel vor Augen spornt mich an, jeden Tag mein Bestes zu geben.

Maßnahmen des Tages

Setzen Sie sich ein großes persönliches Ziel. Sehen Sie Ihre Notizen zu Ihren Triggern durch, denken Sie darüber nach, wie schwer die Reise bislang für Sie gewesen ist, und setzen Sie sich dann ein Ziel, das zu Ihrer eigenen Schreisituation passt, das Sie richtig anspornt, Ihnen ein wenig Angst macht und zusammenfasst, was ich im College zum Thema Ziele setzen gelernt habe (und was Wikipedia mir noch einmal bestätigt hat, denn ich hatte einen Punkt vergessen). Ziele sollten SMART sein:

- Spezifisch: Beschreiben Sie Ihr Ziel so genau wie möglich.
- Messbar: Überlegen Sie sich, wie Sie messen können, welche Fortschritte Sie machen.
- Angemessen: Suchen Sie sich ein Ziel, das eine Herausforderung darstellt, damit Sie sich anstrengen und Ihre Komfortzone verlassen müssen, das aber dennoch erreichbar ist.
- Relevant: Ich weiß bereits, dass es für Sie ein relevantes, wichtiges Ziel ist, weniger zu schreien, denn Sie lieben Ihre Kinder, also können Sie diesen Punkt schon mal abhaken. Gut gemacht!
- Terminiert: Setzen Sie sich einen Termin, an dem Sie Ihr Ziel erreicht haben wollen (zum Beispiel in einem Monat, in drei Monaten).

Setzen Sie sich Zwischenziele, um Ihr großes Ziel zu erreichen.

- Erreichen Sie erst ein kleineres Ziel, um ein Erfolgserlebnis zu haben. (Diesen Schritt hatte ich ausgelassen und er hätte mir wohl viel Stress erspart!) Ein Vorschlag, der bei der Orange Rhino Community gut ankam: Wählen Sie fünf leichte, überschaubare Trigger, mit denen Sie oft zu tun haben. Konzentrieren Sie sich auf einen, den Sie innerhalb einer Woche in den Griff zu kriegen versuchen. Haben Sie das geschafft, haken Sie ihn ab und nehmen sich den nächsten vor. Sind alle fünf abgehakt, geht es an Ihr großes Ziel.
- Überlegen Sie sich Miniziele, um Ihre kleinen Ziele leichter zu erreichen (zum Beispiel »nur bis 9:05 Uhr durchhalten«). Inspirationen finden Sie bestimmt bei Ihren Notizen zu den Triggern.

Beispiele aus der Orange Rhino Community:

- 30 Tage schreifrei, ohne Ausnahme (Zwischenziel: eine Woche).
- Einen Monat lang nur einmal am Tag schreien, statt wie bisher 12-mal (wie man an den Aufzeichnungen erkennen konnte). Wenn das geschafft ist: drei schreifreie Monate (großes Ziel).

- Erst eine Woche nicht schreien, dann zwei, dann vier, dann acht Wochen und so weiter.
- 365 schreifreie Tage (Zwischenziel: 10 Tage, danach 100 Tage).

Wie wollen Sie Ihren Erfolg messen? Wenn Sie einen Fortschritt erkennen, spornt Sie das noch mehr an, denn Sie sehen ja, dass Sie es können! Seien Sie kreativ und hängen Sie Ihr »Erfolgsbarometer« irgendwo gut sichtbar auf. Bei jedem Erfolg könnten Sie:

- orange Herzen, Sticker oder Smileys auf einen Kalender kleben.
- einen orangen Gegenstand in eine durchsichtige Vase legen, zum Beispiel ein M&M, ein Gummibärchen oder eine Glasperle.
- zwanzig Cent (oder mehr!) in ein durchsichtiges Gefäß tun, um sich am Ende davon eine Belohnung zu kaufen.
- etwas auf einen orangen Notizzettel schreiben, zum Beispiel »Tag 1, geschafft!«

Schreiben Sie Ihr Ziel auf und weihen Sie auch Ihr Netzwerk ein. Schreiben Sie es wirklich von Hand auf, nicht nur am Computer.

Vergessen Sie nicht: Es geht hier um IHR Ziel, und nur Sie allein wissen, wie Sie sich am besten motivieren können. Nur Sie wissen, ob ein Alles-oder-nichts-Ziel wie 365 schreifreie Tage am Stück Sie eher ansporrnt oder abschreckt. Wenn das Ziel Sie eher einschüchtert, ist es vermutlich zu hoch gesteckt. Obwohl der Motivationstrainer Les Brown einmal sagte: »Greifen Sie nach den Sternen und wenn Sie danebengreifen, sind Sie zumindest schon mal im Himmel.« Mal im Ernst: Stecken Sie sich hohe Ziele, denn was könnte schon passieren? Etwas weniger schreien als vorher? Das ist doch schon ein Erfolg!

> *»Wer sich ein Ziel setzt, das er problemlos erreichen kann, schöpft seine Möglichkeiten nicht aus.«*
>
> *Cavett Robert*

TIPPS DES TAGES

cool

Ändern Sie Ihre Passwörter, und zwar so, dass Sie an Ihr Ziel erinnert werden (zum Beispiel NichtSchreien!).

warm

Bevor Sie schreien, stellen Sie sich die Frage: »Waren meine Anweisungen an die Kinder SMART?«

heiß

Laufen Sie auf der Stelle, um den Kampf-oder-Flucht-Impuls in Ihrem Körper auszutricksen.

Tag 16: Seien Sie positiv: Vom Teufelskreis zum Engelskreis

Ich spiele gern mit meinen Kindern. Egal ob Uno, Mensch ärgere dich nicht, Vier gewinnt oder Hippo Flip, ich könnte den ganzen Nachmittag spielen, wie damals als Kind. Es gibt nur ein einziges Spiel, das ich auf den Tod nicht ausstehen kann. Es ist weder ein Brettspiel noch ein Kartenspiel und auch kein Spiel, das ich als Kind gespielt habe. Nein, es ist ein Spiel, das mein Sohn und ich erfunden haben. Leider spielen wir es ziemlich oft, obwohl wir es beide nicht ausstehen können. Aber wir können einfach nicht aufhören, was blöd ist, weil es oft im Streit endet.

Der Name des Spiels? Ich nenne es liebevoll »Teufelskreis«. Und ich spiele es nicht nur mit einem Kind, sondern mit allen vieren und manchmal auch mit meinem Mann.

Und so geht es:

Mein Sohn und ich müssen gleichzeitig schlechte Laune haben. Wenn wir beide gereizt genug sind, manchmal aus denselben Gründen, manchmal aus unterschiedlichen, sind wir recht schnell ungeduldig, gemein und gehen uns gegenseitig ziemlich auf den Keks. Mein Sohn fängt an: Er schreit mich öfter an, weint mehr, hört schlechter und lächelt weniger. Dann bin ich an der Reihe: Ich herrsche ihn öfter an, schreie mehr, höre schlechter, habe mich weniger im Griff und lächele weniger. Sein Benehmen bringt mich noch mehr auf die Palme, und wenn ich ausflippe, flippt auch er aus, weshalb ich natürlich noch mehr ausflippe und immer so weiter. Es ist ein teuflischer Teufelskreis. Ziel des Spiels ist es zu sehen, wie lange wir uns gegenseitig hochschaukeln können, bevor einer so weit ist, dass der andere nachgibt und den Teufelskreis durchbricht.

Klingt nach einem tollen Spiel, oder? BÄH! Es nervt und geht mir gewaltig auf den Zeiger, denn es ist sowohl körperlich als auch emotional anstrengend. Warum kann er sich nicht mal zusammenreißen? Warum kann ich mich nicht mal zusammenreißen? Verdammt, ich habe letzte Nacht wieder kaum geschlafen, weil ich zu viel um die Ohren habe. Verdammt, er hat letzte Nacht auch kaum geschlafen, weil er so genervt davon ist, wie ich drauf bin. Mist, jetzt sind wir beide total übermüdet, genervt, pingelig, und so geht das Spiel wohl den ganzen Tag weiter, nur in der verschärften Fortgeschrittenenvariante.

Wenn der Teufelskreis losgeht, bemühe ich mich noch, ruhig, geduldig, liebevoll und verständnisvoll zu sein, damit wir uns nicht gegenseitig hochschaukeln. Ich versuche, das Verhalten meines Sohnes nicht persönlich zu nehmen, ihm so zu helfen, wie ich es gelernt habe, aber es gelingt mir nicht. Was ist das Problem? Mein Stresspegel ist dann oft so hoch, dass ich nicht so sein kann, wie er mich braucht: ruhig, geduldig, liebevoll und verständnisvoll.

Während der Orange Rhino Challenge haben wir einmal eine unglaubliche Partie dieses Spiels gespielt, unglaublich in dem Sinn, dass es mehrere Wochen dauerte, ich es beendete und einiges daraus gelernt hatte. Auf meinem Blog schrieb ich dazu:

Den Teufelskreis durchbrechen

Ich war kurz davor, die Beherrschung zu verlieren ...

» *und ihn anzuschreien. Ganz kurz davor. Ich hatte die Nase voll von dem Schreien und meinem Benehmen. Von dem Gefühl, als wäre mein Kind das einzige, das sich so benimmt. Von ALLEM. Von meiner Woche, meinem Stress. Ich hatte die Nase voll von ihm. Nix mehr mit geduldig. Oder Orange Rhino. Ich tippte mir den Frust auf der Orange Rhino-Facebookseite von der Seele, um ihn nicht anzuschreien. Ich sah mein Logo, und das erinnerte mich sofort an mein Versprechen meinen Jungs gegenüber (sie mehr zu lieben) und mir gegenüber (weniger zu schreien). Ich hörte auf zu tippen, sah ihn an und fragte: »Was ist los? Warum bist du so sauer? Warum wirfst du mit Kissen nach mir?«*

Mein Sohn brach in Tränen aus.

»Ich habe Angst, dass wir wieder einen Autounfall haben. Ich bin sauer, weil Papa so viel arbeitet. Und ich bin wütend, weil die Babysitterin nicht mehr kommt. Warum mag sie mich nicht mehr?«

Autsch. Meinem Sohn ging es gar nicht gut und mir auch nicht, sodass ich ihn gar nicht mehr richtig erreichte, ihn nicht verstand und ihn nicht so liebhaben konnte. Doppel-Autsch. Ich nahm ihn fest in den Arm und wiegte ihn wie ein Baby. Er sackte auf meinem Schoß und in meinen Armen zusammen und weinte und weinte und weinte. Diese Tränen waren wie ein Arschtritt. Sie erinnerten mich daran, dass er mich brauchte, wenn wir in einem Teufelskreis feststeckten. Ich muss den Teufelskreis durchbrechen. Ich bin die Erwachse. Egal wie schwierig es ist, ich muss die Stärke und Geduld aufbringen, um meinem Sohn zu geben, was nötig ist, damit er sich »wieder einkriegt«. Ich muss aufhören und fragen, was los ist.

Wenn mein Sohn schlechte Laune hat, begründet oder unbegründet, muss ich ihn weiterhin lieben. Wenn mein Sohn sich abmüht, muss ich ein Orange Rhino sein. Ich muss Wärme und Gelassenheit ausstrahlen. Geduldig und ruhig sein. Und verständnisvoll.

Stecken mein Sohn und ich gerade in einem Teufelskreis fest, habe ich zwei Möglichkeiten: weitermachen oder den Kreis durchbrechen. Ich habe ihn schließlich durchbrochen. Es hat einige Tage gedauert, bis ich das kapierte, bis ich ERWACHSEN genug war und einsah, dass mein Sohn mich brauchte. Aber schließlich war ich so weit. Ich hörte nicht nur auf zu schreien, sondern liebte ihn auch wieder mehr. Und mehr braucht er wirklich nicht. Er will nur mehr Liebe. «

Und mehr brauche auch ich nicht. Nur mehr Liebe. Selbstliebe.

Leider spiele ich dieses Teufelskreis-Spiel nicht nur mit meinen Kindern und meinem Mann, sondern auch mit mir selbst, nur leicht abgewandelt. Wenn ich das Spiel mit mir selbst spiele, sage ich immer wieder Dinge zu mir, die mich runterziehen: »Ich nehme einfach nicht ab« oder »Keiner liebt mich« oder »Ich werde es nie schaffen, mit dem Schreien aufzuhören«. Solche Dinge sage ich mir wieder und wieder, bis ich sie selbst glaube und sie wahr werden. Dann habe ich »gewonnen«, obwohl ich ja eigentlich verloren habe.

Ich habe den Glauben an mich selbst verloren, dass ich schwierige Sachen packe.

Ich habe den Mut verloren, dass ich schaffen kann, was ich mir vorgenommen habe.

Ich habe die Kontrolle darüber verloren, mein Bedürfnis zu schreien in den Griff zu bekommen.

Wenn ich in so einem Teufelskreis aus negativen Selbstgesprächen feststecke, gebe ich mir die Schuld, dass ich schreie und brülle, um meinen eigenen Frust, Ärger und meine Enttäuschung loszuwerden.

Ja, wenn ich so negative Gedanken habe, verliere ich an mehreren Fronten. Ich gewinne eigentlich nur, dass sich das bewahrheitet, was ich ursprünglich vermeiden wollte. Zu Beginn der Orange Rhino Challenge verdrehte ich immer die Augen, wenn mir jemand mit der »Kraft des positiven Denkens« kam, weil ich daran nicht glaubte. Ja, ich glaube, dass eine positive Einstellung gut ist und hilft, aber ich glaubte nicht, dass es das »A und O« beim Lösen meiner Probleme und beim Meistern von Herausforderungen war. Und das glaube ich auch jetzt nicht. Schließlich bin ich Realist.

Nichtsdestotrotz hat mir diese Challenge gezeigt, dass ich mehr schaffe, je positiver ich an etwas herangehe. Tage, an denen ich mir »Ich schaffe das. Ich will mehr lieben und weniger schreien« sage, sind so viel leichter und erfolgreicher als Tage, an denen ich mir »AAAH! Ich schaffe das nicht!« sage. Positives Denken verschafft mir positive Ergebnisse, eins führt zum anderen.

Da ich nun mal Realist bin und das Teufelskreis-Spiel viel öfter gespielt habe, als ich zugeben will, kann ich Ihnen versichern, dass es echt schwer ist, positiv zu denken! Es ist schwer, nicht mehr sauer auf meinen Sohn zu sein wegen seines Verhaltens und nicht mehr auf mich wegen meines. Aber positive Gedanken mir gegenüber und ein positives Verhalten meinem Sohn gegenüber – das ist nun mal wichtig, um nicht zu schreien. Egal wie schwer mir die Erkenntnis fällt, dass ich dafür verantwortlich bin, das Teufelskreis-Spiel zu beenden, ob ich es nun mit meinen Kindern spiele oder mit mir selbst, ich werde mich darum bemühen, damit wir dann das Engelskreis-Spiel spielen können, bei dem jeder sich selbst, wir uns gegenseitig und das Leben an sich mehr lieben.

DIE ORANGE RHINO-ERKENNTNIS

Es ist harte Arbeit, verlangt Übung, Entschlossenheit und manchmal reine Willenskraft, positiver mit mir selbst zu reden und meine Seele mit positiven Gedanken zu füllen, aber das Ergebnis ist beeindruckend.
Manchmal fühle ich mich blöd, wenn ich mir im Kopf Dinge sage wie »Du kannst weniger schreien und mehr lieben« oder »Du schaffst das«, aber es ist wichtig und hilfreich.

Maßnahmen des Tages

Denken Sie sich positive Affirmationen aus. Notieren Sie drei oder vier positive Aussagen und formulieren Sie diese möglichst positiv, leidenschaftlich und im Hier und Jetzt. Zum Beispiel:

- Ich bin eine ruhige, liebende Mutter, die ihre Stimme unter Kontrolle hat.
- Ich schreie weniger. Ich bin ein Orange Rhino.
- Ich liebe immer mehr, Schritt für Schritt.
- Ich schaffe das! Ich werde nicht schreien! Ich liebe meine Kinder! (Das entspricht zwar nicht den gängigen Regeln für Affirmationen, aber es hat mir geholfen, denn es hat mich zentriert, an mein Ziel erinnert und war in meiner Alltagssprache formuliert.)

Sagen Sie sich immer wieder diese Affirmationen, jeden Tag und besonders dann, wenn Ihnen ein Schrei bereits auf der Zunge liegt.

Platzieren Sie Affirmationen in Ihren Gefahrenzonen, zum Beispiel am Badspiegel, auf dem Armaturenbrett, am Kühlschrank.

> *Wenn man sich etwas nur oft genug sagt, glaubt man es irgendwann. Und wenn aus diesem Glauben eine feste Überzeugung wird, werden die Dinge wahr.*
>
> *Muhammad Ali*

TIPPS DES TAGES

cool

Der Orange Rhino-Lieblingstipp: Schreiben Sie das folgende Zitat von Gandhi auf einen orangen Zettel und lesen Sie es sich immer wieder durch, bis es Ihnen in Fleisch und Blut übergegangen ist: »Ein Mensch ist ausschließlich das Produkt seiner Gedanken. Er wird, was er denkt«.

warm

Beißen Sie sich auf die Zunge (natürlich nur leicht) und reden Sie dabei. Sie klingen, als hätten Sie einen Marshmallow im Mund, und bringen alle zum Lachen, was die Situation entschärft.

heiß

Sagen Sie: »Schenk mir Gelassenheit« oder Ihr eigenes Mantra. Mein Lieblingsmantra lautet: »Ich bin ein Orange Rhino!«

Tag 17: Achten Sie auf sich selbst: Die Grundbedürfnisse

Als James in die erste Klasse kam, war er nicht mehr nur drei Stunden pro Tag im Kindergarten, sondern sieben Stunden täglich in der Schule. Ich brauche wohl nicht betonen, wie schwer ihm diese Umstellung fiel. In der Schule schlug er sich tapfer, aber sobald er nach Hause kam: »Land unter!« An einem Nachmittag zu Beginn des Schuljahres nahm ich mir vor, rechtzeitig gegenzusteuern. Unser Gespräch lief in etwa so ab:

Ich: »James, scheinbar brauchst du etwas Unterstützung, um nach dem langen Schultag wieder runterzukommen. Hast du eine Idee, was du machen könntest, damit der Nachmittag zu Hause für dich schön wird?«

James: »Keine Ahnung. Aber ich muss mal kacken. Okay?«

Ich: »Oh, okay.« Und dann zu mir: »Alles klar, Sohn, danke fürs Gespräch!«

Als James dann auf dem Klo war, rief er mir durch die geschlossene Badtür hindurch zu: »Also, Mama, eigentlich muss ich gar nicht richtig kacken. Ich sitze nur auf dem Klo und versuche es. Ich finde das ziemlich entspannend. Ein kleiner, ruhiger Ort, niemand stört, und ich konzentriere mich nur auf eine Sache: Kacken. Solltest du auch mal ausprobieren. Vielleicht gefällt dir das sogar noch mehr als mir.« Ich kriegte mich vor Lachen gar nicht mehr ein. Vielleicht hatte er recht – sich nur auf eine Sache konzentrieren? Das wär's! Ein ruhiger Ort? Himmlisch! Beides gleichzeitig? Das wäre Entspannung pur! Aber das wird mir nicht passieren. Wenn ich ins Bad gehe, habe ich für gewöhnlich ein Kind bei mir, ein Kind klopft von außen an die Tür, eins versucht, die Tür zu öffnen und eins ruft: »Beeil dich, ich muss mal Pipi!« Im Bad finde ich definitiv keine Entspannung. Aber ich freue mich über den Lacher, für den mein Sohn gesorgt hatte, und über den Einblick, was ihn zur Ruhe kommen lässt; ein ruhiger Ort, Konzentration auf eine Sache und Zeit für sich allein. Gut zu wissen. Am nächsten Tag setzten wir diese Erkenntnis sofort um, und er ging nach der Schule direkt in sein Zimmer, um ganz allein mit Lego ein paar Meisterwerke zu bauen, bis er sich so weit entspannt hatte, dass er friedlich zum Rest der Familie dazustoßen wollte. Jetzt kannten wir das Geheimnis, wie er runterkommen konnte, sowohl im Eifer des Gefechts als auch als Präventivmaßnahme, und das war wie ein Wunder. Ein wahres Wunder! Ich brauchte nur ein paar Jahre und ein ehrliches Klo-Gespräch, um James' »Geheimrezept für inneren Frieden«, wie ich es nun gerne nenne, herauszufinden. Ziemlich beeindruckend, wenn man bedenkt, wie alt ich war, als ich mich der Orange Rhino Challenge stellte. Vierunddreißig! Ich brauchte 34 Jahre, um mein Geheimrezept für inneren Frieden zu finden, und das auch nur, weil ich es dringend brauchte, um die Challenge zu bestehen. Als ich mir meine Trigger genauer ansah, stellte ich schnell fest, dass die Wahrscheinlichkeit, auch in schwierigen Situationen die Ruhe zu bewahren und nicht zu schreien, gering war, wenn ich gestresst und unzufrieden war – sehr, sehr gering. Diese Erkenntnis öffnete mir die Augen: Meine Fähigkeit, einen Schrei zu unterdrücken, hängt nicht nur davon ab, ob es mir gelingt, in herausfordernden Situationen ruhig zu bleibe, wie ich erwartet hatte, sondern auch, ob es mir gelingt, gut auf mich Acht zu geben, um schon vorher ruhig und entspannt zu sein. Dann war ich nämlich in der Lage, ohne zu schreien, zurechtzukommen. Und eine zweite Sache öffnete mir die Augen. Als mir klar wurde, dass es eine entscheidende Rolle spielte, »gut auf mich aufzupassen«, um nicht rumzubrüllen, bemerkte ich leider auch, dass ich gar nicht mehr wusste, wie das geht. Ich wusste nicht, wie ich entspannen konnte oder was eine Erste-Hilfe-Maßnahme sein könnte, wenn ich mich einfach nur bäh fühlte. Ich kannte mich selbst gar nicht mehr. Ich hatte keinen blassen Schimmer, wie ich zu Ruhe und Wohlbefinden gelangen konnte, denn ich hatte mich schon ewig nicht mehr um mich selbst gekümmert und den Punkt »mir selbst etwas Gutes tun« schon lange nicht mehr auf meiner To-do-Liste gehabt. Als ich Mutter wurde, hörte ich auf, mich um mich selbst zu kümmern. Ich weigerte mich richtiggehend. Ich weigerte mich, Dinge zu tun, bei denen ich abschalten konnte. Dinge, die mich glücklich machten. Stattdessen redete ich mir ein, dass die Bedürfnisse der Kinder an erster Stelle stehen müssen, wenn man eine gute Mutter sein will. Ich redete mir ein, dass ich nicht all das tun kann, was mir wichtig ist, zum Beispiel aufräumen und putzen, weil ich meine Zeit besser komplett den Kindern widmen sollte. Ich redete mir ein, es wäre egoistisch, etwas nur für mich zu tun, zum Sport zu gehen oder mich mit einer Freundin zu treffen. Ich redete mir ein, dass ich sowieso keine Zeit hätte, um etwas für mich zu tun, weil sowieso zu viele andere wichtige Dinge getan werden müssen. Aber wissen Sie was? Scheinbar konnte ich diese anderen wichtigen Dinge auch nicht erledigen, zum Beispiel meine Kinder lieb haben und sie nicht anschreien, wenn ich auf Sparflamme lief und nicht regelmäßig etwas für mich tat, um glücklich und ausgeglichen zu sein. Ich musste mir selbst Gutes tun, um auch gut zu meiner Familie sein zu können. Und ich musste erst mal wieder lernen, wie man das verdammt noch mal macht! Nachdem ich viel darüber nachgedacht, einiges ausprobiert und mir meine Trigger-Notizen noch mal genauer angesehen hatte, fand ich heraus, was mir an den Tagen fehlte, an denen ich Mühe hatte, in mir zu ruhen, und ich stieß auf fünf Dinge (abgesehen von Quality Time mit meiner Familie), die ich auf meine neue »Ich tue mir selbst etwas Gutes«-Liste setzte.

1. Ausgewogene Ernährung. Wenn ich zu viel Junk Food aß, fühlte sich mein Körper aufgebläht und wabbelig an, ich war launisch, von mir selbst enttäuscht, fand mich fett und war reizbar. Und wenn ich gar nichts aß, oje, war ich noch launischer und reizbarer! Meine Ernährung hatte einen viel größeren Einfluss auf mein Schreiverhalten, als ich mir eingestehen wollte, und deshalb musste ich diesem Thema mehr Beachtung schenken.

2. Mehr Schlaf. Bevor James zur Welt kam, brauchte ich mindestens acht Stunden Schlaf pro Nacht, um ausgeglichen zu sein. An diesem Schlafbedarf hat sich seit der Geburt nichts geändert, er ist eher noch in dem Maß gestiegen, wie sich unsere Familie vergrößert hat. Geändert hat sich, dass acht Stunden mittlerweile der pure Luxus sind und sechs Stunden die Norm ... weil ich das zuließ. Jede Nacht sagte ich mir: »Schlaf wird überbewertet. Irgendwann hole ich alles nach«. Das passierte natürlich nie. Ich wurde nur immer erschöpfter, reagierte gereizter auf die Jungs, ruhte weniger in mir und war schreianfälliger. Der Schlafmangel setzte mir und deshalb auch meinen Kindern zu, und ich konnte nicht länger verdrängen, dass er einen Einfluss darauf hatte, ob ich ruhig blieb oder herumschrie.

3. Bewegung, so oft es geht. Vor der Orange Rhino Challenge wusste ich, dass Bewegung mir guttut. Ich wusste nur noch nicht, wie sehr, bis mir irgendwann auffiel, wie schwer es mir fiel, nicht zu schreien, wenn ich mich den ganzen Tag nicht bewegt hatte, und wie viel leichter es doch an den Tagen war, an denen ich Sport oder einen Spaziergang machte oder mit meinen Jungs tanzte, weil ich dann selbst viel, viel ausgeglichener war.

4. Soziale Kontakte. Ich wusste gar nicht, wie wichtig es für mich ist, mit Freunden zu reden, zu lachen oder Zeit mit ihnen zu verbringen – und sei es auch nur für ein paar Minuten, nachdem die Kinder alle zur Schule und in den Kindergarten gebracht waren –, bis ich dazu aufgrund unseres übervollen Familienkalenders immer weniger Zeit hatte. Streichen Sie das. Es lag daran, dass ich soziale Kontakte auf meiner Prioritätenliste immer weiter nach unten schob, weil mir nicht bewusst war, wie wichtig sie sind und dass mein Bedürfnis nach sozialen Kontakten genauso wichtig ist wie das meiner Kinder.

5. Ordnung und Sauberkeit. Die Küche zu putzen, holt mich runter. Staubsaugen macht mich glücklich. Ein unaufgeräumtes, dreckiges Haus, dreckiges Geschirr und Chaos hingegen nicht. Das stresst mich! Ich kenne natürlich Sprüche wie: »Dreckiges Geschirr kann warten, schöne Erlebnisse mit den Kindern nicht«. Und ich verstehe, was damit gemeint ist, weshalb ich mich richtig mies fühlte, wenn ich lieber die Tomatensoße vom echten Geschirr spülte, als mit meinem Zweijährigen so zu tun, als würden wir Karamellsoße und Ketchup vom Spielzeuggeschirr abwaschen. Während der Challenge lernte ich, dass es vollkommen OKAY war, wenn ich lieber das richtige Geschirr abwaschen will. Es ist okay, etwas im Haushalt zu erledigen und Dinge auf meiner To-do-Liste abzuhaken, um selbst ruhig zu bleiben. Es ist auch okay, wenn ich weiterhin etwas schaffen will. Es ist mehr als nur okay, wenn ich sage: »Ich muss etwas für MICH tun, damit ich meinen Kindern eine gute Mutter sein kann und sie nicht anschreie.« Vor der Challenge hatte ich nicht nur oft Gewissensbisse und geriet in Verlegenheit, wenn ich den Abwasch meinen Kindern vorzog, sondern auch dann, wenn ich lieber Sport machte, als zu kneten, die Oma abends die Kinder ins Bett brachte, damit ich mit einer Freundin essen gehen konnte, oder ich lieber schlafen ging, als den »gar nicht mal so schlechten Geburtstagskuchen« noch weiter zu perfektionieren. Vor der Challenge machte ich mir so viele Gedanken, was eine gute Mutter zu tun (und zu lassen) hatte, dass ich gar keine gute Mutter mehr sein konnte, weil ich nur dem »Geheimrezept für inneren Frieden« einer anderen Mutter nacheiferte und nicht meinem eigenen. Die Orange Rhino Challenge schaffte es, dass ich kein schlechtes Gewissen mehr hatte, wenn ich etwas für mich tat, um glücklich und ausgeglichen zu sein, sondern stattdessen stolz war, nun nicht nur mein persönliches »Geheimrezept« zu kennen, sondern dass ich auch den Mut hatte, mich daran zu halten. Wenn ich an schwierigen Tagen reizbar und launisch bin, sei es nun wegen der Kinder oder meinetwegen, zwinge ich mich zum Innehalten und tue mir etwas Gutes. Ich denke an mein »Geheimrezept für inneren Frieden« und nehme mir einen Punkt von der Liste vor ... und schon fällt es mir viel leichter, weniger zu schreien und mehr zu lieben.

DIE ORANGE RHINO-ERKENNTNIS

Ich bin kein Egoist, wenn ich mir etwas Gutes tue. Das gehört sogar zu den besten Dingen, die ich für meine Kinder tun kann.
Es muss gar nichts Großes sein. Manchmal reicht es schon, wenn ich mir fünf Minuten lang die Fotos auf meiner Kamera ansehe oder zwei Stunden mit Freunden essen gehe.

Maßnahmen des Tages

Achten Sie gut auf sich selbst. Überlegen Sie, was Sie alles tun könnten, um ruhiger und gelassener zu werden. Keine Ausreden, warum dieses oder jenes gerade nicht möglich ist (zum Beispiel keine Kinderbetreuung, keine Zeit, keine Ahnung, wie man das umsetzen könnte). Denken Sie an Kleinigkeiten, aber auch an große Sachen – Träumen erlaubt! (Es heißt, dass schon von etwas zu träumen beruhigend wirken kann!)

Kreieren Sie Ihr eigenes Rezept für inneren Frieden, indem Sie etwa fünf Zutaten von Ihrer »Ich tue mir selbst etwas Gutes«-Liste nehmen. Ein oder zwei davon sollten täglich und auch bei wenig Zeit machbar sein (zum Beispiel Ihren Lieblingsradiosender hören, spazieren gehen), ein oder zwei dürfen etwas umfangreicher sein (zum Beispiel einen Kaffee trinken, solange er noch heiß ist, ohne dass die Kinder dabei sind) und eine, die etwas Planung und vielleicht auch Hilfe benötigt (zum Beispiel ein gemeinsamer Nachmittag mit dem Mann).

Schreiben Sie Ihr Rezept auf eine Karteikarte, die Sie immer griffbereit haben. Wenn Sie am Ende Ihrer Kräfte und kurz vorm Schreien sind, werfen Sie einen Blick darauf, um durchzuhalten und weiterzumachen – ohne zu schreien!

Im Notfall ziehen Sie eine Sauerstoffmaske zu sich heran und platzieren diese fest auf Mund und Nase. Erst danach helfen Sie Kindern und hilfsbedürftigen Personen.

Sicherheitsinstruktionen im Flugzeug

Erst kümmere ich mich um mich, damit ich mich dann um andere kümmern kann.

Orange Rhino

TIPPS DES TAGES

cool

Zünden Sie zu bekannten schwierigen Zeiten eine Kerze an. Abends im Bad zünde ich jetzt immer eine Duftkerze an und stelle mir vor, ich sei in einem Wellnesstempel. Zusatznutzen? Auch die Kinder sind entspannter!

warm

Der Orange Rhino-Lieblingstipp: Lassen Sie alles stehen und liegen und spielen Sie mit Ihren Kindern. Das macht nicht nur Spaß und verringert den Stress, sondern manchmal ist das genau die Verbindung, die gefehlt hat!

heiß

Öffnen Sie den Gefrierschrank, stecken Sie den Kopf hinein und frieren Sie den Gedanken, der Ihnen gerade durch den Kopf geht, wortwörtlich und im übertragenen Sinne ein. Danach können Sie gemeinsam herzhaft darüber lachen!

Ab jetzt: weniger schreien, mehr lieben

Jetzt wird es ernst. In den letzten Tagen haben Sie einige Dinge ausprobiert und sich so gut vorbereitet, dass Sie nun wirklich loslegen können.

Vom grauen Nashorn zum Orange Rhino

Aus tiefstem Herzen kann ich behaupten, dass das Nicht-Schreien mein Leben verändert hat. Es hat mich als Mutter verändert …

… Aber auch als Ehefrau, Tochter, Freundin und Nachbarin. Es hat mich verändert, wie ich das Leben wahrnehme, auf eine positive Weise. Es hat mich verändert im Umgang mit Ärger und Ängsten; heute handele ich mit viel mehr Selbstvertrauen, Reife, Erkenntnis und Stärke. Dieses lebensverändernde Experiment wäre mir nicht gelungen, wenn ich nicht gewagt hätte zu träumen, wenn ich nicht geglaubt hätte, dass ich mich ändern kann, wenn ich mir keinen Plan überlegt hätte, wie ich mich ändern kann, und wenn ich mich, schlussendlich, nicht darauf konzentriert hätte, diese Veränderung umzusetzen. Wenn Sie dieses Buch bis hierhin gelesen haben, haben Sie all das auch schon gemacht! Sie haben sich bereits getraut zu träumen, haben sich einen Plan überlegt und glauben hoffentlich daran, dass Sie dieses große Ziel erreichen werden. Sollten Sie noch daran zweifeln, möchte ich Ihnen sagen: Ich glaube an Sie! Ich glaube, dass sich jeder ändern kann, jeder seine Träume wahr werden lassen kann, und ich glaube, dass Sie so weit sind.

Vielleicht klingt es übertrieben, wenn ich sage, dass dieses Kapitel das erste Kapitel in Ihrem neuem Leben markiert – aber ich meine es genau so. Ich hebe mein Glas auf Sie und auf all die harte Arbeit, die Sie bislang geleistet haben, um ein neues, wunderbar lohnendes Kapitel aufzuschlagen!

Um große Dinge zu erreichen, müssen wir nicht nur handeln, sondern auch träumen, nicht nur planen, sondern auch glauben.

Anatole France

Tag 18: Ein Orange Rhino werden: Übersinnliche Erfahrungen

Während meiner Reise gab es immer wieder Momente, in denen ich auf vorangegangene schwierige Situationen mit einer völlig neugewonnenen Ruhe, Anmut, Perspektive und Kontrolle reagiert habe, was sich für mich wie eine übersinnliche Erfahrung angefühlt hat. Wirklich!

Einmal hatte ich das besondere Vergnügen zu hören, wie eine Frau, die im Restaurant neben meinem Mann und mir saß, sich vor ihrem Freund über uns lustig machte, weil wir uns über ein ausgeklügeltes Belohnungssystem für unsere Kids unterhielten, bei denen Golddublonen zum Einsatz kommen sollten, so wie bei »Jake und den Nimmerland Piraten«.

Sie: »Was für Loser. Gehen ohne Kinder aus und reden nur von Belohnungssystemen.«

Er: »Pssst. Nicht so laut. Sie können dich hören.«

Sie: »Mir doch egal. Halt, muss ich jetzt zwei Golddublonen abgeben, weil ich gemein war? Oder nur eine?«

Er: »Pssst. Bitte. Das ist peinlich.«

Sie: »Schatz, du bekommst eine Golddublone, weil du ›bitte‹ gesagt hast. Möchtest du zwei Golddublonen? Dann musst du noch ein Löffelchen essen.«

Oh, wie bei meinem Unsicherheitstrigger direkt alle Alarmglocken schrillten! Am liebsten wäre ich an Ort und Stelle in Tränen ausgebrochen. Hätte sie zurechtgewiesen und ihr jahrelang schwierige Kinder ans Bein gewünscht. Habe ich aber nicht. Stattdessen sagte ich mir, dass ich darüberstehen sollte, dass es mir nicht guttut, darüber nachzudenken, weil es nur einen friedlichen Abend mit meinem Mann ruinieren würde. Also wischte mir die Tränchen aus den Augen, blieb ruhig, dachte nicht mehr darüber nach und genoss unseren Ausgehabend. Vor der Orange Rhino Challenge wäre das im Leben nicht möglich gewesen. Nie und nimmer.

Und dann war da dieser Tag, als ich mit allen vier Jungs im Friendly's war, um James' Geburtstag zu feiern, und Andrew hatte den Anfall seines Lebens, weil sein Pullover nass geworden war und er das einfach nicht ertrug. Nachdem ich ihm vom Tisch weggeschleust hatte und mein Bestes gab, um den Pulli trocken zu bekommen, sagte eine ältere Dame zu mir: »Bringen Sie ihn doch mal zu mir. Ich knall ihm eine, dann müssen Sie das nicht machen, und danach passe ich auf ihn auf. Ich sorge schon dafür, dass er die Klappe hält!«

Ich hätte ihr am liebsten einige fiese, beleidigende Worte ins Gesicht geschleudert, weil sie indirekt meinen Erziehungsstil kritisiert und meinem Kind Gewalt angedroht hatte. Aber ich tat es nicht. Weil ich nicht die Geburtstagsfeier meines Sohnes verderben wollte, sagte ich, ohne mit der Wimper zu zucken, so freundlich und höflich wie nur möglich: »Ach, bitte reden Sie doch nicht so mit meinem Sohn. Das ist gar nicht nett und das ist auch kein Spaß. Er ist ein Kind. Sowohl er als auch ich geben unser Bestes.« Ich erkannte mich selbst nicht mehr.

Diese übersinnlichen Erfahrungen machte ich aber nicht nur, wenn ich kurz davor war,

Fremde anzuschreien. Eine machte ich auch, als ich mich gerade nicht zwanghaft damit beschäftigte, etwas perfekt zu machen, sondern mich dafür entschied, dass gut genug völlig ausreichend war. Und bei einer anderen Gelegenheit ging ich einige Stunden früher als gewöhnlich schlafen, weil ich mal wieder eine »Nacht für mich« brauchte, anstatt meine To-do-Liste abzuackern. Und ebenso wundersam und »übersinnlich« fühlte ich mich, als ich meinem Mann abends all die schönen Geschichten über unsere Kinder erzählte, anstatt mich auf die negativen zu konzentrieren. Und eine weitere besondere Situation war es, als ich ganz intensiv mein Kind betrachtete, den Moment und jedes Detail seines niedlichen, kleinen Gesichts vollkommen genoss, anstatt mir den Kopf über all das zu zerbrechen, was ich noch zu erledigen hatte. Ja, solche übersinnlichen Erfahrungen waren während der Orange Rhino Challenge keine Seltenheit und erschreckten meinen Mann und mich – und manchmal fanden wir sie regelrecht beängstigend.

Ein Erlebnis bleibt meinem Mann wohl ganz besonders in Erinnerung. Wir waren in unserem jährlichen Sommerurlaub am Meer. Die ersten drei Tage regnete es (na klasse) und am vierten Tag, als der Regen endlich aufgehört hatte, entdeckten wir, dass unser Lieblingsstrand wegen Aufräumarbeiten nach Hurricane Sandy gesperrt war. Wir mussten auf einen überfüllten, lauteren Strand ausweichen, der auch noch ziemlich weit von den Sanitäranlagen entfernt war. Buh! Mein altes Ich hätte die ganze Woche geschmollt und gejammert, weil meine Erwartungen nicht erfüllt wurden und ich so enttäuscht war. Aber mein neues Ich tat das nicht. Stattdessen schwamm ich mit dem Strom und konzentrierte mich darauf, das zu genießen, was ich hatte: Zeit mit meiner Familie am Meer. Vor der Orange Rhino Challenge wäre das undenkbar gewesen. Absolut undenkbar. Mein Mann war tatsächlich so erstaunt, wie ich auf diese Situation reagierte, dass er mich fragte: »Wer bist du und was hast du mit meiner Frau gemacht?«

Eine absolut berechtigte Frage! Zu behaupten, mich in dieser Situation (und allem, was bis dahin passiert war) so im Griff zu haben, wäre eine drastische Kehrtwende in meinem Verhalten, ist die reinste Untertreibung. Die Veränderung ist so tiefgreifend, dass sie fast beängstigend ist. Nach einem dieser übersinnlichen Alter-Schwede-ich-habe-mich-total-verändert-das-ist-ja-schon-unwirklich-Momente sagte ich sogar mal zu mir selbst: »Wer ist diese Person, die so reagiert? Wo ist die Sheila, die ich kenne? Habe ich mich nur durch die Orange Rhino Challenge so sehr verändert?«

Ich antwortete mir stets mit einem nachdrücklichen »JA!«, gefolgt von: »Wow, ich kann gar nicht glauben, wie sehr diese Challenge mein Leben verändert hat, auf eine Weise, die ich nie für möglich gehalten hätte«. Und danach kam natürlich: »Mann, drücke ich heute wieder auf die Tränendrüse!«

Tue ich wirklich. Solche Momente zeigen mir, wie sehr ich mich verändert habe und wie großartig es ist, dass ich nicht mehr meine Kinder anschreie, und dann werde ich ganz rührselig, sentimental und habe einen Kloß im Hals. Ich kann's nicht ändern. Und die Tränchen kann ich auch nicht ändern! Ich bin so unfassbar verblüfft, glücklich und dankbar, dass die Orange Rhino Challenge nicht nur die Beziehung zu meinen Kindern verbessert hat, sondern auch mein gesamtes Leben. Ich weiß, das klingt hochtrabend, ist es aber nicht – es ist einfach nur die Wahrheit!

Es stellte sich heraus, dass jede Präventivmaßnahme, die ich als Möglichkeit angewendet hatte, um meine Kinder nicht mehr anzuschreien, sich so tief auf mein Verhalten ausgewirkt hatte, dass ich sie nicht nur im Umgang mit meinen Kindern anwendete. Sondern auch in anderen Situationen, gute oder schlechte, mit oder ohne Kinder, wenn ich schreien wollte oder nicht. Ich hatte es verinnerlicht:

- öfter loszulassen.
- öfter zu lachen.
- öfter um Hilfe zu bitten.
- öfter positiv zu denken.
- öfter zu umarmen.
- öfter meine schwierigen Gefühle mitzuteilen.
- öfter zuzuhören.
- öfter Freude an meinen Kindern zu haben.
- öfter meine Erwartungen zu überdenken.
- öfter zu vergeben.
- öfter zu akzeptieren, wenn ich etwas nicht ändern kann.
- öfter die Beziehung zu meinem Mann zu pflegen.
- öfter kleine Freuden zu bereiten.

Ich wollte nicht länger, dass Wut, Groll, Ärger und Frust im Laufe des Tages wuchsen, wie es vor der Orange Rhino Challenge so oft der Fall war. Stattdessen säte ich Glück, Zufriedenheit, Ruhe und Frieden, und so erntete ich den Erfolg eines erfüllteren Lebens. Wenn ich das oben beschriebene tue, wenn ich dieses neue Verhalten voll und ganz umsetze, was sich nicht nur auf mein Schreiverhalten bezieht, sondern allgemein auf das Leben, schreie ich nicht nur weniger und liebe meine Kinder mehr – ich liebe auch mein Leben mehr.

DIE ORANGE RHINO-ERKENNTNIS

Die neuen Verhaltensweisen, Einstellungen und Fähigkeiten, die ich erlernt habe, helfen mir nicht nur dabei, weniger zu schreien, sondern haben auch jeden Bereich meines Lebens verbessert.
Es hat nur Vorteile, ein Orange Rhino zu werden.

Maßnahmen des Tages

Machen Sie sich heute an Ihr Ziel! Sie haben sich vorbereitet und geübt. Vieles, was ich auch getan habe, als ich mich ans Nicht-Schreien machte, haben Sie nun auch schon getan. Sie sind so weit.

Freuen Sie sich! Erzählen Sie anderen von Ihrem Ziel und dass heute DER Tag ist. Erzählen Sie es Ihren Kindern. Ihren Nachbarn. Ihrem Kaffeedealer. Ihrem Hund. Erzählen Sie es allen und jedem und freuen Sie sich! Begeisterung hilft, das Ziel zu erreichen.

Erstellen Sie einen Tagesplan und notieren Sie:

- Ihre drei Lieblingstipps, um das Schreien zu verhindern, sowohl im Eifer des Gefechts als auch davor.
- Eine Sache, die Sie machen wollen, um sich selbst etwas Gutes zu tun.
- Wen Sie schreiben oder anrufen, wenn Sie Unterstützung brauchen.
- Wie Sie Ihren Erfolg feiern wollen.

»In zwanzig Jahren wirst du dich mehr ärgern über die Dinge, die du nicht getan hast, als über die, die du getan hast.

Also mach die Leinen los. Verlasse den sicheren Hafen. Fange die Passatwinde in deinen Segeln. Erforsche. Träume. Entdecke.«

Mark Twain

TIPPS DES TAGES

cool

Ziehen Sie Ihre Kinder orange an – eine hervorragende, unübersehbare Erinnerung an Ihre Versprechen.

warm

Sagen Sie laut: »Ihr seid nur Kinder, meine Kinder, und ich liebe euch.«

heiß

Spannen Sie alle Muskeln in Ihrem Körper an und lassen Sie Stück für Stück wieder locker, gehen Sie von den Füßen nach oben (diesen Tipp habe ich von einem Lehrer meiner Kinder geklaut). BIN BEGEISTERT!

Ruhe bewahren, wenn alle durchdrehen

Bislang haben wir uns auf Sie konzentriert. Doch auch Ihre Kinder sind Teil der Challenge – machen aber nicht unbedingt, was Sie wollen. Was nun?

Manchmal liegt es an den Kindern

Mein Lieblingstag während dieser Challenge: der Tag, an dem mir auffiel, dass meist ich der Grund für mein Schreien bin – und nicht meine Kinder.

An Tag 7 erinnerte ich mich an den alten Schlussmacherspruch »Es liegt nicht an dir, sondern an mir«, der besonders gut passt, wenn es um meine Schreianfälle geht. Mein Stress, mein Mist, meine Müdigkeit sind häufig die Auslöser – nicht meine Kinder. Was ist aber mit dem einen Fall, wenn bei mir alles gut läuft, ich richtig gut drauf bin, die Kinder das wissen und ihre Grenzen austesten, was ja ihr gutes Recht ist? Was ist mit dem einen Fall, wenn ich als Mutter gerade wirklich spitze bin und meine Kinder dennoch nicht »hören«? Sich nicht »benehmen«? Wutanfälle am laufenden Band haben? Sie wissen schon, wenn sie sich eben wie Kinder benehmen oder einen schlechten Tag haben. Und wenn ich dann eben nicht die Ruhe bewahren will wie ein Orange Rhino, sondern lieber ein graues wäre. In diesem Kapitel verrate ich Ihnen meine fünf Lieblingsansätze, die mir helfen, von »Das wird mir jetzt zu bunt. Ich schmeiß alles hin« zu »Okay, verstanden, das schaffe ich« zu gelangen.

Ändere deine Gedanken, dann ändert sich die Welt.

Norman Vincent Peale

Tag 19: L.O.V.E. is everywhere: Meine Kuscheldecke

Ich bin 36, fast 37 Jahre alt und ja, meine Kuscheldecke, liebevoll »Blanky« genannt, habe ich noch immer. Und habe sie jede Nacht bei mir. Jede. Einzelne. Nacht. So, jetzt ist es raus. Ich bin erwachsen und knuddele mir unter mein Kopfkissen dennoch eine Babydecke, die an einer Ecke angekokelt ist, an einer anderen ausfranst, die Hälfte des Satinsaums fehlt bereits, in der Mitte hat sie etliche Löcher. Ich kann mich einfach nicht von ihr trennen. Sie müssen wissen, dass meine Decke und ich schon viel gemeinsam durchgemacht haben. Als ich fünf war, sollte ich abends einmal meine Puppen ins Bett bringen. Ich nahm also Blanky und legte sie über die Weihnachtskerzen im Fenster, denn ich durfte ja die »heißen Kerzen« nicht anfassen. Sie fing natürlich sofort Feuer. Ups. Als ich sieben war und nicht mehr am Daumen nuckeln durfte (So ein Mist!), fummelte ich zur Beruhigung eben am Satinsaum. Als ich 29 war, war mein Mann einmal auf Geschäftsreise, und ich fand es furchtbar, in unserem neuen, aber doch alten und knarzenden Haus alleine zu sein, also kuschelte ich mich in meine Decke, um Schutz und Geborgenheit zu spüren. Sie merken schon: Blanky ist mein allerbester Freund und bedeutet mir sehr viel.

Ich weiß das. Mein Mann weiß das. Und meine Jungs auch, besonders James, der einmal versucht hat, dieses Wissen gegen mich zu verwenden.

Und zwar an einem unfassbar heißen Julitag gegen 15:30 Uhr. James, der gerade sein erstes Jahr als Halbtags-Kindergartenkind hinter sich hatte (okay, eher Dritteltags-Kindergartenkind, weil er nur zweieinhalb Stunden täglich dort war), war soeben von seinem ersten Tag in der Ganztags-Ferienbetreuung zurück. Er war wie gewohnt um 5:30 Uhr aufgewacht und hatte zu Hause schon dreieinhalb Stunden Vollgas gegeben, bevor er sechseinhalb Stunden ununterbrochen von mir getrennt war, mit Nonstop-Programm. Wie erwartet, war es mir nicht leicht gefallen, ich vermisste meinen ältesten Sohn sehr und sorgte mich, wie er mit der großen physischen und emotionalen Herausforderung zurechtkam. Und wie erwartet, war es auch ihm nicht leichtgefallen. Streichen Sie das. Laut seiner Aussage hatte er mich kein bisschen vermisst, sondern einen tollen Tag gehabt. Schön für ihn. Das änderte sich in dem Moment, als ich ihn abholte. Schlecht für ihn und schlecht für uns. Und besonders schlecht für Blanky.

Als wir in die Auffahrt einbogen, wurde aus seinem euphorischen »Ja, ich hatte heute so viel Spaß« schlagartig ein motziges »Aber morgen will ich da nicht hin. Ich will zu Hause bleiben!«. Ich parkte ein, drehte mich zu ihm um und ich war untröstlich, als ich Tränen aus seinen müden Augen über das gerötete Gesicht kullern sah. Bevor ich etwas sagen konnte, sprang er aus dem Auto, knallte die Tür zu, rannte ins Haus und schrie wie am Spieß.

Ich stieg langsam aus und ging vorsichtig ins Haus, weil ich ahnte, was mich erwartete: ein Wutanfall, der sich gewaschen hatte, inklusive Dingen, die aus Frust nach mir geworfen werden (Wir wissen alle, von wem er das hat, nicht wahr? Seufz!). Ja, ich war die Zielscheibe. Plastikobst aus der Spielküche wurde nach mir geworfen. Ich wich einer Banane aus, bekam aber eine Erbse genau in die Nase! Hat das vielleicht wehgetan! Ich hätte am liebsten geschrien: »Hör sofort auf! Beruhige dich! Werd erwachsen!« Aber ich tat es nicht. Ich blieb ruhig.

Ich schaffte es, der nächsten Obstmischung auszuweichen, meinen Sohn zu packen und ihn festzuhalten, als er mit je einem Stück Pizza und Kuchen auf mich losgehen wollte. Ich wusste, dass er nicht absichtlich so reagierte, dass sein Verhalten ein Hilferuf war. Auch wenn ich es ganz und gar nicht berauschend fand, dass nach mir geworfen wurde, blieb ich ruhig, hielt ihn sanft fest und sagte: »Was ist los? Rede mit mir.«

»Es ist unfair, dass meine Brüder schon früher gehen durften und früher bei dir waren. Es ist unfair, dass ich den ganzen Tag bleiben musste. Das ist so unfair!«, schrie er mich an, und die Tränen flossen weiterhin über sein Gesicht, sein Körper bebte vor Zorn, während ich ihn im Arm hielt. Mir taten von seinem Gekreische schon die Ohren weh, und der lange Wutanfall zermürbte mich, aber dennoch blieb ich ruhig.

Er beruhigte sich so weit, dass er mich bat, in sein Zimmer gehen zu dürfen und in Ruhe gelassen zu werden. Dann kam er zurück, mit meiner Decke in der Hand und ging schnurstracks in Richtung Bad. An seinem Blick sah ich sofort, dass er etwas im Schilde führte. Ich wusste, dass er etwas tun würde, um meine Aufmerksamkeit zu bekommen, damit ich ihn wieder festhalte, damit ich ihm helfe, dass er sich nach so einem anstrengenden Tag wieder besser fühlt. Was lag also näher, als sich etwas zu schnappen, was mir viel bedeutet?

»James, gib mir bitte meine Decke«, bat ich.

»Nein! Blanky kommt jetzt ins Klo«, sagte er lachend (ein unangenehmes Lachen, ein »Ich weiß, dass man das nicht tut, aber ich weiß nicht, wie ich damit umgehen soll, dass es mir beschissen geht und ich traurig bin«-Lachen).

»James, was auch immer du vorhast, du lässt es gefälligst bleiben. Ich weiß, dass du einen anstrengenden Nachmittag hast, aber fang dir deshalb keinen Ärger ein«, sagte ich ruhig.

»Zu spät, Mami!« Er rannte ins Bad und versenkte Blanky im Klo. In dem Klo, in dem jemand noch sein kleines und großes Geschäft hinterlassen und nicht abgezogen hatte. Blanky hatte jetzt eine angekokelte Ecke und eine Ecke voller Kacke. Grandios.

Dennoch blieb ich überraschend ruhig.

»James, hol die Decke dort bitte heraus und mach sie im Waschbecken sauber«, sagte ich, gab ihm Seife und drehte den Wasserhahn auf.

»Ist das dein Ernst? Da ist Pipi und Kacka dran«, erwiderte er ruhig.

»Ja, das ist mein Ernst«, beharrte ich.

Ich weiß nicht, wer von uns in dem Moment verängstigter war, mein Sohn wegen seiner intensiven Emotionen und seines Mega-Wutanfalls, der zum »Mama, ich fasse es nicht, dass du mich zu so etwas zwingst«-Wutanfall mutiert war, oder ich, wegen meiner unheimlichen Ruhe. Immerhin war ich dem Obstangriff entkommen, hatte kurz nach Luft geschnappt, als meine geliebte Decke baden ging, aber all das hatte mich nicht aus der Haut fahren oder herumschreien lassen, wie es früher passiert wäre. All das hatte nur dazu geführt, dass ich

James gegenüber mehr L.O.V.E. zeigte. Wie bitte?! Ja, ich hatte ihn noch lieber, denn als ich im Auto seine Tränen sah, wusste ich, dass er meine Liebe brauchte und nicht meinen Zorn. Und genau das gab ich ihm, vor, während und nach dem Wutanfall.

- Ich hörte (»Listen«) ihm zu, als er im Auto erzählte, dass er traurig war, dann ...
- betrachtete (»Observe«) ich sein Gesicht und sah seine Erschöpfung. Ich warf einen Blick auf die Uhr und wusste, dass er Hunger hatte. Und ich sah sein verschwitztes Gesicht und einen überhitzten kleinen Jungen. Nachdem er Blanky gewaschen und sich etwas beruhigt hatte,
- fragte ich nach (»Verify«), was eigentlich los war, indem ich sagte: »James, es klingt, als wärst du etwas traurig und sauer, dass du den ganzen Tag weg warst. Und außerdem scheinst du dazu auch noch müde, hungrig und verschwitzt zu sein nach dem wirklich langen Tag. Stimmt's?« Die Antwort war ein dumpfes »Ähm, ja, stimmt«. Dann entspannte sich sein Gesicht ein wenig und ich wusste, dass er jetzt bereit war, mehr zu erzählen, also ...
- versetzte ich mich in seine Lage (»Empathize«): »Ich weiß, dass es irgendwie unfair ist. Ich erinnere mich noch, wie traurig ich als Kind war, wenn ich in die Schule musste und nicht zu Hause mit Oma spielen konnte. Und heute war ich auch traurig. Du hast mir ganz doll gefehlt. Ganz, ganz doll. Ich weiß, wie du dich fühlst. Ich weiß, warum du sauer bist. Aber nur weil wir traurig sind, werfen wir doch nicht mit Sachen nach jemandem oder tun gemeine Dinge.«

Und dann hatte ich einen viel entspannteren kleinen Jungen, der zu mir sagte: »Ich weiß. Tut mir leid, dass ich das mit Blanky gemacht habe. Ich sammele jetzt das Spielzeug auf.«

Und meine Gefühle waren nun auch viel entspannter, weil ich es geschafft hatte, ruhig zu bleiben, obwohl ich lieber geschrien hätte. Nichts triggert mich mehr als aggressives oder aufgedrehtes Verhalten, da ist meine Toleranzschwelle besonders niedrig. Sie ist es auch mir selbst gegenüber, wenn ich auf aggressives Verhalten aggressiv reagiere, denn es bringt ja nun mal nichts und macht alles nur noch schlimmer. Liebe hingegen macht alles besser. Und was genau macht alles besser und hilft mir, nicht zu schreien? Nicht nur Liebe, sondern L.O.V.E.

Als mir das L.O.V.E.-Akronym einfiel, dachte ich, ich würde es ein- oder zweimal nutzen, um nicht herumzuschreien. Tja, ich nutze es täglich, sehr häufig! Ja, wenn die Kinder außer Rand und Band sind und mir fast die Hutschnur platzt, halte ich inne, höre ihnen zu, beobachte die Umstände (Uhrzeit, Temperatur, Wochentag, Gesichtsausdruck), frage nach, warum sie so drauf sind, und versetze mich in ihre Lage, versuche nachzuvollziehen, warum sie sich so benehmen, und das hilft mir, gelassen zu bleiben, ruhig, gefasst und mit ihnen in Beziehung zu bleiben.

L.O.V.E. ist sozusagen die neue Kuscheldecke für mich und meine Kinder geworden. Keine Angst, Blanky, niemand kann dich ersetzen! L.O.V.E. gehört zu meinen Lieblingsrettungsankern, wenn es darum geht, nicht herumzuschreien. Es gibt mir nicht nur die Sicherheit, dass ich eine wirksame Methode habe, um nicht auszuflippen, sondern es hilft mir und auch meinen Kindern in schwierigen Situationen.

DIE ORANGE RHINO-ERKENNTNIS

Wenn ich meinen Kindern höflich, verständnisvoll und mit L.O.V.E. begegne, sind die Chancen größer, dass sie mir zuhören und annehmen, was ich sage. Und außerdem sind auch meine Chancen größer, eine schwierige Situation besser zu meistern.

Maßnahmen des Tages

L.O.V.E. is everywhere

Listen: Zuhören

Observe: Beobachten

Verify: Nachfragen

Empathize: Sich in die Lage des anderen versetzen

Üben Sie jeden einzelnen Punkt.

- Stellen Sie sich darauf ein, dass Sie beim Punkt »Nachfragen« am Anfang öfter mal danebenliegen und ein »Nein, vollkommen FALSCH!« ernten. Bleiben Sie ruhig und versuchen Sie es noch einmal, wobei Sie auch Ihr Kind um seine Mithilfe bitten können.
- Seien Sie beim Nachfragen und Sympathisieren so konkret wie möglich und versuchen Sie, nicht nur wortwörtlich zu wiederholen, was Ihr Sohn/Ihre Tochter gesagt hat. Ich musste schmerzhaft lernen, dass das alles noch schlimmer machen kann.

Die Mimik hilft! Wenn Sie sich unsicher sind, wie Ihr Kind sich fühlt, beobachten Sie seine Mimik und ahmen Sie den Gesichtsausdruck nach. Das ist zwar seltsam, aber hilft mir ungemein, zu fühlen, was mein Kind fühlt.

Lieben Sie auch sich! Denken Sie daran, auch zu sich selbst gut zu sein: Vergeben Sie sich selbst und passen Sie auf sich auf, damit Sie diesen Weg anmutig und voller Liebe beschreiten können.

„Verwechsle nie eine einzelne Niederlage mit einer abschließenden Niederlage."

F. Scott Fitzgerald

TIPPS DES TAGES

cool

Der Orange Rhino-Lieblingstipp: Waschen Sie den Stress ab. Legen Sie sich einen warmen Waschlappen auf Gesicht und Hals und atmen Sie tief durch, als wären Sie in einem Spa. Ich mache das jeden Abend, wenn ich mit den Kindern im Bad bin. Ein absolutes Muss.

warm

Richten Sie Ihren Blick auf irgendetwas im Zimmer, das Sie lieben. Schöne Augenblicke zwingen den Ärger in die Knie.

heiß

Knuddeln hilft. Ja, das hatten wir schon mal. Aber es hilft wirklich, und zwar allen Beteiligten!

„All you need is love."

John Lennon

Tag 20: Die Perspektive macht's: »Wenigstens«

Tag 3, zweiter Anlauf,

Liebe Perspektive,

» *wie schön, mit dir gemeinsam zu frühstücken. Immer wenn du morgens an meiner Seite bist, fällt es mir so viel leichter, nicht zu schreien. Mir fällt wieder ein, dass Kinder nun mal Kinder sind. Dass ein verschüttetes Müsli kein Weltuntergang ist. Dass eine schöne Verabschiedung wichtiger ist als eine schnelle. Dass mir Nicht-Schreien wichtiger ist als Putzen. Ja, liebe Perspektive, während dieser Challenge warst du mir eine gute Freundin. Du bist zu jedem Frühstück, Mittagessen und Abendessen herzlich eingeladen. Sei nur vorgewarnt, dass es bei mir zu Hause nicht immer picobello aussieht und dass ich eine grauenhafte Köchin bin.* «

Bis dann!

Das Orange Rhino

Ich erinnere mich noch, als wäre es gestern gewesen, als mir die absolute »Macht der Perspektive« bewusst wurde. Zum ersten Mal seit Wochen blitzte die Sonne mal wieder durch die Küchenfenster. Sie weckte mich aus meiner Mac-hat-schon-wieder-nicht-durchgeschlafen-Benommenheit und besänftigte mich nach der verhassten Zähneputzen-und-Anziehen-Diskussion, die ich die letzte halbe Stunde geführt hatte. Die Sonne machte mir Hoffnung, dass ich diesen Vormittag überstehen konnte – ach, was sage ich, den ganzen Tag! Ich holte Waffeln aus der Tiefkühltruhe, steckte sie in den Toaster, holte Butter und Sirup und blickte einfach nur aus dem Fenster auf diesen wunderschönen winterlichen Sonnenaufgang. Ja, den Tag würde ich so richtig rocken!

Dieses Gefühl hielt phänomenale fünfzehn Minuten an. Als die Jungs nach dem Frühstück spielen gingen, sah ich, dass Mac durch den Sirup krabbelte, der irgendwie auf dem Boden gelandet war. Er war durch die ganze Küche gekrabbelt und hatte nicht-so-süße, klebrige, dreckige Knieabdrücke hinterlassen. ÜBERALL. Mein an Schlafmangel leidendes Ich wollte nur noch schreien. Tat es aber nicht. Ich weiß nicht, was in dem Moment über mich kam (vielleicht gab die Sonne mir Kraft?), aber statt Mac und Andrew anzuschreien, Letzterer der Grund, warum der Sirup überhaupt auf dem Boden gelandet war, lächelte ich nur. Alles war gut.

Es war NUR Sirup.

Alles eine Frage der Perspektive

Nach fünfeinhalb Jahren Elternschaft …

» *und mehreren Jahren, in denen ich wegen Kleinigkeiten wie Sirup herumgeschrien hatte, hatte ich endlich die Perspektive gefunden und sie ist seitdem bei mir geblieben. Nachdem ich die Küche saubergemacht hatte, schrieb ich schnell den »Liebe Perspektive«-Brief und danach:*

Perspektive. Mehr brauche ich nicht. In acht von zehn Fällen schreie ich ohne wirklichen Grund. Zum Beispiel ist es wichtiger, dass Andrew lernt, selbst zu essen, als dass Mac durch den Sirup gekrabbelt ist, der von der Waffel tropfte, die auf den Tisch fiel, nachdem sie von der Gabel gefallen war. «

Ich konnte den Mittelteil nicht weiter ausführen, denn, Sie kennen das ja: So ist das eben mit Kindern. Und abends konnte ich auch nicht weiterschreiben, denn, auch das werden Sie kennen, die Abende sind sehr kurz, wenn man kleine Kinder hat und schon um acht Uhr abends einpennt. Aber einen Schlussteil habe ich noch hingekriegt:

Die Perspektive macht‘s

Irgendwie habe ich es fertiggebracht, ...

» *heute nicht zu schreien. Und dabei sah es heute gar nicht gut für mich aus. Aber ich habe es geschafft. Und ich glaube, das habe ich nur der Perspektive zu verdanken. Ich habe inne gehalten und alles aus einer anderen Perspektive betrachtet und das hat den Unterschied gemacht.* «

Ja, ich bin mir sicher, dass mir die Perspektive den Tag gerettet hatte, denn das tut sie bis heute immer wieder. Und es gibt ein Wort, dem ich dankbar bin, denn durch dieses habe ich die Perspektive gefunden, als ich sie bitter nötig hatte ...

Wenigstens.

Ein kleines Wörtchen, das den Unterschied macht, so sehr, dass es mein neues Lieblingswort ist – zumindest nach L.O.V.E. Ernsthaft. Immer, wenn ich kurz davor bin, wegen irgendeiner Kleinigkeit herumzuschreien, nutze ich dieses Wort, und, voilà, das Leben wirkt direkt leichter, weil es eine neue Perspektive gibt, dass alles auch schlimmer sein könnte.

»Oh, da ist Sirup auf den Boden getropft. WENIGSTENS nicht die ganze Flasche.«

»Oh, er klettert auf den Tisch. WENIGSTENS hängt er nicht am Kronleuchter.«

»Oh, er hat sein ganzes Kinderzimmer verwüstet. WENIGSTENS haben seine Brüder ihm das nicht nachgemacht.«

»Oh, mein Leben macht mich ganz kirre mit drei Kindern, die unterschiedliche Therapien brauchen. WENIGSTENS habe ich sie und kann sie lieb haben.«

Ich könnte ewig so weitermachen. Ich glaube, das mache ich einfach, zumindest noch ein bisschen.

»Mist. Noch 363 Tage bei dieser Challenge vor mir ... hey, WENIGSTENS habe ich schon zwei Tage geschafft, was ja wohl besser ist als gar nichts.«

»Mist. Ich habe heute geschrien ... hey, WENIGSTENS bemühe ich mich ja, nicht zu schreien.«

Sehen Sie, »wenigstens« bewirkt wahre Wunder. Passt »wenigstens« nicht zu Ihnen? Dann suchen Sie sich ein anderes Wort oder einen Satz, der Ihnen dabei hilft, alles in einem besseren Licht zu sehen. Meine zweite Wahl? »Ich bin dankbar«.

»Ich habe scheinbar so viele Trigger ... hey, ICH BIN DANKBAR, dass ich weiß, wer ich bin und woran ich arbeiten muss.«

Es kommt nicht darauf an, für welches Wort Sie sich entscheiden, die Macht der Perspektive ist dieselbe. Fällt es immer leicht, eine andere Perspektive zu finden, wenn es gerade anstrengend ist? Fällt es immer leicht, innezuhalten und zu sagen »wenigstens« oder »Ich bin dankbar« und den Satz fortzuführen? Nein. Manchmal ist alles zu ätzend, um eine andere Perspektive zu finden oder überhaupt nach ihr zu suchen. Manchmal dauert es länger, als mir lieb ist. Manchmal dauert es drei Sekunden, manchmal drei Stunden, und bei anderen, schwierigeren Gelegenheiten kann es auch mal drei Tage oder sogar drei Monate dauern. Aber wenn ich die Perspektive dann gefunden habe, fühle ich mich wirklich viel leichter. Stört es mich, dass ich so lange dafür gebraucht habe oder dass es nicht leicht war, zu diesem Punkt zu gelangen? Nein. Denn WENIGSTENS bin ich dort angekommen!

Wenn dir etwas nicht gefällt, ändere es. Wenn du es nicht ändern kannst, ändere deine Einstellung dazu.

Maya Angelou

DIE ORANGE RHINO-ERKENNTNIS

Eine andere Perspektive einzunehmen hat die Macht, mich vom Schreien abzuhalten.

Maßnahmen des Tages

Wenden Sie die »wenigstens«-Methode im Laufe des Tages an, um Ihr Bedürfnis zu schreien niederzuringen. Wenn dieses Wort bei Ihnen nicht funktioniert, nehmen Sie ein anderes.

Wenden Sie es auch bei den Wutanfällen Ihrer Kinder an, zum Beispiel: »Mami, da ist was Grünes auf meiner Pizza.« Meine Antwort: »Wenigstens ist es etwas von der Soße und kein Popel. Das wäre eklig!« Seien Sie kreativ, witzig und übertreiben Sie. Je mehr Sie übertreiben, umso besser! Meine Kinder wenden die »wenigstens«-Methode auch an und kommen so mit ihrer eigenen Enttäuschung zurecht. So einfach und so hilfreich!

Verschaffen Sie sich einen Überblick, wie gut Sie diese Challenge meistern. Notieren Sie drei Gebiete, in denen Sie eine Verbesserung feststellen konnten, seitdem Sie mit der Orange Rhino Challenge begonnen haben, auch wenn Sie noch nicht dort sind, wo Sie gern schon wären, WENIGSTENS haben Sie den ersten Schritt getan und sind auf dem besten Weg!

„Im Leben geht es nicht darum zu warten, bis das Gewitter vorbei ist ... sondern zu lernen, im Regen zu tanzen!“

Viviane Greene

TIPPS DES TAGES

cool

Machen Sie eine Minute lang gar nichts (oder länger, wenn es Ihre Zeit erlaubt!), sondern beobachten Sie nur Ihre Kinder. Das erfüllt mich immer mit etwas mehr Liebe und viel mehr Perspektive und zeigt mir, was wirklich zählt.

warm

In schwierigen Momenten darf der Fernseher auch mal länger an bleiben als für gewöhnlich. Etwas mehr Fernsehen ist nicht das Ende der Welt, wenn ich kurz vor dem Ende meiner Geduld bin.

heiß

Pfeifen Sie. Laut. Das zwingt mich dazu, mich auf meine Atmung zu konzentrieren (was ich gar nicht leiden kann!) und geht meinen Kindern vielleicht auf die Nerven, sodass sie ihre Aufmerksamkeit wieder auf mich richten.

Tag 21: Lachen statt schreien: Das Zahnstocherdebakel

Am besten schlafe ich immer, wenn ich mit meinen Kindern im Urlaub bin ... natürlich NICHT! Nicht im Geringsten, im Leben nicht, völlig hoffnungslos, denn an Schlaf ist überhaupt nicht zu denken. Meine Kinder gehen später schlafen, stehen früher auf und dazwischen werfen sie sich im Bett hin und her und wachen mehrmals auf, entweder vor lauter Aufregung wegen der neuen Umgebung oder aus Furcht vor der Dunkelheit in der neuen Umgebung. Sie schlafen nicht gut, ich schlafe nicht gut, sie werden immer aufgekratzter und ich natürlich immer zufriedener. Natürlich NICHT. Die ersten Tage habe ich morgens die ersten zwei Stunden miese Laune, weil sie früher aufstehen und ich noch weniger Schlaf bekomme. Meine Laune bessert sich, wenn wir zum schönen Teil des Tages kommen und mir bewusst wird, dass der Schlafmangel es allemal wert ist. Jetzt bin ich vorgewarnt und rechne mit zwei Stunden schlechter Laune nach dem Aufstehen, also stört es mich gar nicht mehr so sehr. Kaffee, meine Empathie und die Perspektive retten mich, sodass ich gar nicht erst herumschreie.

Meine Mutter ist das alles so gar nicht gewöhnt, das schrecklich frühe Aufstehen in den Ferien und den ganzen Wir-sind-so-aufgeregt-und-hüpfen-durch-die-Wohnung-Spaß. Überhaupt nicht.

Den 18. August 2013 werde ich nie vergessen. Der Tag war einfach saulustig. Der Morgen war so durchgeknallt, das kann man sich gar nicht ausdenken. Verflixt, schon bei dem Gedanken daran muss ich so lachen, dass ich gerade nicht tippen kann.

Also, gegen 6 Uhr erlaubte ich den Jungs, das Gästezimmer im Haus meiner Eltern endlich zu verlassen und nach unten zu gehen. Sie rannten die Treppe runter, holten Opas Legosteine hervor und bauten damit etwas, während ich mir einen Kaffee gönnte. Keine zwei Sekunden später stürmte Riley, der größte, lauteste und wildeste Kerry Blue Terrier der Welt, aus Omas Schlafzimmer, freute sich so, meine Jungs zu sehen, dass er direkt in die Legokiste sprang und die Steine IN ALLE RICHTUNGEN flogen. Lego flog durch die Luft und den kleinen Legobaumeistern liefen Tränen über das Gesicht. Edward war völlig außer sich und schleifte Riley am Halsband vor die Tür. Eine gute Idee – nur leider nicht ganz durchdacht! (Was bestimmt an seiner totalen Erschöpfung und seinem Frust lag!) Er hatte den Hund nicht durch die Tür hinausgelassen, die zum umzäunten Hinterhof führt, sondern durch die Tür zur Garage. Andrew war Edward gefolgt und wollte ihm bestimmt bei der Umsetzung des tollen Plans helfen: Er öffnete Riley auch das Garagentor und ließ ihn nach draußen, direkt in den großen, öffentlichen Park!

Riley rannte bellend los und weckte jeden auf, auch Oma. Ganz großes Kino, Jungs. Oma kam im Nachthemd mit verstrubbelten Haaren und halb geschlossenen Augen aus ihrem Schlafzimmer.

»Was ist das für ein Krach? Wo ist Riley?«, kläffte sie.

»Oh, Mom, das ist Riley. Er ist irgendwie abgehauen, halb mit Absicht, halb aus Versehen. Ich habe versucht ihn einzufangen, aber er will nicht reinkommen«, erklärte ich ebenfalls noch ganz verschlafen.

»Jungs, ihr räumt das Lego sofort auf und ich hole Riley«, kläffte sie etwas freundlicher.

»Okay, Oma.« Es war schnell aufgeräumt, denn sie hatten auf meine Anweisung hin damit bereits losgelegt. Riley rannte natürlich wieder ins Haus, stürmte auf sie zu, wurde aber in einem der Schlafzimmer eingesperrt, damit es zu keinem weiteren Legozwischenfall kam. Die Jungs waren nun vollends wegen des ausgebüxten Hundes aufgekratzt, und weil Oma und ich wie verrückt herumgelaufen waren und versucht hatten, Riley einzufangen, also versuchte ich, sie mit einer ruhigen Beschäftigung wieder herunterzukriegen.

Sie schienen zufrieden und konzentriert mit einem Puzzle beschäftigt zu sein, also dachte ich, ich könne das nutzen und schnell ins Bad gehen. Ganz blöde Idee. Ich war sage und schreibe dreißig oder vielleicht auch sechzig Sekunden im Bad, als meine Jungs das Puzzle sein ließen, weil sie Opas (und ihren) Lieblingsgegenstand entdeckt hatten: einen Zahnstocherspender in Form eines Vogels. Drückt man auf den Schnabel, kommt ein Zahnstocher heraus. Und wenn man wieder und wieder auf den Schnabel drückt (weil das scheinbar viel Spaß macht und toll ist), kommen eine Menge Zahnstocher heraus!

Kaum hatte ich einen Schritt aus dem Bad gemacht, schrie ich vor Schmerz auf »Autsch!«

»Was war das?«, fragte ich, um Fassung bemüht. Ich sah nach unten und stellte fest, dass im nagelneuen Teppich meiner Eltern etwa dreißig Zahnstocher aufrecht aufgepiekst standen.

»Was soll das denn?«, wollte ich wissen. »Das gehört doch Opa. Bringt das sofort zurück!«, befahl ich.

»Aber Mama, wir bauen eine Falle, damit Riley auf die Zahnstocher tritt, wenn er wieder abhauen will«, erklärten sie unschuldig. Ich musste zugeben, dass der Plan wirklich genial war, und das ließ meinen sich anbahnenden Schrei verstummen.

»Eins mit Sternchen für euren Einfallsreichtum und die Ausführung, Jungs, aber nicht dafür, dass ihr einfach etwas genommen habt, was euch nicht gehört. Räumt das jetzt bitte auf«, sagte ich. In der Zwischenzeit war Oma von der anderen Seite aus ins Bad gegangen und wusste noch nichts von der tollen Zahnstocher-Falle, die sie vor der Tür erwartete. Als sie herauskam und auf einen der noch nicht weggeräumten Zahnstocher trat, schrie sie los.

»JUNGS! Was zum ...« Sie wurde unterbrochen durch ein »PIEP. PIEP. PIEP. PIEP« in so einer Lautstärke, dass wir alle am liebsten geschrien hätten. Edward und Andrew hielten sich die Ohren zu, ich rannte zu James und Mac, weil ich dachte, es sei der Rauchmelder und wir müssten sofort das Haus verlassen. James linste um die Ecke, ganz verängstigt von dem Lärm. Aber Mac war während der zwei Minuten des Zahnstocherdebakels verschwunden. Ich rannte nach oben. Dort saß er in einer Ecke bei einem Kohlenmonoxidmelder. Starr vor Angst.

»Knopf«, sagte er immer wieder. Ja, er hatte auf einen Knopf gedrückt und den Warnmelder ausgelöst. Ich versuchte schnell, das Piepen abzustellen, denn wenn ich nicht schon vorher kurz vorm Schreien war, so war ich es jetzt. Aber so richtig. So in der

Art: »Willst du mich eigentlich verarschen«. Ich hatte Pech. Es ließ sich nicht abstellen. Dann klingelte das Telefon.

»Hallo? Hier ist ihr Sicherheitsdienst. Brennt es bei Ihnen?«, fragte eine Stimme. »Nein!«, antwortete meine Mutter. »Mein zweijähriger Enkel hat irgendwo draufgedrückt. Wie können wir das abstellen? Dieses Geräusch macht den Kindern Angst, sie weinen und schreien. Wir müssen das sofort ausstellen!«

»Geben Sie den Sicherheitscode in Ihre Alarmanlage ein«, wies die Frau am Telefon meine Mutter an. »Ach Schei...«, war ihre Antwort. »Ich kenne den Code nicht und mein Mann ist gerade an der Westküste. Dort ist es noch nicht mal vier Uhr. Ich kann ihn ja schlecht wecken. Gibt es keine andere Lösung?«

»Nein. Sie brauchen den Code, sonst kommt die Feuerwehr.« Meine Mutter rief immer wieder bei meinem Vater an. Er ging nicht ran. Ich tippte alle Zahlenkombinationen ein, die mein Vater in unserer Kindheit benutzt hatte. Nichts. Und die Kinder waren mittlerweile völlig außer sich. Bis irgendwann, klopf, klopf. »Oma, da stehen vier Feuerwehrmänner vor der Tür«, sagte James völlig aufgekratzt. In dem Moment, als sie ins Haus kamen, hörte der Alarm natürlich auf. Ich hatte es geschafft! Ich fühlte mich wie ein Superheld, auch wenn ich fünf Minuten zu lange gebraucht hatte. Die Männer klatschten meine Kinder ab und zeigten ihnen das Feuerwehrauto. Alles war gut. Meine Mutter und ich hatten drei Minuten Ruhe und es fühlte sich an, als könnten wir den Tag überstehen.

Bis ... wir alle wieder ins Haus gingen und James und Edward vor lauter Aufregung ihre Kuscheltiere so hoch in die Luft warfen ... , dass sie am Kronleuchter hängen blieben, der so hoch hing, dass man ihn nur mit einer Leiter erreicht. »Ist das euer Ernst? Wollt ihr mich verarschen? Nach all dem, was bislang passiert ist, obwohl es noch nicht mal 7 Uhr ist? Jetzt muss ich auch noch eine Leiter holen? Kann doch nicht wahr sein«, dachte ich, atmete durch die Nase, um nicht zu schreien, und meine Nasenflügel bebten wie beim Lieblingsdrachen meiner Kinder. Oh, wie gern hätte ich Feuer gespuckt!

Oma fiel es viel schwerer, nicht auszuflippen. Sie brüllte los, ich legte ihr eine Hand auf den Arm und sagte: »Mom, manchmal muss man einfach lachen. Komm schon. Lache. Was soll man sonst in so einer Situation tun? Schreien bringt doch nichts, es macht alles nur schlimmer. Lach einfach. Außerdem musst du ja wohl zugeben, dass das alles auch irgendwie lustig ist! Komm schon, lach doch mal! Hättest du dir mal lieber ein paar Entspannungstechniken angeeignet, denn diese Woche ›Ferien‹ wird total verrückt!«

Und sie lachte. Und ich auch. Und es fühlte sich gut an, so viel besser, als zu schreien! Lachen beruhigte uns beide, sodass ich James und Edward ruhig (und klar und verständlich) darüber in Kenntnis setzen konnte, dass ihre Kuscheltiere heute dort bleiben würden, wo sie gelandet waren, denn sie kannten schließlich die Regel.

An dem Abend ging ich mit einem breiten Grinsen ins Bett. Ich konnte nicht anders. Der Tag war stellenweise völlig außer Kontrolle geraten und einfach nur verrückt gewesen, aber auch unglaublich, denn ich hatte mich für das Lachen und gegen das Schreien entschieden.

DIE ORANGE RHINO-ERKENNTNIS

Lachen hilft wirklich, einen Schrei zu entschärfen, und rückt alles in eine andere Perspektive.
Mein Leben ist verrückt. Wenn ich das erwarte, akzeptiere und so annehme, anstatt dagegen anzukämpfen und es zu ändern versuche, habe ich mehr Kraft und Geduld, um auch in verrückten Situationen nicht auszuflippen.
»Wahnsinn gehört zum Leben dazu und das ist auch gut so.« So lautete die Antwort der Lehrerin meines Sohnes, als ich ihr schrieb: »Tut mir leid, dass ich unseren Termin schon wieder verschieben muss. Der alltägliche Wahnsinn«. Hm, ihre brillante Aussage verdient ein ABER SOWAS VON!

Maßnahmen des Tages

Lachen Sie, wenn Ihnen nach Schreien ist. Notfalls tun Sie nur so. Die alte Weisheit »Wenn du schlecht drauf bist, musst du lächeln, und schon geht es dir besser« passt auch hier.

Fügen Sie sich dem Wahnsinn – vielleicht finden Sie sogar Gefallen daran. Bauen Sie eine Zahnstocher-Falle. Hüpfen Sie mit Ihren Kindern herum. Werfen Sie Dinge nach oben, um zu sehen, ob sie oben bleiben. Erzählen Sie Ihren Kindern lustige Geschichten und andersrum. Essen Sie mal den Nachtisch vor dem Essen und nicht danach. Machen Sie etwas ganz Verrücktes (lassen Sie doch mal Ihre Kinder Sie anziehen, und zwar mit den Kinderklamotten), haben Sie einfach nur Spaß mit Ihren Kindern! Das bringt mich immer runter, sodass ich gar nicht mehr schreien will. Außerdem erhöht diese zusätzliche Exklusivzeit mit den Kindern die Chance, dass sie auf mich hören, wenn es sein muss.

»Du kannst nicht gleichzeitig wütend sein und lachen. Wut und Lachen sind nicht miteinander vereinbar und du hast die Macht, dich für eins von beiden zu entscheiden.«

Wayne Dyer

TIPPS DES TAGES

cool

Atmen Sie tief durch. Gern auch mehrmals. Wenn Sie tief durchatmen, können Sie gar nicht schreien!

warm

Kitzeln Sie das Kind, das Sie anschreien wollen, durch. Lachen tut gut.
Sagen Sie Ihren Kindern: »Nase zum Knie!« Das funktioniert auch im Auto erstaunlich gut als lustige Ablenkung.

heiß

Trommeln Sie sich mit den Fäusten auf die Brust wie ein Gorilla. Bemühen Sie sich, nicht zu lachen, egal wie lächerlich Sie sich vorkommen. Noch besser: Versuchen Sie das mal in der Öffentlichkeit.

»Ein Tag ohne Lachen ist ein verschwendeter Tag.«

Charlie Chaplin

Tag 22: Sagen Sie sich, dass Schreien nichts bringt

In den ersten Wochen der Orange Rhino Challenge, als ich bereits zehn schreifreie Tage hinter mir hatte, aber es einfach nicht mehr auf die Reihe bekam, schrieb ich das Folgende. Bislang hatte ich nicht den Mut, diese Gedanken mit jemandem zu teilen. Ich war noch nicht so weit, mich verletzbar zu machen, und ich wollte die schreckliche Erkenntnis nicht wahrhaben, dass mein Schreiproblem direkt meine Kinder betraf. Es öffentlich zu teilen, hätte mich dazu gezwungen. Also ließ ich diesen Text unter den Tisch fallen und warf nie wieder einen Blick auf den Schmerz. Bis heute. Die gute Nachricht ist, dass es jetzt nicht mehr schmerzhaft ist, auf diese Sache zurückzublicken, weil ich erleichtert und froh bin, dass ich mich geändert habe.

3. Februar 2012

Heute Morgen hat Andrew aus Versehen James' Legomeisterwerk zerstört, eine perfekt symmetrische, perfekt durchdachte Kreation, die James lange gefesselt und ihn glücklich gemacht hatte. James flippte sofort aus, sprang vom Boden auf und rannte an mir vorbei, um Andrew zu erwischen. Stattdessen erwischte er versehentlich mich. Ich wurde zur Zielscheibe und bekam einen Ellbogen ins Gesicht. Das tat weh. Ich flippte auch direkt aus, sprang auf und schrie: »Was hast du denn heute für ein Problem? Warum kannst du nicht mal locker bleiben?« Ich warf einen Blick auf James, seine Tränen und sein zerstörtes Legokunstwerk und riss mich zusammen. Ich ging direkt neben James auf die Knie, der sich auf dem Boden zusammengerollt hatte, und nahm ihn in den Arm.

Und er brach in meinen Armen zusammen. Und ich hielt ihn fest.

Und wiegte ihn.

Und zum ersten Mal in meinem Leben weinte ich mit ihm zusammen.

Ich weinte um ihn. Um mich. Um uns beide, denn ich wusste, dass wir beide die Leidtragenden seines neuerlichen Ausrasters waren. James umarmte mich auch, ließ sich von mir in den Arm nehmen und liebhaben. Es ist schon lange her, seitdem ich das zuletzt durfte – ihn in den Arm nehmen. Und es ist lange her, als ich das zuletzt tat. Ich hatte ihn schon Ewigkeiten nicht mehr im Arm, denn leider war ich zu sehr damit beschäftigt, sauer auf ihn und wütend über seine Anfälle zu sein. Ach, wem will ich denn etwas vormachen – ich war zu sehr damit beschäftigt, ihn anzuschreien, niederzumachen, bloßzustellen und zu verlangen, dass er sich mal zusammenreißt, sodass ich gar nicht bemerkte, dass er nur in den Arm genommen und geliebt werden musste.

Glauben Sie mir, es war viel schöner, innezuhalten, ihn liebzuhaben, seinen Schmerz zu spüren, als ihn anzuschreien und alles noch schlimmer zu machen. In dem Augenblick, als er mir den Rücken streichelte und ich seinen, als er an meiner Schulter weinte und ich an seiner, war die Verbindung zwischen uns wieder so stark wie damals, als ich ihn zum ersten Mal im Arm hatte. Ich wollte ihn für immer so halten. Ich wollte ihm sagen, dass wirklich alles gut werden würde, dass seine Anfälle mit der Zeit verschwinden würden.

Wie Sie sehen, hat James auch sensorische Schwierigkeiten. Wie ich. Er ist, wie ich, empfindlich, was Geräusche, Berührungen, Gerüche und Geschmack angeht. Das haben wir gerade erst herausgefunden und es bricht mir das Herz. Weil ich befürchte, dass er die gleichen Schwierigkeiten und einen Weg vor sich haben wird wie ich, als ich lernte, mit meinen sensorischen Anfällen zurechtzukommen. Weil ich nicht nur die schönen Seiten so einer sensorischen Sensibilität kenne, wie das überwältigende Gefühl, das Meer zu riechen und zu hören, sondern auch die schlechten, wenn man sich zwingt, Essen nicht auszuspucken, obwohl es widerwärtig schmeckt, sich die Haare nicht auszureißen, auch wenn man ohne Ende schwitzt, und nicht auszurasten, obwohl einen das ganze Drumherum total überfordert. Und es bricht mir das Herz, weil es sich für mich irgendwie so anfühlt, als wäre das meine Schuld, und ich würde jetzt am liebsten nur schreien: »Verfluchte DNA! Warum musstest du meine Schwäche an einen unschuldigen kleinen Jungen weitervererben?! Warum hast du ihm nicht nur die guten Sachen mitgegeben? Die guten Eigenschaften? Warum tust du ihm das an?!«

Aber im Moment bin ich nicht nur sauer auf die Nachricht, dass James sensorische Schwierigkeiten hat, so wie ich, sondern ich bin auch auf mich sauer. Weil ich James jahrelang für sein Verhalten angeschrien habe, das er versuchte, in den Griff zu kriegen, wozu ihm aber die passende Herangehensweise fehlte, weil uns noch nicht bewusst war, dass er mehr Hilfe brauchte. Ich hatte ihn angeschrien, weil er mich angeschrien hatte, weil er ununterbrochen weinte, weil ihm heiß war. Ich hatte ihn angeschrien, weil er sich weigerte, etwas zu kosten, dessen Geruch ihn zum Würgen brachte. Ich hatte ihn angeschrien, weil er mit seinen jüngeren Geschwistern stritt, weil sie zu nah neben ihm saßen. Ich hatte gemeine Dinge gebrüllt: »Reiß dich doch mal zusammen!«, worauf er schluchzte: »Mama, ich mach das doch nicht mit Absicht. Wirklich nicht. Aber dieser Krach macht mich fertig und ich könnte ausflippen. Ich brauche Ruhe.«

Autsch.

Oje, wie oft hatte ich ihn angeschrien und nicht zugehört, was er mir sagte. Ich schrie einfach nur und glaubte, das würde was bringen, würde diesem Wahnsinn ein Ende bereiten. Oder wie ich mich kenne, habe ich gar nicht nachgedacht. Hätte ich das getan, hätte ich erkannt, dass Schreien nichts bringt, dass es den Ausrastern kein Ende setzte, sondern sie noch anfachte. Mein Schreien brachte James dazu, lauter und länger zu weinen, weil mein Schrei nicht nur seine Gefühle verletzte, sondern seine sowieso schon überreizten Sinne noch mehr überforderte.

Schrie ich James an, machte ich wirklich alles nur noch schlimmer. Es brachte etwas, wenn ich ihn in den Arm nahm, ihm zuhörte und seine Gefühle anerkannte, DAS machte alles besser. Viel besser. Und sofort besser. Dann bin ich weniger wütend auf ihn, weniger genervt, und ich weiß, dass es ihm auch so geht. Und ich bin weniger wütend auf mich, weniger genervt. Ich habe die Hoffnung, dass ich nun einen Hinweis finde, wie ich ihm helfen kann. Was für eine Erleichterung, denn James hat eine reine Seele. Ich muss sie hegen und pflegen, nicht zerstören.

Ich weiß, dass mein Schreien sein mitfühlendes Herz Stück für Stück kaputt macht, und das lasse ich nicht zu. Auf gar keinen Fall. Ich lasse nicht zu, dass meine Wut seine Liebe zerquetscht, die er der Welt und mir so freizügig schenkt.

Ich lasse nicht zu, dass meine Wut sein großes, sensibles, empathisches Herz zuschnürt, das Herz, das sagt: »Mami, das ist bestimmt nicht ohne, vier Kinder zu haben.« Das sagt: »Mami, ich höre Tatütata. Hoffentlich geht es allen gut.« Das Herz, das zu mir nach unserer vorhin beschriebenen Umarmung sagte: »Mami, ich hab dich lieb. Danke, dass du mich nicht mehr anschreist.«

Gern geschehen, James. Alles wird gut. Versprochen.

Dieser Tag brachte mich wieder auf den richtigen Weg. Seitdem habe ich James nicht mehr angeschrien und es fühlt sich einfach nur toll an. James geht es gut, kein Wunder. Er hat seine sensorischen Anfälle im Griff (meistens) und konzentriert sich darauf, ein sensationelles Kind zu sein.

DIE ORANGE RHINO-ERKENNTNIS

Schreien bringt nichts. Außer in Notfällen. Punkt.
Wenn ich angeschrien werde, verstehe ich gar nicht, was die Leute von mir wollen, wie soll ich also tun, was sie wollen, besonders wenn mir die Lust zu antworten schon vergangen ist? Das gilt auch für meine Kinder. Sie verstehen mich nicht, wenn ich schreie. Wenn ich etwas von ihnen will, muss ich ruhig reden und so, dass sie mir bereitwillig zuhören.
Je mehr ich schreie, umso mehr blenden mich die Kinder aus. Wenn ich nur dann schreie, wenn es wirklich notwendig ist (wie in Gefahrensituationen), zählt mein Schrei dann, wenn er doch mal kommt, viel mehr und wird beachtet. (In solchen Situationen reicht ein klares, knappes, einfaches STOPP oder VORSICHT.)
Es sah zunächst so aus, als würde Schreien funktionieren, weil es ein bestimmtes Verhalten meiner Kinder kurz unterbricht. Aber wenn man sich ansieht, wie oft dieses Verhalten trotzdem zurückkehrt, wird klar, dass Schreien nicht funktioniert, weil es keine langfristige Wirkung hat.

Maßnahmen des Tages

Sagen Sie sich, dass Schreien nichts bringt.

Fragen Sie sich: »Was passiert, wenn meine Kinder mich anschreien?« Bringt es mich dazu, ihnen helfen zu wollen? Bringt es mich dazu, nett zu ihnen zu sein oder wütend? Funktioniert es? Macht es alles besser oder schlimmer? Denken Sie über Ihre Antworten nach. Ihre Kinder würden vermutlich genauso antworten. Warum fragen Sie sie nicht einfach?

Fragen Sie sich nun: »Was passiert, wenn ich meine Kinder anschreie?«

- Funktioniert es wie erhofft?
- Wenn sie direkt darauf reagieren, warum? Aus Angst? Sind Ihre Kinder darauf getrimmt, erst zu reagieren, wenn Sie schreien?

Wenn Sie glauben, dass Ihre Kinder nur hören, wenn sie angeschrien werden, denken Sie jetzt über drei Alternativen nach. Meine wären, (1) zu ihnen gehen und auf Augenhöhe kommen, (2) Körperkontakt aufnehmen, während ich mit ihnen rede, und (3) bitten, dass sie wiederholen, was ich gerade gesagt habe.

Fassen Sie sich an die eigene Nase (ist nicht leicht, ich weiß) und fragen Sie sich: »Habe ich mich klar ausgedrückt? Habe ich meine Kinder so angesprochen, dass sie mich verstehen konnten?« Ich bin ja selber schuld, wenn ich sie um etwas bitte, während sie gerade in ein Spiel vertieft sind und ich dann auch noch weiter weg bin. Zwei Minuspunkte für mich: Ich bin nicht direkt bei ihnen und sie sind gerade anderweitig beschäftigt. Erst muss ich es schaffen, dass sie innehalten, dann können sie mir zuhören.

„Liebe Worte können knapp sein und leicht dahingesagt, aber sie hallen ewig fort."

Mutter Teresa

TIPPS DES TAGES

cool

Trinken Sie heute aus einem orangen Strohhalm, damit Sie an die Farbe Orange und an seine Wärme erinnert werden. Zusatznutzen: Sie fühlen sich direkt besser, wenn sie im Tagesverlauf mehr Wasser trinken.

warm

Bewegen Sie sich im Krebsgang fort, um einerseits Ihre Kinder zu bespaßen und andererseits die guten Hormone freizusetzen, die bei Bewegung ausgeschüttet werden. Steigerung: Machen Sie ein Krebsgangwettrennen. Ihre Kinder werden Ihnen in den Hintern treten, Sie werden auf selbigen fallen und gar nicht mehr ans Schreien denken. (Krebsgang sieht aus wie das Gegenteil von Liegestützen. Nehmen Sie die Hände unter sich, heben Sie Ihr Becken vom Boden und los geht's!)

heiß

Wenn es ganz schlimm ist, schreien Sie in einen Küchenschrank. Müsli hat keine Gefühle, Kinder schon.

Tag 23: Sagen Sie es laut: »Mama hat Angst«

Den Großteil meiner Kindheit wurde ich geärgert, weil ich zu emotional war, zu viel geweint, überreagiert und alles zu persönlich genommen habe. Und deshalb habe ich mich während des Großteils meiner Jugend und im jungen Erwachsenenalter, als ich neue Leute kennengelernt habe, unter anderem auch meinen Mann, bemüht, nicht »zu viel« für andere zu sein, denn die Erinnerung daran, drangsaliert worden zu sein, war noch sehr präsent und schmerzhaft. Meine wahren Gefühle behielt ich oft für mich, damit es nicht so wirkte, als schleppte ich zu viel Ballast mit mir herum, damit ich andere nicht »zu sehr« abschreckte und es mir deshalb weniger schwer fiele, neue Freunde zu finden und zu behalten.

Ich wurde ein richtiger Profi darin, meine Gefühle nicht zu zeigen (okay, ich wurde eher ein gefühlskalter Roboter). Anderen war ich eine emotionale Stütze, bei mir jedoch tat ich mein Bestes, um zu verbergen, wie ich mich wirklich fühlte. So gut es ging, hielt ich meine Gefühle tief in mir versteckt, tief in meinem Herzen, wo niemand Zutritt hatte und sich nicht darüber lustig machen konnte, dass ich mir alles »zu sehr zu Herzen nahm«. Mein Plan funktionierte richtig gut, bis ich Mutter wurde und in so viele unglaublich bewegende Situationen kam, dass ich meine Freude, meinen Stolz und meine Liebe einfach nicht verbergen konnte. Ich hatte das starke Bedürfnis, alles aus mir herausströmen zu lassen und anderen mitzuteilen, was ich für meine Kinder empfand, also tat ich es. Ich passte allerdings auf, dass ich es nur vor meinem Mann und den Kindern tat. Aber ich gab weiterhin Acht, die anderen Gefühle, die »dunkleren«, für mich zu behalten, aus Angst, es wäre anderen »zu viel«. Dieser Plan funktionierte so lange, bis ich ein Orange Rhino wurde und mir klar wurde, dass es mir einfach nicht guttat, all meine Ängste, Sorgen und Nöte bezüglich meiner Kinder und meines Lebens zu verbergen. Es stellte sich heraus, dass der Schuss gewaltig nach hinten losging, wenn ich meine Gefühle nicht herausließ, aus Angst, es wäre anderen »zu viel«. Fraß ich meine negativen Gefühle in mich hinein, stauten sie sich mehr und mehr an, bis alles »zu viel« wurde und sie sich durch Schreien einen Weg nach draußen bahnten.

Das kam also nicht mehr in Frage, wenn ich weiterhin ein Orange Rhino werden wollte. Ich zwang mich, wieder über meine Gefühle zu reden, wie früher, und zu meinem wahren Ich zurückzukehren. Ich fing langsam an, indem ich mir selbst mehr eingestand, mich selbst wieder zu spüren begann, weinte, und erst dann teilte ich mich wieder mehr meinen Freunden und meiner Familie mit. Und auch der Orange Rhino Community, und ob Sie's glauben oder nicht, es war ein gutes Gefühl. Gut, wieder ich sein zu dürfen, nichts verstecken zu müssen. Gut, keine Angst davor zu haben und nicht mehr alle Anspannung und Sorgen in mich hineinfressen zu müssen. Und es war ein gutes Gefühl, dass mir das Nicht-Schreien nun viel leichter fiel, seitdem ich mich mehr öffnete.

Je mehr Vertrauen ich in diese Methode gewann und je mehr ich sah, wie sehr sie mir dabei half, nicht zu schreien, umso mehr wurde mir bewusst, dass meine Kinder so oft durch Schubsen, Treten, Schreien, Beißen, Schlagen, Kneifen, Spucken und so weiter ihren Frust und ihre Wut herausgelassen hatten. Und mir kam wieder in den Sinn, wie ich für gewöhnlich darauf reagierte: »Reden, nicht hauen. Erzählt mir, was los ist.« Und mir kam in den Sinn, dass es ihnen nicht nur deshalb nicht gelang, ihre Auseinandersetzungen mit Worten zu lösen, weil sie Kinder waren und nicht wussten, wie das gehen sollte, sondern auch weil ich ihnen kein gutes Vorbild war. Von mir hatten sie nur gelernt, wie man seine Gefühle für sich behält und ausrastet, wenn alles zu viel wird.

Also begann ich, meine Gefühle mit ihnen zu teilen, soweit möglich. Meine Jungs sollten lernen, dass es nicht nur in Ordnung ist, mit anderen über seine Gefühle zu sprechen, sondern dass es auch wichtig, ja sogar notwendig ist. Und sie sollten lernen, dass es eine gute Alternative zum Schreien ist, über seine Gefühle zu reden und sie zu benennen. Glücklicherweise – oder unglücklicherweise, je nach Standpunkt – hatte ich während der Challenge oft die Gelegenheit dazu.

Als Mac gerade 14 Monate alt war, hatte er seinen ersten schlimmen Krampfanfall. Kurz nach Thanksgiving hatte er seinen dritten und schlimmsten Anfall. Nachdem wir in der Notaufnahme angekommen waren und ihm Sauerstoff verabreicht worden war, kann ich mich nur noch an die Worte des Arztes erinnern: »Gehen Sie sofort zum Neurologen. Direkt morgen. Epilepsie oder Hirntumor.« Also gingen wir »direkt morgen«. Der Termin beim Neurologen war nicht schlecht, aber auch nicht gut. Der Arzt bestätigte, dass ein Hirntumor der Auslöser für die Anfälle sein könnte und dass wir drei Tage lang zur Untersuchung ins Krankenhaus mussten, auch um fokale Anfälle des Frontallappens auszuschließen. Aufgrund des Videos, das ich während des Anfalls gemacht hatte (fragen Sie mich nicht, wie ich daran noch denken konnte), ging er stark davon aus, dass es sich um Epilepsie und nicht um einen Tumor handelte, aber dennoch ging ich total verängstigt nach Hause.

So verängstigt, dass ich noch nicht mal wirklich meine Rolle als Mutter einnehmen konnte, als ich zu Hause ankam und von meinen aufgeregten Kindern überfallen wurde. Ich fühlte mich nicht in der Lage, Verantwortung zu tragen. Ich wollte nur noch weinen und weinen und weinen. Ich wollte Angst haben und traurig sein. Ich fühlte mich nicht in der Lage, mit der Energie meiner Jungs zurechtzukommen, mit all ihrer Aufregung, nachdem sie mich den ganzen Tag nicht gesehen hatten, und all meiner Sorge um Mac. Und dennoch wollte ich für sie da sein. Ich wollte sie in den Arm nehmen und liebhaben und all das Gute spüren, was in diesem Moment direkt vor meinen Augen lag. Ich war im Gefühlschaos: wollte mich am liebsten verstecken, aber dennoch da sein. Aber dieses überwältigende Durcheinander brachte mich dazu, sie am liebsten anschreien zu wollen, dass sie endlich aufhören sollten, um mich herumzurennen und auf mich zu springen.

Also tat ich, was ich tun musste, was die Orange Rhino Challenge mich wieder gelehrt hatte: Ich redete über meine Gefühle und sagte ihnen, wie es mir ging.

»Hallo Jungs. Ich freue mich auch, euch zu sehen. Ich hab euch so lieb. Hört mal. Es ist so, dass ich einen anstrengenden Tag mit dem Baby hatte. Ihr habt mir ganz doll gefehlt, aber ich bin müde und erschöpft und habe ganz schön Angst. Also müsst ihr mir helfen. Ihr könnt hier unten laut spielen oder oben leise spielen. Nach einem stressigen Tag bin ich nicht gut drauf, aber ich will meine schlechte Laune nicht an euch auslassen. Ich will euch ganz viel liebhaben. Helft ihr mir dabei?«

Es klappte. Ich wurde direkt ruhiger, als ich meine Gefühle laut aussprach, und fühlte mich meinen Kindern in dieser schwierigen Woche verbundener, und außerdem hielt es mich vom grundlosen Schreien ab. Meine Gefühle zu offenbaren hat an dem Tag funktioniert, als ich beim Neurologen war, und es hat danach auch ganz oft funktioniert. Raten Sie mal, was noch funktioniert hat! Weinen. An jenem Tag weinte ich mit meinen Jungs, als sie mir erzählten, dass sie Angst haben, ich könne Mac wegen seiner Anfälle meine ganze Aufmerksamkeit schenken. Ich konnte die Tränen nicht zurückhalten. Aber wissen Sie, was? Das war okay für mich und ist es noch immer, denn wenn ich meinen Kindern beibringen will, wie sie mit ihren Gefühlen umgehen, muss ich selbst auch all meine Gefühle vor ihnen zeigen können, auch die hässlichen, unangenehmen. Ich passe das natürlich entsprechend ihrem Alter an, aber ich zwinge mich dazu, ihnen zu sagen, wie es mir geht, anstatt sie anzuschreien, damit sie lernen, dass sie sich auch so verhalten sollen, wenn sie wütend sind.

Manchmal kommen meine alten Ängste wieder hoch, ich könne für andere »zu viel« sein. Aber dann denke ich an die vielen Situationen, in denen mich das Mitteilen meiner Gefühle vom Schreien abgehalten hat, all die Situationen, in denen meine Kinder von ihren Gefühlen erzählt haben und nicht ausgeflippt sind. Und deshalb glaube ich, selbst wenn es »zu viel« wäre, hilft es doch uns allen, ruhiger zu bleiben und die Kontrolle nicht zu verlieren. Und außerdem kann man gar nicht »zu viel« Zeit mit Nicht-Schreien verbringen.

DIE ORANGE RHINO-ERKENNTNIS

Es tut mir nicht gut, meine Gefühle in mich reinzufressen. Um nicht zu schreien, muss ich sagen, wie es mir geht.
Statt zu schreien nenne ich meine Gefühle beim Namen und dadurch verhalten sich meine Kinder mitfühlender, wenn ich genervt/traurig/gestresst bin. Und auch sie lernen, mit ihren Gefühlen umzugehen und ihnen einen Namen zu geben (was ihre Wutanfälle ganz schön verringert!).
Ich muss mich für meine Gefühle und dass ich sie mit anderen teile nicht schämen, sondern kann stolz auf mich sein.

Maßnahmen des Tages

Sagen Sie es laut, sagen Sie laut, wie Sie sich fühlen. Üben Sie, alle Gefühle mitzuteilen, gute und schlechte. Sagen Sie, wenn Sie zufrieden sind, überglücklich, stolz, voller Liebe. Sagen Sie, wenn Sie erschöpft sind, hungrig, gestresst. Sagen Sie, wenn Sie wütend sind, traurig oder besorgt. Besonders dann, wenn Sie kurz davor sind zu schreien. Nennen Sie Ihre Gefühle beim Namen, aber schreien Sie sie nicht heraus.

- Wenn Sie auf ein Kind sauer sind, nutzen Sie »Ich-Botschaften« und konzentrieren Sie sich auf dessen Verhalten, nicht auf das Kind an sich, denn sonst geht der Schuss nach hinten los. »Ich bin sauer, dass das Spielzeug immer noch herumliegt« und nicht: »Ich bin sauer, weil du das Spielzeug nicht aufgeräumt hast«.
- Wenn es Ihnen zunächst schwerfällt, Ihre Gefühle laut zu äußern, schreiben Sie sie auf und lesen Sie sie möglichst jemandem vor. Diese Übung ist besonders gut, wenn Sie frustriert sind, weil Sie bei der Challenge keine Erfolge sehen.

Spielen Sie mit Ihren Kindern Pantomime. Bringen Sie den Kindern an guten Tagen bei, wie sie ihre Gefühle pantomimisch darstellen können. Ohne Spielregeln. Ihre Kinder sollen Grimassen schneiden, während Sie raten, welches Gefühl sie darstellen. Dann sind Sie an der Reihe.

Lassen Sie Ihre Kinder ihre Gefühle malen. Wenn Ihre Kinder noch zu klein oder aber zu wütend zum Reden sind, geben Sie ihnen Stifte und Papier und lassen Sie sie ihre Gefühle malen. Das ist DER Hit bei uns. Manchmal kritzeln meine Jungs nur wütend herum, aber selbst das scheint ihre Wut zu mildern. Hilft übrigens auch bei Erwachsenen.

> *Machen Sie sich keine Sorgen, dass Ihre Kinder nie hören. Sorgen Sie sich lieber, weil Sie sie beobachten.*
>
> *Robert Fulghum*

TIPPS DES TAGES

cool

Der Orange Rhino-Lieblingstipp: Essen Sie eine Möhre oder einen Apfel, Hauptsache etwas Knackiges, Hartes, damit Sie Ihren Stress wegknabbern können.

warm

Stecken Sie sich ein paar orange M&M's in den Mund. Schokolade hilft immer.

heiß

Weinen Sie. Ja. Weinen Sie. Zeigen Sie Ihrem Kind, dass Sie frustriert sind. Oft erntet man Mitgefühl, die Kinder ändern ihr Verhalten, und vermutlich wird es Ihnen danach auch besser gehen.

Suchen Sie Wärme, wenn Sie wütend sind

Es ist utopisch zu denken, als Orange Rhino wären Sie nie wütend. Aber Wärme hilft Ihnen dann. Und die besten Wärmequellen sind direkt bei Ihnen: Ihre Kinder!

Wenn ich kurz davor bin auszurasten

Sehen Sie sich einmal den Namen »Orange Rhino« ganz genau an. Finden Sie das Wort, das darin versteckt ist?

Als ich diesen Namen erfand, fiel es mir zunächst selbst nicht auf. Was für eine Ironie! Handelt es sich doch um das Gefühl, das ich am häufigsten habe, kurz bevor ich schreie. Wissen Sie, was ich meine? Ich mache es Ihnen ganz einfach: orANGERhino. Anger. Wut. Verrückt, oder? Ja, das Wort »Anger« versteckt sich in meinem Challenge-Namen, was irgendwie krass ist, denn die meiste Zeit der Challenge ging es für mich darum, meine verborgenen Trigger und persönlichen Probleme aufzuspüren, die der Auslöser für meine Wut waren, und auch darum, wo ich Wärme finden könnte, wenn ich doch gerade nur besagte Wut spürte. In diesem Kapitel lernen Sie meine fünf hilfreichsten Methoden kennen, Wärme zu finden, um vor meinen Kindern nicht die beste Rede zu halten, die ich je bereuen werde. Bevor Sie loslesen, kommt hier noch ein Akronym, das ich erfunden habe, damit ich rechtzeitig daran denke, nach Wärme zu suchen; hoffentlich finden Sie es so hilfreich wie ich.

A.N.G.E.R. steht für:

Ärgerlich

Negative Gedanken

Grantiges Verhalten

Entnervte Gefühle

Richtig wütender Schrei, den man dann bereut!

Die Reihenfolge nutze ich auch direkt, um mein Verhalten zu überprüfen. Bin ich schon ärgerlich und ändere nichts an meiner Haltung, komme ich zur nächsten Stufe, den negativen Gedanken. Bekomme ich mich dann auch nicht in den Griff, werde ich grantig. Ich weiß, dass ich ganz schnell Wärme finden muss, wenn ich erst einmal bei G, dem grantigen Verhalten, angelangt bin, sonst geht es direkt weiter zu den Punkten »entnervt« und »richtig wütend«. Hier kommen meine Ideen, wie Sie es schaffen, nicht über den G-Punkt hinauszukommen, sondern schöne Erlebnisse haben, die Sie nie vergessen werden!

Tag 24: Erinnern Sie sich, was Nicht-Schreien bringt

Nach läppischen 107 Tagen meiner Challenge hatte ich den erstaunlichsten Gott-ich-bin-so-unglaublich-froh-dass-ich-die-Orange-Rhino-Challenge-angenommen-habe-Moment überhaupt. An jenem 107. Abend schrieb ich Folgendes auf meinem Blog:

Tiefgreifende Gespräche am Abend

Ich hatte ja schon erwähnt, ...

» *wie sehr ich meine Jungs liebe, aber wenn es langsam Schlafenszeit ist, bin ich einfach durch. Ich schaffe es noch, sie zuzudecken, jeden mit einem Kuss und einer Umarmung zu versehen, die Türen zu schließen und dann nach unten zu gehen und mich auszuruhen. Wenn ich nach 19:15 Uhr noch höre, wie sich jemand aus dem Zimmer schleicht, werde ich echt sauer. Leider (oder zum Glück?) darf ich ja wegen der Orange Rhino Challenge nicht mehr sauer werden. Ich darf nicht mehr schreien oder das tun, was ich für gewöhnlich in solchen Situationen getan habe. Heute war es eine richtige Herausforderung, nicht zu schreien. Und was für eine! Heute habe ich mein Versprechen gehalten. Und mir kullerten die Tränen.*

Ich hatte es mir gerade mit einem Glas Wein auf dem Sofa gemütlich gemacht. Ich hatte nicht einmal zehn Sekunden Zeit, um in Ruhe »Hach, das ist so schön. So leise« zu denken, als ich Schritte hörte, die langsam den Flur Richtung Treppe entlangkamen. Ich wusste sofort, wer der Übeltäter war. James. Der liebe, süße James, der sich so gerne aus dem Zimmer schleicht und uns zu überreden versucht, dass er nur noch einen Keks, einen Schluck eiskaltes Wasser braucht oder, noch besser, nur noch fünf Minuten Angry Birds am iPad meines Mannes spielen muss, damit er endlich schlafen kann. WER'S GLAUBT.

Ich stellte mein Weinglas ganz bewusst behutsam ab, denn eigentlich hätte ich es am liebsten in den Kamin gepfeffert. Ich war echt sauer. Sagen wir mal so: Es war eine seeeeeehr lange Woche. Ich bin einfach nur durch. Nach Babypartys, Geburtstagsfeiern, Schulfeiern, Arztterminen und unvorhergesehenen Sprachtests von zwei meiner Jungs brauchte ich heute Abend einfach mal etwas Zeit zum Entspannen. Ich hatte keinen Nerv für das Keks/Wasser/iPad/Klo/noch eine Geschichte-Spiel. Meine Geduld war am Ende. Mein Mitgefühl auch. Nur mein Weinglas war noch voll und das würde es wohl noch eine Weile bleiben. Ich kratzte mein letztes bisschen Selbstbeherrschung zusammen und ging zur Treppe.

James wusste, dass ich unterwegs war, meine stampfenden Schritte die Treppe hoch haben mich verraten. Aus den leisen Schritten, die ich soeben gehört hatte, wurde ein schnelles Rennen zu seinem Zimmer. All seine Bemühungen, nicht erwischt zu werden, waren umsonst, als er versehentlich seine Tür ZUKNALLTE. Ich war vorher schon sauer gewesen, aber jetzt war ich RICHTIG sauer, weil ich mir sicher war, der laute Knall würde seine Brüder aufwecken. Ich langte an die Klinke und öffnete die Tür recht stürmisch. Am liebsten hätte ich geschrien: »Ab ins BETT! SOFORT!«

Aber bevor ich etwas sagen konnte, blickte ich in sein Gesicht. Sein Gesichtsausdruck sagte: »Mama, nicht schreien. Irgendwas stimmt nicht und deshalb kann ich nicht einschlafen.«

Ich ging zu seinem Bett, atmete aufgebracht so laut, dass seine Brüder davon hätten wach werden können. Ich tobte innerlich noch vor Wut, aber als ich die Stimme meines Sohnes hörte, blieb mir das Schreien im Hals stecken.

Als ich gerade mit meiner abendlichen Moralpredigt loslegen wollte, sagte James mit schüchterner, besorgter und zitternder Stimme: »Mami, liebst du mich auch noch, wenn ich im Himmel bin?« (Ach du meine Güte, auf dieses Thema war ich nun wirklich nicht vorbereitet.)

Ich hatte direkt Tränen in den Augen. Und jetzt auch wieder. »Ja, natürlich. Ich werde dich immer lieben.«

»Aber wirst du mich auch lieben, wenn du im Himmel bist?«

»Ja, natürlich. Ich werde dich immer, immer lieben. Für immer und ewig.«

»Weil du ein großes Herz hast???«

»Ja. Und weil ich dich unendlich liebe. Ich werde niemals aufhören, dich zu lieben.«

»Dann ist ja gut. Hab dich lieb, Mami.«

»Ich dich auch.«

Dann drehte er sich um, schloss die Augen und schlief ein. Er brauchte nur ein »Hab dich lieb«, um einschlafen zu können.

Ich deckte ihn noch mal zu, gab ihm einen Kuss und eine Umarmung, die am liebsten niemals aufhören sollte. Ich wollte, dass dieser Moment niemals endet. Ich wollte James für immer festhalten, damit er spürt, wie sehr ich ihn liebe, damit er beruhigt ist, damit ich beruhigt bin. Wenn ich nur daran denke, dass er vor mir im Himmel sein könnte, bricht es mir das Herz. Wenn ich nur daran denke, dass er sich deswegen sorgt, bricht es mir das Herz.

Als ich ging, weinte ich. Ich weinte wegen dieser unschuldigen Unterhaltung. Und weil das Thema irgendwann wirklich mal Realität werden könnte. Ich weinte, weil ich ihn so sehr liebe. Und weil ich so froh war, dass wir dieses Gespräch miteinander geführt hatten und ich nicht geschrien hatte.

Für James war es nur wichtig gewesen, dass ich ihm zuhöre und dass ich ihm noch einmal »Hab dich lieb« sage. Ich weiß nicht, wie der Abend heute verlaufen wäre, wenn ich direkt wieder losgemotzt hätte, so wie sonst immer. Ach nein, ich kann's mir vorstellen. Er hätte geheult. Es hätte eine halbe Stunde gedauert, bis er sich wieder beruhigt hatte. Und dann wäre er im Ärger eingeschlafen und hätte weiterhin gegrübelt, ob ich ihn nun für immer liebe oder nicht. Stattdessen hatten wir gemeinsam einen ganz besonderen Moment.

Also, es lohnt sich wirklich, nicht zu schreien. Denn dadurch hatte ich diesen Moment mit meinem Sohn. Und den werde ich bestimmt niemals vergessen. Nie und nimmer. «

Und so ist es. Dieses Erlebnis kann ich nicht vergessen, nicht nur weil es so schön war, sondern auch weil es so einen starken Einfluss auf mein Leben hatte. Als ich an jenem Abend aufgehört hatte zu weinen, machte ich es mir wieder auf dem Sofa gemütlich und weinte noch mehr, diesmal noch intensiver. In dem Augenblick wurde mir bewusst, dass ich vielleicht unzählige solcher Momente und Gespräche verpasst hatte, weil ich rumschrie. Wie oft hätten meine Kinder nur ein weiteres »Hab dich lieb« gebraucht statt eines »SEID LEISE«? Wie oft hatten meine Kinder sich Gedanken über das Leben gemacht und wollten durch meine Antworten Sicherheit, aber ich schrie stattdessen »ES REICHT! ICH KANN NICHT MEHR«? Wie oft brauchten meine Kinder mich, damit ich ihnen Mut mache, mich gemeinsam mit ihnen freue, ihnen Zuversicht gebe, doch stattdessen bekamen sie nicht mich, sondern das graue Rhino ohne Mitgefühl, Geduld und Wärme? Ich musste nicht nachzählen. Ich kannte die Antwort: »viel öfter, als ich zählen kann«.

Diese Erkenntnis machte mich damals sehr, sehr traurig. Aber mittlerweile macht sie mich sehr, sehr glücklich. Ich rufe mir diese Geschichte oft in Erinnerung, wenn ich wütend, frustriert oder kurz davor bin auszuflippen. Ich erinnere mich dann, was für schöne Dinge geschehen können, wenn ich nicht schreie. Und ich erinnere mich daran, dass schöne Dinge eher nicht oder ganz sicher nicht geschehen, wenn ich schreie. Wenn ich nicht geschrien habe, wurde ich oft überrascht mit Aussagen wie: »Mami, ich wollte dir nur sagen, dass ich dich lieb habe«. Ich habe solche Sätze sogar so oft gehört, dass ich es gar nicht mehr zählen kann.

Am 107. Tag schrieb ich auf meinem Blog: »Nicht-Schreien ist schwer. Manchmal VERDAMMT schwer. Aber es lohnt sich«. Oh ja, das tut es immer.

Sprich, wenn du wütend bist, und du wirst die beste Rede halten, die du je bereuen wirst.

Ambrose Bierce

DIE ORANGE RHINO-ERKENNTNIS

Gehen Sie nicht automatisch davon aus, dass Ihre Kinder etwas Böses im Schilde führen. Vielleicht tun sie es, vielleicht auch nicht.
Meine Kinder sind zwar klein, sie können aber dennoch erwachsene und tiefgründige Gedanken haben. Wenn ich ihnen erst zuhöre (besonders wenn sie etwas erklären), anstatt Vermutungen anzustellen und loszuschreien, gelingt uns oft ein friedliches Miteinander.
Nicht-Schreien hat mein Leben bereichert, denn jetzt habe ich so viele rührende Unterhaltungen mit meinen Kindern, die früher gar nicht zustande gekommen wäre.

Maßnahmen des Tages

Rufen Sie sich eine Situation während dieser Challenge ins Gedächtnis, als Sie schreien wollten, es aber nicht getan haben. Schreiben Sie unten auf, wie gut Sie sich dabei gefühlt haben. Erzählen Sie sich dieses Ereignis oft und teilen Sie es auch mit Ihrem Netzwerk, damit es Ihnen im Gedächtnis bleibt und Ihnen sofort einfällt, wenn Sie einen Mutmacher brauchen.

Stellen Sie Ihren Kindern die folgenden beiden Fragen. Merken Sie sich die Antworten auf die zweite Frage und denken Sie daran, wenn Sie kurz davor sind zu schreien.

- Wie fühlt es sich an, wenn ich euch anschreie?
- Wie fühlt es sich an, wenn ich nicht schreie?

Wenn (nicht falls) Sie sich heute erfolgreich in den Griff kriegen, statt loszuschreien, machen Sie eine Siegerfaust. Oder eine andere Geste. Im Ernst. Seien Sie stolz auf sich und denken Sie daran, dass das nur eines von vielen positiven Gefühlen ist, die Sie haben, wenn Sie nicht schreien.

„Man kann keine neuen Ozeane entdecken, wenn man sich nicht traut, die Küste aus den Augen zu verlieren."

André Gide

TIPPS DES TAGES

cool

Erzählen Sie Ihren Kindern Geschichten aus Ihrer Kindheit, als Sie gereizt waren. Wenn ich meinen Kindern erzähle, dass ich auch mal ein Kind war, schafft das eine Verbindung zwischen uns und verbessert die Laune.

warm

Schlagen Sie einen Purzelbaum. Ich muss dabei immer lachen, weil ich es einfach nicht mehr hinbekomme.

heiß

Stampfen Sie mit den Füßen wie ein graues Rhino und denken Sie daran, dass Sie gerade ein Orange Rhino werden, weil Sie den Schrei wegstampfen.

Tag 25: Auch Kinder sind Menschen: Wäre ich ein Kind …

»Mama, wann gehst du denn schlafen?«, fragte mich Edward so knuffig, als ich mich neben ihn in sein Bett legte. Das Grinsen in seiner Stimme warnte mich, dass hinter dieser scheinbar unschuldigen Frage mehr steckte: Er versuchte herauszufinden, wie lange er aufbleiben und spielen konnte, bevor ich ins Bett gehen und ihn erwischen würde.

»Warum willst du das denn wissen?«, antwortete nun ich grinsend.

»Ach, ich will, dass du früh schlafen gehst, damit du ausgeglichener bist und nicht so motzig wie heute«, war seine schlaue Antwort, indem er wortwörtlich wiederholte, was ich so oft zu ihm sage!

»Wirklich?«, erwiderte ich höflich, aber glaubte ihm kein Wort.

»Naja, ja und nein. Ich glaube, du bist abends zu lange auf, also, hm, sag mal, es interessiert mich halt.« Diesmal gab ich nach – warum auch nicht? Er hatte noch drei Minuten, bevor das Licht ausgeknipst wurde.

»Ich versuche, um 22 Uhr ins Bett zu gehen. Wenn's gut läuft, schon um halb zehn. Und jetzt sag du mir mal, warum du das nun wirklich wissen willst.«

»Ich denke, du solltest auch um sieben ins Bett gehen, so wie ich. Dann wärst du auch ein Kind, wie ich. Und es ist toll, ein Kind zu sein. Viel besser als erwachsen zu sein. Wenn du ein Kind wärst, hättest du auch viel mehr Spaß!«

Sprachlos. Ich war einfach nur sprachlos.

Aber mein Gehirn nicht, es dachte darüber nach, was ich alles tun würde, wenn ich ein Kind wäre.

- Wenn ich ein Kind wäre, würde ich mir ein Glas Erdnussbutter stibitzen und es im Wohnzimmer statt der ekligen Reste vom Abendessen löffeln.
- Wenn ich ein Kind wäre, würde ich weinen, was das Zeug hält, wenn ich meine Puppe oder Blanky nicht fände oder wenn ich aus Versehen beim Essen Milch über mein Lieblingskleid schüttete.
- Wenn ich ein Kind wäre, würde ich meinen Bruder verpetzen, weil es manchmal einfach Spaß macht, ihn in Schwierigkeiten zu bringen und selbst das liebe Kind zu sein.
- Wenn ich ein Kind wäre, würde ich rennen, schreien, hüpfen und mit meinen Freunden drinnen Fangen spielen, wenn es draußen regnete, ich mich eingesperrt fühlte und alle Regeln total vergäße.
- Wenn ich ein Kind wäre, würde ich meiner Mama abends Löcher in den Bauch fragen, damit sie nicht ginge und ich mehr Exklusivzeit mit ihr hätte. Ich würde sie vielleicht sogar fragen, wann sie ins Bett gehe.
- Und wenn ich ein Kind wäre, würde ich für all die Dinge, die ich mache, nicht angeschrien werden wollen.

Nein, wenn ich ein Kind wäre, würde ich nicht angeschrien werden wollen, nur weil ich einen Fehler gemacht hätte, weil ich noch dabei wäre, alles zu lernen, weil ich etwas Neues ausprobierte, etwas vergessen hätte, Spaß haben wollte, weil ich ja genau wüsste, dass es blöd ist, angeschrien zu werden. Ich weiß das, obwohl meine Eltern mich als Kind so gut wie nie wegen solcher und noch schlimmerer Dinge angeschrien haben, aber andere Erwachsene taten es. Und ich weiß noch, wie sehr ich das hasste und wie klein ich mich dann fühlte. Und ich weiß das, weil ich als Erwachsene für all solche Dinge angeschrien worden bin, und aus erster Hand weiß, wie verängstigt, eingeschüchtert, peinlich und schrecklich man sich fühlt. Ich weiß, wie sehr man sich als Versager vorkommt, wenn man angeschrien wird, als wäre man nicht gut genug. Ich weiß, dass ein Schrei nur kurz dauern kann, aber die Scham darüber wochenlang anhält. Und ich erinnere mich, dass ich nach manchen Schreianfällen vor jener Person mehr als nur ein paar Wochen Angst hatte.

Wenn es bei uns drunter und drüber geht und mir der Gedanke in den Sinn kommt, ich könnte ja grundlos schreien, um wenigstens den Anschein von Zucht und Ordnung herzustellen, erinnere ich mich daran, wie es sich anfühlt, angebrüllt zu werden. Ich zwinge mich dazu, empathisch zu sein und zu denken: »Wenn es mir nicht gefällt, angebrüllt zu werden, warum sollten meine Kinder es dann gut finden?«

Und immer wenn meine Kinder etwas tun, was Kinder eben tun, erinnere ich mich daran, dass ich selbst auch mal ein Kind war und wahrscheinlich genau die gleichen Dinge getan habe, die meine Jungs so tun, derentwegen ich schreien will ... und vielleicht sogar schlimmere Dinge! Ich blieb lange wach, um zu spielen. Ich malte an die Wände und riss sogar ein riesiges Stück Gras aus der Grastapete. Ich baute eine Bude aus dem frisch gemachten Bett meiner Eltern, ohne um Erlaubnis zu fragen. Auch ich quatschte während der Hausaufgaben und warf meinen Stift nach meinem Vater, als er meinte, X sei kein Buchstabe sondern gehörte zu etwas namens Algebra. Ja, auch ich habe Dinge getan, absichtlich oder nicht, die meine Eltern in den Wahnsinn trieben und derentwegen sie am liebsten geschrien hätten.

Wenn es hier wieder wie im Irrenhaus zugeht und ich am liebsten »SCHLUSS JETZT!« schreien möchte, fällt es mir natürlich nicht so leicht, mich an die Tatsache zu erinnern, dass auch ich mal ein Kind war und den gleichen Mist gemacht habe. Wenn ich mich aber daran erinnere, wie ich mich als Kind gefühlt habe, kann ich besser nachvollziehen, wie meine Kinder sich in so einem Moment fühlen. Wenn ich mir Mühe gebe, empathisch zu sein, kann ich sie besser verstehen, und dann bin ich selbst nicht mehr so wütend oder genervt von ihnen wegen Sachen, die auch ich schon getan habe. Und dann kann ich den sich anbahnenden Schrei auch herunterschlucken.

Wenn ich ein Kind wäre – ach was, als ich klein war, war ich einfach nur ein Kind, das das Leben kennenlernte und dabei unabsichtlich und auch nicht ganz so unabsichtlich Fehler machte. Aber ich war auch ein Mensch, wie meine Eltern. Schlussendlich sind wir alle Menschen: Kinder und Erwachsene. Wir alle haben mal gute und mal schlechte Tage. Manchmal sind meine Kinder auch ganz liebenswert und goldig und hören richtig gut, an anderen Tagen sind sie motzig und schwierig. Meine Kinder haben die gleichen Gefühle wie ich und wollen auch nett behandelt werden. Niemand möchte angeschrien werden, wenn er einen schlechten Tag hat, ja noch nicht mal, wenn er einen guten Tag hat. Niemand. Weil sich das einfach nicht gut anfühlt. Punkt.

DIE ORANGE RHINO-ERKENNTNIS

Empathie lässt mein Bedürfnis zu schreien schwinden.
Manchmal sind Kinder eben Kinder und tun nervige Dinge, die Kinder nun mal tun, aber sie sind immer auch Menschen, die das Bedürfnis haben, nett und liebevoll behandelt zu werden.
Ich kann es nun mal nicht ändern, dass Kinder auch nur Menschen sind und auch mal einen schlechten Tag haben, aber ich kann sie an diesen Tagen liebhaben und unterstützen, anstatt sie anzuschreien!

Maßnahmen des Tages

- Denken Sie daran, dass Kinder auch nur Menschen sind.
- Üben Sie sich in Mitgefühl. Versetzen Sie sich in die Lage Ihres Kindes, um seine Gefühle besser zu verstehen. Besonders:
  - Wenn Ihr Kind ausflippt oder einfach nur unausstehlich ist, fragen Sie sich: »War ich auch mal so? Warum habe ich mich so benommen? Wollte ich irgendwas? Brauchte ich irgendwas? Wollte ich nur Spaß haben? Was hätte ich mir gewünscht, wie meine Eltern hätten reagieren sollen?« Versuchen Sie nachzuvollziehen, warum Ihr Kind sich so verhält, damit Sie es verstehen und mit ihm in Beziehung treten können. (Das wird Ihnen auch helfen, die Ruhe zu bewahren und nicht zu schreien.)
  - Wenn Sie dieses Verhalten nicht nachvollziehen können (gibt es, ich kann auch nur die Hälfte der Dinge nachvollziehen, die meine Jungs tun), gehen Sie zum nächsten Punkt über.
- Erinnern Sie sich an eine Situation, in der Sie als Kind oder als Erwachsener angeschrien wurden. Wie haben Sie sich gefühlt? Die Erinnerung an diese Gefühle hilft Ihnen sicherlich, Ihr Kind herzlich zu behandeln.
- Machen Sie sich klar, wie Ihr Kind sich fühlt, wenn Sie es anschreien, damit Ihre Empathie größer wird. Bitten Sie Ihr Kind, zu erzählen oder zu malen, wie es sich fühlt. Seien Sie vorbereitet, denn vielleicht müssen Sie weinen. Taschentücher in der Nähe sind eine gute Idee. Es ist vollkommen in Ordnung, wenn Sie weinen, wenn die Antwort Ihnen weh tut. Lassen Sie die Worte auf sich wirken, damit Sie sich ändern können, aber lassen Sie sich nicht davon herunterziehen.

Was du nicht willst, dass man dir tu, das füg auch keinem andern zu.

Sprichwort

TIPPS DES TAGES

cool

Seien Sie freundlich. Wenn ich wütend oder frustriert bin oder einfach nur ein wenig Auftrieb brauche, tue ich etwas Nettes, denn das Lächeln, das ich dafür ernte, kühlt mein Gemüt und wärmt mein Herz.

warm

Tanzen Sie. Adrenalin, Spaß und Mamas miese und oberpeinliche Bewegungen – wer wäre nicht hin und weg?

heiß

Bellen Sie wie ein Hund, sagen Sie vielleicht sogar »Sitz, Ubu, sitz!« Bellende Hunde beißen nicht. Zusatznutzen? Ihre Kinder schauen Sie womöglich ganz entgeistert an und fragen: »Hä?« und dann lachen Sie alle miteinander.

Tag 26: Sehen Sie das Gute in Ihrem Kind

Kennen Sie Taz, den Tasmanischen Teufel, aus der Trickfilmserie Looney Tunes? Das Beuteltier, das so aufgeregt hin- und herrennt, dass es immer mit einem Wirbelsturm an den Füßen dargestellt wird? Das durch alles durchrast und alles kaputt macht? Und pausenlos isst?

Und wussten Sie, dass er aus der Serie ausgeschieden ist, aber nun wieder da ist – als mein Sohn Edward? Ja, wirklich. Sie sollten Edward mal erleben, wenn er völlig aufgedreht ist und durch das Haus jagt. Er flitzt wie ein Irrer umher, fasst alles an und rennt alles über den Haufen, was ihm in die Quere kommt. Und wenn er uns alle gerade nicht wahnsinnig macht, weil er schreiend und mit großem Trara durchs Haus rennt, sitzt er am Tisch. Und isst. Und isst. Und, genau, isst. Edward liebt Essen. Und dafür lässt er sich gerne Zeit. Durchs Haus flitzt er schnell wie der Blitz, beim Essen mag er es langsam und gemütlich. Natürlich weiß ich, dass das gut und gesund ist, aber es macht uns alle wahnsinnig, denn meist sind wir fünf schon längst fertig und könnten abräumen, da kaut Edward gerade mal auf seinem zweiten oder dritten Bissen herum, weil er gern jeden einzelnen Happs genießt.

Edward ist sozusagen mein Tasmanischer Teufel. Meist ein süßer kleiner Kerl, aber eben auch oft ein kleines Teufelchen. Einige Jahre lang – vielleicht zwei oder drei – wusste ich wirklich nicht, wie ich solch ein Kind erziehen sollte, denn wenn der Tasmanische Teufel sein Gesicht zeigte, hielt ich es einfach nicht aus – und das ist noch nett ausgedrückt. Lärm, Zerstörung, Chaos, dass er die Ruhe seiner Brüder störte, dass er sie störte, nur um sie zu ärgern und sie dazu zu bringen, auch durchs Haus zu stürmen, dass er auf kein STOPP reagierte.

»Edward, bitte, STOPP«, bat ich so oft und versuchte, das Auge des Sturms zu sein: ruhig, vernünftig, nicht zerstörerisch. Er hörte nicht.

»Edward, bitte, ich habe STOPP gesagt. Los, wir gehen mal nach draußen«, bat ich weiter, ohne eine Antwort zu bekommen, außer dass seine Augen mehr funkelten, er schneller rannte und seine Brüder noch mehr störte.

»Edward, ich habe STOPP gesagt. STOPP JETZT, sonst ...« Führen Sie den Satz mit einer beliebigen Zahl Drohungen und Konsequenzen fort, mit denen ich versuchte, ihn zum Aufhören zu bewegen. Aber er konnte mich nicht hören, nicht auf mich hören, antworten oder aufhören, denn sein Hörvermögen war durch den Wirbelsturm davongefegt worden. Was hätte ich denn sonst tun können? Was tat ich?

Ich schrie. Brüllte, motzte, schrie ihn an: »Hör jetzt sofort auf. Keiner mag dich, wenn du dich so benimmst.«

Ja, wenn Edward zum Tasmanischen Teufel wurde, ganz gleich ob aus Langeweile, Schlafmangel oder Spieltrieb, blieb ich nicht ruhig im Auge des Sturms, sondern machte mit und war zerstörerisch. In Wahrheit war ich zerstörerischer als er, denn sein Verhalten war nur vorübergehend, meine gemeinen Worte, die sein Selbstwertgefühl Stück für Stück zerstörten, hallten länger nach.

Woher ich das weiß? Weil Edward mit der Zeit selbst Bemerkungen über sich machte, wie: »Ich kann aber auch nichts. Ich bin ein böses Kind. Keiner mag mich.« Und weil Edwards Vorschullehrerin aufgefallen war, dass er kein Selbstvertrauen hatte und nicht glaubte, dass er schwierige Aufgaben meistern konnte. Und weil ich seine Mutter bin und es nun mal weiß; ich habe es gesehen.

Aber ich wusste nicht, was ich außer richtig böse werden und schreien tun konnte. Schlussendlich würde er weinen und mit seinem Verhalten aufhören. Mir kam es vor, als würde nichts anderes funktionieren. Konsequenzen und Auszeiten funktionierten definitiv nicht – es schien ihn einfach nicht zu stören, weil ihm generell nichts störte, da er in allem das Positive sieht.

»Edward, du brauchst mal eine Pause, um runterzukommen«, sagte ich oft.

»Okay, Mama. Ich sitze gerne auf der Treppe, dann kann ich so schön einfach nur herumschauen und mich ausruhen.« Oder: »Egal, Mama, in ein paar Minuten bin ich wieder hier und kann weiterspielen.«

Und wenn ich sagte: »Edward, dein Spielzeug ist weg, weil du es bei deinem Rumgerenne durchs ganze Haus irgendwohin geworfen hast«, antwortet er denkbar ruhig und unberührt: »Okay, Mama. Zum Glück habe ich ja viele Spielsachen.«

Ja, Edward schien immer unbeeindruckt von all meinen Versuchen, sein Verhalten zu zügeln, damit der Wirbelsturm nicht wieder durchs Haus fegte. Und das machte mich wahnsinnig. So wahnsinnig, dass ich ihn stets und ständig kritisierte, meckerte und ihm sagte, er solle »sich beruhigen«, »runterkommen«, »sich benehmen«. Es machte mich so wahnsinnig, dass ich mich oft nur noch über sein Verhalten beschwerte und nichts Positives daran sah. Und so von seinen Schwächen genervt war, dass ich gar nichts anderes mehr wahrnahm.

Je negativer meine Einstellung zu meinem kleinen Tornado wurde, zu seiner Erziehung, seinem Verhalten, umso mehr schaute ich nur noch auf seine negativen Seiten. Ich sah nicht nach links oder rechts, sondern nur auf seine negativen Eigenschaften. So sehr, dass ich für eine kurze Zeit gar nicht mehr die vielen guten Seiten von Edward wahrnahm, die aber gesehen, beachtet und geschätzt werden wollten. Stattdessen war er für mich einfach nur ein anstrengendes Kind.

In Physik habe ich gelernt, dass sich bei Magneten die positive und die negative Seite anziehen. Hätte mein Physiklehrer doch dann nur direkt gesagt: »Aber im wahren Leben zieht Negatives nur Negatives an und verdrängt obendrein das Positive«, dann hätte ich vielleicht schon früher das Positive gesehen. Und dann hätte ich vielleicht aufgehört, lange Zeit in Edwards kostbarer Kindheit nur seine negativen Seiten zu sehen. Vielleicht wäre ich dann ihm gegenüber seltener unfair gewesen und stattdessen öfter liebevoll, geduldig und verständnisvoll.

Mein Physiklehrer hat mir zwar nicht geholfen, meinen lieben Wirbelwind zu verstehen, Edwards Vorschullehrerin dagegen schon. Etwa einen Monat nachdem ich mit der Orange Rhino Challenge angefangen hatte, saß ich weinend in ihrem Büro und sagte: »Ich weiß einfach nicht, was ich tun soll. Ich weiß, dass es ihm schwerfällt, Freunde zu finden, weil er die Türme, die andere Kinder gebaut haben, kaputt macht. Aber mir fällt es auch schwer. Es kostet mich so viel Kraft, ihn nicht anzuschreien und nicht auszuflippen.«

Sie gab mir ein Taschentuch und antwortete: »Konzentrieren Sie sich auf die guten Seiten und loben Sie diese. Edward hat ein großes Herz. Er ist leidenschaftlich, liebevoll, aufmerksam und kann die tollsten Geschichten erzählen. Achten Sie auf das, was er gut macht. Er möchte gut sein. Geben Sie ihm die Gelegenheit dazu. Und wenn der Wirbelsturm heraufzieht, reden Sie mit ihm. Nehmen Sie ihn in dem Arm. Knuddeln Sie ihn und versuchen Sie zu verstehen, warum er gerade so ist.« Ich ging nach Hause und schämte mich so, dass ich geweint und gezeigt hatte, dass ich nicht die starke Mutter bin, die alles im Griff hat, wie die Lehrerin bisher glaubte, und ich entschloss, mich zu ändern. Ich wollte nicht mehr die böse Hexe für meinen Sohn sein, der mich so fest umarmte wie sonst keiner auf der Welt.

Als ich an jenem Abend das Essen vorbereitete, wurde Edward hibbelig und ich wusste, dass ein Wirbelsturm im Anmarsch war. Ich wusste aber auch, dass er Essen liebt, also gab ich ihm die Chance, zu helfen und dafür gelobt zu werden.

»Hey, Edward, hilfst du mir bei der Lasagne? Du bist doch so ein toller Koch«, fragte ich ihn nervös, aber auch hoffnungsvoll.

»Na klar, Mama. Ich LIEBE Lasagne«, antwortete er augenzwinkernd. Es war eine ganz neue Art zu zwinkern. Nicht das schelmische Zwinkern, sondern ein »Wow, ich bin gerade wirklich glücklich«. Oder eigentlich war es gar kein neues Zwinkern. Es war ein bekanntes Zwinkern, das ich schon länger nicht mehr gesehen, auf das ich schon länger nicht mehr geachtet hatte, das aber die ganze Zeit da gewesen war.

Den Rest der Woche verfolgte ich diesen Ansatz weiter, konzentrierte mich auf seine positiven Seiten und lobte sie, gab ihm Gelegenheiten, gut zu sein und sagte ihm, wie stolz ich auf ihn war. Das Resultat war einfach nur UNGLAUBLICH. UNGLAUBLICH. Ja, groß geschrieben und das gleich doppelt, um zu zeigen, dass ich dieses Wort geschrien habe, es war einfach eine unglaubliche Veränderung! Es gab so gut wie keine Wirbelstürme mehr. Er hörte besser. Half mir, wenn ich ihn bat oder auch von sich aus. Er umarmte mich. Seine Augen glänzten öfter. Und mir fiel es nicht mehr so schwer, ihn nicht anzuschreien, weil ich ihn sowieso nur schnappen und knuddeln und ihm sagen wollte, wie lieb ich ihn habe.

Nicht nur er veränderte sich unglaublich, sondern ich auch. Ich konzentrierte mich auf Edwards positive Seiten und lernte von ihm so viel über das Leben. Sein sorgloses Verhalten sah ich nicht mehr als nervig an, sondern es erinnerte mich daran, öfter fünf gerade sein zu lassen und das Leben mehr zu genießen. Dass er so langsam aß, war für mich kein Grund zum Ärgern mehr, sondern erinnerte mich daran, innezuhalten und den Augenblick mehr zu genießen. Seine Erzählungen empfand ich nicht mehr als ermüdend, sondern sie inspirierten mich, auch mein Leben leidenschaftlicher zu leben. Und sein übereifriges »Ich liebe das Leben so sehr, dass ich immer Energie im Überfluss habe« bereitete mir keine Kopfschmerzen mehr, sondern erinnerte mich daran, das Leben so enthusiastisch und positiv anzunehmen, wie er es tut. Ich werde immer dankbar sein, dass ich mich entschieden habe, Edwards positive Seiten zu sehen, nicht nur weil es davon mehr als genug gibt, sondern weil es auch sehr inspirierend ist.

Seit jener Woche habe ich Edward nicht mehr den Tasmanischen Teufel genannt, denn das war zwar als Witz gemeint, aber es war auch eine selbsterfüllende Prophezeiung, die seine negativen Seiten in den Mittelpunkt rückte. Ich nannte ihn stattdessen meinen »Kuschelkäfer«, »Meinen kleinen Chefkoch« oder »Mein Helferlein«, denn zu seinen besten Eigenschaften gehören seine Kuscheleinheiten, seine Liebe zum Kochen und seine Hilfsbereitschaft. Diese Eigenschaften hatte er auch in seiner »Wirbelsturm«-Phase, aber ich konnte sie nicht sehen. Hoffentlich verliere ich sie nie wieder aus den Augen, denn durch sie habe ich ihn so viel mehr lieb.

DIE ORANGE RHINO-ERKENNTNIS

Negative Gedanken und Aussagen fördern negatives Verhalten und verschlimmern es. Positive Gedanken und Aussagen fördern positives Verhalten und positive Beziehungen und verbessern sie. Gleichzeitig vermindern sie Ihr Bedürfnis zu schreien.

Maßnahmen des Tages

Sehen Sie das Gute in Ihrem Kind. Üben Sie die 3:1-Regel. Sagen Sie mindestens drei nette Dinge über und zu Ihrem Kind für jede Maßregelung, die Sie aussprechen.

- Am besten sagen Sie die drei guten Dinge einfach über den Tag verteilt und nicht bezogen auf einen Tadel. Aber wenn Sie so sind wie ich, rutscht manchmal vorschnell eine Kritik heraus, und dann sollten Sie auch direkt danach etwas Positives sagen. Und wenn Sie Ihr Kind gar nicht erst kritisieren, loben Sie sich selbst!
- Wenn Sie etwas Gutes über Ihr Kind sagen, seien Sie so genau wie möglich, damit man merkt, dass Sie das nicht nur aus Höflichkeit tun, sondern wirklich aufmerksam hinschauen und Ihr Kind schätzen. (Zum Beispiel sagen Sie statt »Edward, ich mag deine Bilder« lieber »Edward, ich finde es toll, dass du dein Bild mit so vielen Farben gemalt hast«.) Meine Kinder saugen so detaillierte Aussagen regelrecht auf.

Sehen Sie dabei auch das Gute in IHNEN! Wenn Sie daran glauben, dass Sie weniger schreien und mehr lieben können, wird Ihnen ganz warm ums Herz werden und Sie werden sich entschlossen fühlen. Überlegen Sie, welche drei Dinge an Ihnen ganz toll sind, und vergessen Sie die Kritikpunkte! Fragen Sie dann zum Spaß Ihre Kinder; deren Antworten werden Sie vielleicht umhauen!

„Kinder werden zu dem, was man von ihnen glaubt.“

Lady Bird Johnson

TIPPS DES TAGES

cool

Bereiten Sie für das Abendessen etwas vor, das Sie mit der Hand bearbeiten müssen. Ernsthaft. Hackbällchen formen, Hühnerbrust weich klopfen, Salat zupfen. Als es bei uns abends einmal besonders schlimm war, bereitete ich Hackbällchen zu und fühlte mich UNGLAUBLICH. Lassen Sie sich Zeit und den Frust raus!

warm

Machen Sie mal wieder einen richtig schönen Anstarr-Wettbewerb. Wenn man sich auf die Augen seines Gegenübers konzentriert, denkt man gar nicht mehr ans Schreien. Und wer schaut seinen Kindern denn nicht gern tief in die Augen und denkt an den allerersten Blick in diese zurück?

heiß

Spielen Sie mit Ihren Kindern Roboter, am besten draußen. Strecken Sie die Arme zu den Seiten aus und wirbeln Sie den Wunsch zu schreien einfach weg. Brechen Sie gemeinsam lachend auf dem Boden zusammen und konzentrieren Sie sich wieder auf das, was wirklich wichtig ist.

„Wollen Sie, dass Ihre Kinder sich bessern, dann lassen Sie sie zufällig mithören, wie Sie Gutes über sie erzählen.“

Haim Ginott

Tag 27: Zurück zum Wesentlichen: Essenskampf!

»Hüttenkäse«. Schon wenn ich dieses Wort schreibe, zucke ich zusammen. Mussten Sie schon mal Hüttenkäsekrümel wegmachen? Ich habe es mit Wegwischen probiert. Mit vorsichtigem Aufheben. Mit Anfassen, Stückchen für Stückchen. Egal was man macht, er verschmiert einfach nur, zerbröckelt, bleibt kleben und hinterlässt den größten zum-aus-der-Haut-fahren-Dreck der Welt. Oh, ich hasse es, Hüttenkäse wegzumachen, und für gewöhnlich motzte ich meine Jungs dabei immer an, weil sie ihn auf den Boden fallen gelassen oder über den Tisch geworfen hatten, damit es so aussieht, als würde es schneien. Ich entschied dann, keinen Hüttenkäse mehr zu kaufen. Pech gehabt. Warum sollte man auch aus kleinen Problemen große machen? Ich vermisse den Hüttenkäse nicht, kein Stück. Keinen Krümel. Ich wünschte, alle Essenskämpfe in meinem Leben, von denen es viel zu viele gibt, ließen sich so einfach lösen.

Da gibt es zum Beispiel den altbekannten »Ich-mag-nicht-was-du-gekocht-hast«-Kampf, der sich wie folgt anhört, und ja, natürlich meckern alle vier Kinder am selben Abend. Wie sollte es auch anders sein?!

James: »Mein Taco ist zerbrochen. Den ess ich nicht!«

Edward: »Ich wollte einen weichen Taco, keinen harten, MAMA!«

Andrew: »Ich mag Tacos nicht mehr!«

Mac, der dabei seinen Taco – natürlich mit Hackfleisch und Käse – auf den Boden wirft: »Nein, nein, nein!«

Und dann gibt es noch den üblichen »Er-hat-mehr-bekommen-als-ich«-Kampf, der so geht:

James: »Edward hat auf seinem Bagel mehr Butter als ich.«

Edward: »Andrew hat mehr Orangensaft als ich.«

Andrew: »Macs Bagel ist größer als meiner.«

Mac, der dabei einen Finger in Edwards Butter steckt und mit der anderen Hand versucht, James den Bagel zu klauen: »Mehr, mehr.«

Und nicht zu vergessen der, wie ich ihn nenne, »vorübergehende« Kampf, bei dem aus heiterem Himmel alle Kinder etwas nicht essen, weil einer es nicht will, selbst wenn sie es insgeheim LIEBEN.

James, der seinen Teller wegschiebt: »Erbsen mag ich nicht mehr.«

Edward, der diese Aussage aufgreift, und seinen Teller auch wegschiebt: »Ich auch nicht.«

Andrew genauso: »Ach ja, ich auch nicht. Keine Erbsen mehr.«

Und Mac tut das auf seine Art ... er schmeißt einfach sein Schälchen mit Erbsen auf den Boden. ARGH!

Und last but not least der »Es-ist-spät-und-wir-sind-alle-total-erledigt-also-lasst-uns-Mama-beim-Essen-mal-so-richtig-anschreien«-Kampf. Mein absoluter Favorit:

James: »Mama, Andrew hat mich am Bein angefasst. Ich will nicht neben ihm sitzen.

Mach, dass er AUFHÖRT! Mach, dass er weggeht! Es reicht, dann esse ich heute Abend eben gar nichts.«

Edward jammernd, mit dem Kopf auf dem Tisch: »Ich bin so müde. Ich kann nicht selber essen. Mama, du musst mich füttern.«

Andrew weinend: »Mama, Mama, Mama, James war gemein zu mir. Und das Essen ist bäh. Und ich will kein Abendessen. Ich will nur Nachtisch und Fernsehen und danach ins Bett. Bitte, Mami, BITTE, BITTE!«

Und Mr. Mac? Nun, wenn das obige passiert, wechselt er nur zwischen Schreien, Jammern und Seufzen, weil genau das seine Brüder tun, und warum sollte man sie nicht nachmachen und Mama damit ganz und gar in den Wahnsinn treiben?

Ja, die Essenszeiten sind bei uns der reinste Wahnsinn! Was nun wirklich keine Überraschung sein sollte. Stellen Sie sich die Situation ohne das Essen vor. Alle vier Jungs sind in einem Raum, was bereits der Garant für Wahnsinn ist, wenn man bedenkt, wie alt sie sind. Und die vier sind nicht nur in einem Raum, sondern sitzen körperlich nah beieinander. Und alle vier wollen sich mit mir unterhalten und gleichzeitig meine Aufmerksamkeit. AAAAAAAH! Sagte ich schon, dass ich beim Essen zu Kopfschmerzen neige?!

Gibt es bei uns Mahlzeiten ohne Stress? Ja, tatsächlich. Verlaufen immer mehr Mahlzeiten so? Ja, auch das. Aber gibt es auch andere Mahlzeiten, wo sich meine lieben Kinder gegenseitig hochschaukeln und es wie in der einen Szene des Films »Ich glaub', mich tritt ein Pferd« zugeht, in der alles in einer riesigen Essensschlacht endet und alle durchdrehen?! Hm, klares JA! Der einzige Unterschied ist, dass mir kein Essen an den Kopf geworfen wird, sondern Geheule, Beschwerden und Geschrei und ich auch nur Geschrei und Geheule zurückwerfen will. Na gut, manchmal würde ich schon gern mit Essen um mich werfen, weil es unheimlich befriedigend und eine tolle Möglichkeit wäre, für den Moment Dampf abzulassen.

Wie dem auch sei, wenn unser Essenskampf losgeht, versuche ich, mich auf unsere Familienregeln zu besinnen, um ruhig und standhaft zu bleiben und nicht rumzuschreien. Ich erinnere meine Kinder daran, dass unakzeptables Verhalten dazu führt, dass das betreffende Kind allein in der Küche essen muss. Ich erinnere sie daran, dass herumgeworfenes Essen von ihnen aufgehoben werden muss und der Nachtisch gestrichen ist. Und wenn sie das Essen, das sie normalerweise mögen, nicht essen möchten, müssen sie es nicht, sondern können bis zur nächsten Mahlzeit warten.

Manchmal reichen diese Ermahnungen aus. Manchmal nicht. Manchmal sind meine Kinder schon zu müde, um sich zusammenzureißen, oder ich bin zu müde, um mich zusammenzureißen und sie zu ermahnen. Und aus diesem Grund bin ich so dankbar, dass es orange Servietten gibt. Und nicht nur, weil die Jungs damit aufwischen können, was »nicht ganz versehentlich heruntergefallen« und deshalb »oh, das war auf dem Boden, deshalb kann man das Gemüse/anderes unliebsames Essen nicht mehr essen«. Nein. Orange Servietten halten mich davon ab, in so einen Essenskampf einzusteigen.

Wenn ich weiß, dass das Essen, das ich gekocht habe, wohl nicht so gut ankommen wird, warum auch immer, oder es mir vermutlich schwerfallen wird, meine Kinder aufgrund ihres inakzeptablen Verhaltens beim Essen nicht anzuschreien, oder auch weil ich selbst so gestresst bin, weil das Essen rechtzeitig auf dem Tisch stehen muss, und selbst ganz dringend Ruhe und Frieden und Zeit für mich alleine bräuchte, lege ich orange Servietten auf den Tisch, die mich an Wärme und Geduld erinnern. Und an richtig miesen Tagen, wenn uns allen alles zu viel ist, decke ich den Tisch auch mit orangen Tellern, Besteck und Bechern. Ich umgebe uns mit Signalen, die uns daran erinnern, ruhig zu bleiben, und das klappt ganz hervorragend.

Wissen Sie, was bei mir und meinen Kindern auch noch ganz hervorragend klappt, wenn auch die orangen Gegenstände nicht ausreichen? Die Mahlzeit sein lassen und …

Eiscreme holen … oder orangenes Sorbet!

Eis ist zwar keine gesunde Mahlzeit, aber zusammen Eis essen, wenn wir alle einen schönen Moment gut gebrauchen können, ist gesünder, als uns anzuschreien oder in einem riesigen Essenskampf zu enden, bei dem gemeine Worte durch die Luft fliegen.

DIE ORANGE RHINO-ERKENNTNIS

Für manche Trigger (wie den Hüttenkäse) gibt es einfache Lösungen. Ich wiederhole mich zwar, aber Wiederholungen schaden nicht.
Orange hilft mir wirklich, nicht zu schreien. Jeder einzelne Gegenstand hilft. Ich wiederhole mich schon wieder, aber Wiederholungen helfen.
Es ist in Ordnung, »die Messlatte niedriger zu legen« und nicht all meine Erziehungsgrundsätze immer durchzuhalten (zum Beispiel kein Eis als Hauptmahlzeit). Besser so als herumzuschreien.

Maßnahmen des Tages

Schauen Sie sich noch einmal die Grundlagen aus Kapitel 1 an.

Kaufen Sie orange Servietten für den Essenstisch und/oder lassen Sie Ihr Kind orange Tischdeko basteln.

Sehen Sie sich noch einmal Ihre Trigger-Liste an und prüfen Sie nach, ob es diese Trigger noch gibt. Müssen Sie sich noch einmal auf Trigger-Suche begeben und neue Pläne ausarbeiten? Trigger verändern sich, so wie das Leben. Seien Sie ehrlich zu sich. Wenn es neue Trigger gibt, suchen Sie nach einfachen Lösungen. Wenn Sie keine finden, versuchen Sie es wieder mit den guten alten orangen Post-its, die Ihnen in Schreigefahrenzonen Wärme schenken.

Denken Sie an meine fünf hilfreichsten Methoden, ruhig zu bleiben, und überlegen Sie sich eigene:

- All you need is L.O.V.E. (listen – zuhören, observe – beobachten, verify – nachfragen, empathize – sich in die Lage des anderen versetzen).
- Suchen Sie die Perspektive.
- Lachen Sie, wenn Ihnen nach Schreien ist.
- Sagen Sie sich, dass Schreien nichts bringt.
- Reden Sie laut mit sich selbst und erzählen Sie sich, wie es Ihnen geht.

> *Bleiben Sie beim Wesentlichen, den Verwandten und Freunden – die kommen nie aus der Mode.*
>
> *Niki Taylor*

TIPPS DES TAGES

cool

Bieten Sie als Zwischenmahlzeit während des Tages orange Lebensmittel und Getränke an (Orangensaft, Pfirsiche, Käse, Möhren). Ich meinte das ernst, dass ich mich mit orangen Dingen umgebe. Behaupten Sie, Halsschmerzen und die Stimme verloren zu haben; Ruhe bewirkt wahre Wunder!

warm

Machen Sie Hampelmann, um Adrenalin und Endorphine auszuschütten. Zusatznutzen: Machen Sie das mit den Kindern zusammen und lachen Sie gemeinsam. Weiterer Zusatznutzen: Wenn Ihr Kind so ist wie meins, hat es noch mit der Koordination zu kämpfen, und es wird beim Hüpfen bezaubernd aussehen. Außerdem werden Sie daran erinnert, dass es noch ein Kind ist, das noch viel lernen wird.

heiß

Schlagen Sie auf einen Topf oder eine Pfanne. Zunächst ist es laut, aber Sie erhalten Aufmerksamkeit, bauen Stress ab, und außerdem kann es auch der Beginn eines lustigen Parademarschs durch die Wohnung sein.

Tag 28: Wer hat angefangen? Das »perfekte« Familienfoto

Ich mag weder Truthahn noch Cranberrysoße oder das andere typische Thanksgiving-Essen, abgesehen von den weißen Lebensmitteln: Brot, Butter, Kartoffelbrei und noch mehr Butter! Aber ich liebe Thanksgiving. Ich finde es toll, ein großes Feuer im Kamin zu machen und dann mit meinen Jungs kuschelnd »Macy's Thanksgiving Day Parade« zu schauen. Ich liebe die »Aaaahs und Oooohs« und meinen Jungs zu erzählen, dass ich es als Kind nicht abwarten konnte, die Parade zu sehen. Ich liebe es, gemeinsam zu essen und als Erste Cranberrysaft und Regenbogensorbet zu bekommen und meinen Kindern zu erzählen, dass das bei uns seit der Zeit meiner Urgroßmutter eine Familientradition ist. Ach, an Thanksgiving liebe ich vieles.

Und doch hasste ich Thanksgiving 2010, weil ich es versaut hatte.

Ich versaute es durch mein Schreien, gewaltig. Wegen eines Fotos. Eines doofen Fotos. Im Ernst?! Ja, im Ernst. Die Parade hatte gerade angefangen, und ich war der Meinung, das sei nun der perfekte Moment für das jährliche Thanksgiving-Foto, bei dem Mama wie eine Bekloppte mit der Kamera herumhüpft und Quatsch macht, um die Kinder zum Lachen zu bringen. Es war natürlich eine ganz tolle Idee, James, Edward und Andrew, zu dem Zeitpunkt vier, drei und ein Jahr alt, zu bitten, ruhig sitzen zu bleiben und mitzumachen – nachdem sie gerade eine Stunde lang ruhig und friedlich gewesen waren und nun nur noch draußen herumrennen und spielen wollten. Nur sitzen bleiben. Und lächeln. Und die Hände bei sich behalten. Und geduldig meinen endlosen Bitten nachkommen: »Nur noch ein Foto, ja?« Ich wusste da schon selbst, dass ich mein Glück herausforderte, wenn man die Umstände und das Alter der Kinder bedenkt, aber ich tat es nun mal.

Wie zu erwarten jammerten meine Jungs, als ich ihnen ankündigte, es sei nun Zeit für ein Foto. Als ich mich gerade bereit machte, sie im Wohnzimmer einzusperren (und tonnenweise »Bestechungsgeld« anzubieten), riss Andrew wie gewohnt aus und rannte – ausgerechnet – ins Wohnzimmer. Er sprang auf das Sofa und lachte ausgelassen, als er auf den Kissen landete. Selbstverständlich machten James und Edward es ihm nach, und alle drei lachten und kitzelten sich gegenseitig und hatten den Spaß ihres Lebens. So sehr, dass sie gar nicht merkten, dass ich sie fotografiert hatte, nachdem ich rief »Hey, schaut mal zu mir!« Es war und ist immer noch eins meiner absoluten Lieblingsbilder. Glück. Liebe. Spaß. Lachen. Ich schmolz dahin.

Sie glauben, dass ich dann zufrieden war, oder? Keine weiteren Fotos wollte? Falsch. Ich wollte sichergehen, dass ich das beste Foto im Kasten hatte. Das perfekte Foto. Ich wollte versuchen, ob es nicht noch besser ginge, obwohl das Foto gerade ja schon ein Wunder war. Ich wurde gierig, konnte nicht genug bekommen und fragte: »Bitte nur noch ein Foto, ja?« Sie fügten sich einige Minuten, aber hatten verständlicherweise bald die Nase voll von meinen unendlichen Bitten, sitzen zu bleiben und zu lächeln. Sie hatten sich so lange hervorragend benommen und mitgemacht, jetzt waren sie einfach nur durch. Sie hatten ihre Grenze erreicht, und nun wanden sie sich, jammerten, kniffen sich gegenseitig und wollten nicht mehr mitmachen. Also schrie ich. Und hörte gar nicht mehr auf. Weil ich das perfekte Foto wollte und glaubte, dass mein Rumgebrülle sie dazu bringe, sich zu benehmen.

»Bleibt sitzen!«, herrschte ich sie an.

»Nur noch ein Versuch! Seid lieb«, bettelte ich.

»WARUM KÖNNT IHR MIR NICHT MAL DIESEN EINEN GEFALLEN TUN?!«, schrie ich.

Und meine berühmte oder vielmehr berühmt-berüchtigte Thanksgiving-2010-Aussage: »Zum Donnerwetter noch mal, es ist Thanksgiving! Ich wäre euch ewig dankbar, wenn wir nur ein ordentliches Foto hinbekämen. BITTE! Ihr müsst doch bloß lächeln!«, schrie ich.

Je mehr ich schrie, umso mehr weinten sie. Je mehr sie weinten, umso schlechter wurden die Fotos und umso mehr schrie ich wiederum. Irgendwann gab ich auf und murmelte eher beschämt und gemein: »Das war's! Mir reicht's. Ich wollte doch bloß ein Foto. Danke für nichts.«

James, Edward und Andrew stürmten sofort aus dem Zimmer und liefen weinend zu Papa und den Omas. James schrie: »Mami ist 'ne fiese Socke.« Edward seufzte: »Ich kann sie nicht leiden.« Andrew weinte nur, offensichtlich verängstigt durch meine laute, gemeine Stimme. Und ich ging ins Bad, weinte ebenfalls, und mir gingen dieselben Gedanken durch den Kopf wie meinen Kindern. Den Rest des Tages schmollte ich, weil ich mich so sehr dafür schämte, meine kleinen Kinder angeschrien zu haben, nur weil sie sich wie Kinder benommen hatten, weil ich unnötigerweise mein eigenes Problem, alles immer perfekt haben zu müssen, zu ihrem Problem gemacht hatte. Den Rest des Tages konnte ich keinem anderen Erwachsenen in die Augen sehen. Ich war so traurig, dass ich mich völlig vergessen hatte, nur weil ich das perfekte Foto wollte. Meine Schuldgefühle und meine Scham verleideten mir den Feiertag. Oft bin ich an Thanksgiving voller Liebe, aber in dem Jahr nicht, weil ich so herumgeschrien hatte, dass ich voller Hass auf mich selbst war.

Traurig ist, dass ich nicht nur an jenem Thanksgiving wütend auf mich war, weil ich meine Kinder wegen eines Fotos angeschrien hatte. Nein, das war vorher schon mehrmals passiert. Und während ich hier am liebsten schreiben würde, dass es daran liegt, dass ich ein Perfektionist bin und immer alles perfekt machen möchte, ist das eigentlich nur eine faule Ausrede. Es ist mehr als nur das.

Ja, ja, ich möchte das perfekte Foto, auf dem alle meine Kinder in die Kamera schauen, tadellos lächeln und nicht in der Nase bohren. Aber nicht nur, weil ich Perfektionist bin, sondern auch weil ich unsicher bin. In meinem Leben suche ich oft Trost, Zuversicht und Bestätigung, dass ich ein gutes, glückliches Leben führe, dass ich diese Erziehungssache gut hinbekomme und zufriedene Kinder habe. Und immer wenn ich solche Gedanken habe, nimmt mir das Betrachten von Fotos meine Unsicherheit und zeigt mir, dass ich es ganz gut mache.

Wenn ich von den Herausforderungen als Mutter frustriert bin, traurig oder überwältigt, kann ich mir dieses perfekte Foto anschauen und sehe wunderschöne, strahlende Kinderaugen und weiß wieder, dass sich all das lohnt, meine Kinder glücklich und meine Mühen nicht umsonst sind.

Wenn ich traurig bin, weil das Leben zu schnell vorbeigeht, meine Kinder zu schnell groß werden und ich zu viel verpasst habe, kann ich mir dieses perfekte Foto ansehen und weiß: Nein, ich habe nichts verpasst, ich war dabei, und es war toll. Und wenn ich vom Leben an sich gestresst bin, hilft es mir, Fotos von meiner Familie zu betrachten, die Spaß hat, gemeinsam einen Urlaub oder einen Feiertag verbringt, miteinander eine schöne Zeit genießt, denn das vertreibt meine negative Stimmung und bringt mich an einen positiven, dankbaren, glücklichen und weniger stressigen Ort.

Fotos spenden mir Trost, indem sie dafür sorgen, dass ich mich in dieser Welt sicher fühle, und ich verlasse mich auf sie, zu Recht oder nicht. Das ist der wahre Grund, warum mir so viel an perfekten Fotos liegt. Ich schreie meine Kinder beim Fotografieren nicht an, weil ich das schönste Foto will, sondern weil ich Angst habe, dass ich kein schönes Foto zum Ansehen habe, wenn ich es gerade brauche. Ich schreie sie wegen mir an, wegen meiner Unsicherheit, nicht wegen ihnen oder ihrer Unfähigkeit, länger still sitzen zu können, als Kinder in ihrem Alter es nun mal können.

Die Orange Rhino Challenge und die ganze Triggersuche zeigten mir den wahren Grund, weshalb ich schrie. Und automatisch half es mir, während unserer Fotoaufnahmen ruhig und gelassen zu bleiben. Wenn es mir heute schwerfällt, meine Kinder nicht anzuschreien, während ich versuche, ein Foto zu machen, sage ich mir:

»Hey, mach mal ruhig. Du bekommst eben, was du bekommst. Erzwinge es nicht, das endet nur mit weinenden Kindern und damit, dass du selbst verärgert bist, dann wird es ein schlechtes Foto und du ärgerst dich noch mehr. Das ist es nicht wert! Denk dran, du bist nicht ihretwegen genervt sondern deinetwegen. Sie kommen gut zurecht, du bist diejenige, die Stress macht. Entspann dich. Entspann dich doch mal. Denk dran: Es geht nicht um das perfekte Foto, sondern darum, den Augenblick zu genießen. Und ihn nicht durch Schreien zu ruinieren.«

Ich kann mit Zufriedenheit sagen, dass ich diese besonderen Augenblicke in meinem Leben nun mehr genieße als früher, weil weder mein Perfektionismus noch mein Schreibedürfnis sie zerstören. Ob ich das immer schaffe, ohne mich zwingen zu müssen, nicht perfekt sein zu wollen? Nein. Ich bin nicht perfekt. Aber es gelingt mir immer öfter, und dafür springe ich auch mal auf und ab, mache mich zum Clown und stelle alles Mögliche an, um mich zum Lächeln zu bringen und mich über meine Fortschritte zu freuen. Während dieser Challenge habe ich eine ganze Menge gelernt, allem voran: Es geht nicht darum, perfekt zu sein, sondern Fortschritte zu machen. Ich mache Fortschritte, und das ist mir wichtiger, als perfekt zu sein.

DIE ORANGE RHINO-ERKENNTNIS

Wenn ich gute Laune habe, geht es auch meinen Kindern gut. Wenn ich gestresst bin, merken das die Kinder und geraten auch in Stress. Wenn sie gestresst sind, bin ich es noch mehr und schreie irgendwann.
Es geht nicht darum, perfekt zu sein, sondern Fortschritte zu machen. Punkt. Perfektion wird überbewertet (nicht nur beim Fotografieren! Auch bei der Erziehung und auf dem Weg zu einem schreifreien Leben).

Maßnahmen des Tages

Denken Sie an meinen Lieblingssatz: »Es liegt nicht an dir, sondern an mir«. Wenn es noch Situationen gibt, in denen das Schreien nicht weniger wird, gehen Sie in sich, und zwar noch tiefer als bis zu dem Trigger, von dem Sie bislang dachten, er sei der Auslöser, um die wahre Ursache zu finden. Überlegen Sie sich für diesen Auslöser einen Plan. Vielleicht reicht es schon, ihn zu erkennen oder zu akzeptieren.

Denken Sie an Ihr persönliches Ziel. Spornt es Sie an oder setzt es Sie unter Druck? Gibt es Ihnen das Gefühl, dass Sie perfekt sein müssen, weshalb Sie sich nur noch ärgern und herumschreien? Denken Sie darüber nach und lesen Sie noch einmal das Kapitel zu Tag 15 durch, wenn Sie meinen, dass es Ihnen vielleicht hilft, Fortschritte zu machen, wenn Sie Ihr Ziel abändern. Keine Sorge, das ist kein Versagen! Ziele verändern sich nun mal.

Schreiben Sie drei Dinge auf, die Sie während dieser Challenge erreicht haben. Denken Sie darüber nach und erkennen Sie an, welche Fortschritte Sie machen, auch wenn es sich gar nicht so anfühlt.

Feiern Sie Ihren Fortschritt … wirklich! Rufen Sie Ihr Netzwerk an und berichten Sie alles, was Sie erreicht haben. Erzählen Sie es Ihren Kindern. Und Freunden. Hängen Sie es an die große Glocke. Feiern Sie – das tut der Seele gut, schafft Selbstvertrauen und noch mehr Erfolg! (Randbemerkung: Ich hatte immer Angst, es wäre arrogant, meine Fortschritte zu feiern, also tat ich es nie. Dabei war nicht zu feiern viel schlechter für mich. Man darf ruhig stolz auf das sein, was man erreicht hat, und das darf man gern mit anderen teilen. Also tun Sie es!)

„Würden wir unsere Erfolge so aufbauschen wie unsere Misserfolge, wären wir alle viel zufriedener."

Abraham Lincoln

TIPPS DES TAGES

cool

Tragen Sie mehr Orange! Ketten, Kleidung, Spangen, Haargummis und Socken. Umgeben Sie sich mit orangen Gegenständen.

warm

Lassen Sie alles stehen und liegen. Stellen Sie sich eine Uhr und erklären Sie die nächsten fünf Minuten zur »Zeit für mich«, ohne Unterbrechungen.

Schnipsen Sie. Schnipsen Sie so lange, bis Sie gar nicht mehr schreien wollen. Ich muss mich konzentrieren, wenn ich schnipsen will. Und dann ist mein Kopf so beschäftigt, dass er gar keine Kapazität mehr fürs Schreien hat.

heiß

Stoßen Sie in Ihr Orange Rhino-Horn! Formen Sie mit Ihren Händen ein Horn und »tuten« Sie mit Ihrem Mund. Ihr Mund kann dann gar nicht mehr schreien, und Sie werden daran erinnert, dass Sie sich selbst loben und jeden Fortschritt feiern dürfen. Mit sich selbst zufrieden sein ist ein toller Weg zu entspannen.

Halten Sie durch!

Wenn es gerade schwierig, sehr schwierig oder unfassbar schwierig wird, ist der Gedanke aufzugeben verführerisch. Bleiben Sie standhaft! Halten Sie durch!

Vom Drückeberger zum Orange Rhino

Die meiste Zeit in meinem Leben habe ich einfach aufgegeben, sobald es schwierig wurde. Ich versuchte gar nicht, mich mehr anzustrengen.

Ich suchte nach Ausreden und ließ es sein, weil das einfacher war und ich so gar keine Fehler machen oder scheitern konnte. Rückblickend habe ich wirklich oft Fehler und Rückschläge erfolgreich vermieden. Aber durch mein Aufgeben kam es leider auch zu zahlreichen Situationen, die ich bereute, denn ich gab mir selbst gar nicht die Möglichkeit, sie erfolgreich zu meistern. Und leider habe ich mich auch darauf gepolt zu glauben, dass Aufgeben ein normales, in mir verwurzeltes und funktionierendes Verhalten sei.

So sehr, dass meine typische Reaktion als Erwachsene auf schwierige Situationen, ganz gleich ob Finanzen, Gewichtsabnahme, Erziehung, Beziehungsprobleme oder in herausfordernden Situationen nicht zu schreien, der Gedanke ist: »Vergiss es, ich geb' auf! Das ist zu schwer und zu viel für mich. Das schaffe ich eh nicht. Also lass' ich es!« Fluch – oder Segen – ist nur, dass ich vor all diesen Erwachsenenproblemen nicht einfach davonlaufen kann, und es eigentlich auch gar nicht will. Ich will bloß einen einfacheren Weg und dass die Probleme sich von selbst lösen!

Ach, wie oft habe ich genau das während der Orange Rhino Challenge gedacht! Zu Beginn schrie ich herum, fühlte mich wie ein totaler Versager und hätte am liebsten aufgegeben, weil ich nicht daran glaubte, es schaffen zu können. Oder wollte aufgeben, weil ich nach einem gut überstandenen, monumentalen Wutanfall eines meiner Kinder vollkommen erledigt war. Oder ich war in meinem Leben, auch abgesehen von den Kindern, schon so gestresst, dass ich weder Lust noch das Bedürfnis hatte, mich zusammenzureißen, und aufgeben wollte, weil ich mir nicht noch eine weitere Sache aufhalsen wollte. Aber wie Sie wissen, habe ich nicht aufgegeben.

Weil ich kein Drückeberger mehr sein wollte. Weil ich mich vor so einer wichtigen Sache nicht drücken wollte, einer Sache, die für mich und für meine Kinder von so großer Bedeutung ist. Und weil ich die Liste der Dinge, die ich in meinem Leben bereue, nicht weiter verlängern wollte.

Es war harte Arbeit und verlangte Entschlossenheit zu lernen, auch in schwierigen Momenten nicht aufzugeben, denn ich hatte etliche Jahre hinter mir, in denen ich mir selbst gesagt hatte: »Gib auf, das ist einfacher«. Dennoch bereue ich keine Sekunde, die ich dafür verwendet habe, so schwer das Durchhalten und Weitermachen manchmal auch war, denn es lohnte sich auch – nein, es war die Mühe MEISTENS wert –, zu wissen, dass ich gerade eine große Hürde in meinem Leben anging. Zwei Hürden sogar: kein Aufgeber und kein Rumschreier mehr zu sein. In diesem Kapitel offenbare ich Ihnen zwei einfache Wahrheiten, die mir selbst geholfen haben weiterzumachen, wenn ich am liebsten alles hingeschmissen hätte.

Auch wenn du Fehler gemacht hast, sogar gravierende Fehler, gibt es immer eine zweite Chance. Du kannst in jedem Moment neu anfangen, denn der Fehler ist nicht das Hinfallen, sondern das Liegenbleiben.

Mary Pickford

Tag 29: Sie schaffen das: Einen Schrei unterdrücken

Im Sommer nachdem ich meine 365-Tage-Challenge offiziell erfolgreich beendet hatte, entschied ich, dass meine Jungs und ich mal eine Pause brauchten. Es waren anstrengende Monate gewesen und mir war klar, dass uns allen ein Tapetenwechsel, abseits von Internet und Co., guttun würde. Und ein paar neue Erlebnisse an einem Ort, mit dem ich viele schöne Erinnerungen verband. Also packte ich die Kinder ins Auto und fuhr mit ihnen nach New Hampshire.

In sieben Jahren als Mutter und nun auch als Orange Rhino hatte ich gelernt, dass die Gefahr zu schreien oder schlechte Laune zu bekommen geringer war, wenn ich keine zu hohen Erwartungen an die Fahrt hatte. Also rechnete ich damit, dass niemand schlafen würde und wir jede Stunde mindestens eine Pipipause einlegen müssten. Alle anderen Erwartungen würden sich ja sowieso nicht bewahrheiten, oder? Also bereitete ich mich mental auf eine lange, laute Fahrt mit zahlreichen Pausen vor. Was natürlich nicht bedeutet, dass ich nicht versuchte, die Fahrt ruhig und zügig hinter uns bringen. Ja, ich schickte vor der Abfahrt alle zweimal aufs Klo und legte es zeitlich so, dass Kind 3 und 4 schlafen würden.

Ob Sie's glauben oder nicht: Nach fünfzehn Minuten Fahrt schlief nicht ein Kind, nicht zwei, auch nicht drei, sondern ALLE VIER! Und anderthalb Stunden später schliefen sie immer noch! Grandios, oder? Fast schon ein Wunder. Einerseits toll, andererseits nicht so ganz.

Nicht so toll, weil ich Kaffee getrunken hatte, um wach zu bleiben, aber selbst vergessen hatte, ein zweites Mal aufs Klo zu gehen. Ja, ich musste furchtbar dringend aufs Klo, aber im Leben würde ich nicht anhalten und vier schlafende Kinder wecken. Auf gar keinen Fall. Ich zog es noch nicht einmal in Erwägung. Noch nicht mal für Geld hätte ich diese ruhige, friedliche, entspannte Fahrt Richtung Norden unterbrochen. Ich musste zwar so dringend aufs Klo, dass ich schon Bauchschmerzen hatte, aber das war nichts im Vergleich zu sich anschreienden Kindern, die mich ununterbrochen »Sind wir schon da?« fragen oder aus lauter Langeweile meckerten. Anhalten kam nicht in Frage. Aber in die Hosen zu machen war natürlich auch keine reizvolle Alternative.

Also tat ich, was wohl alle Eltern in so einer Situation tun würden: Ich ließ meine Kinder schlafen und hielt durch.

Und ich kniff die Beine zusammen.

Sah zur Ablenkung aus dem Fenster.

Versuchte an etwas Anderes als ans Pinkeln zu denken.

Und sagte mir immer wieder: »Ich schaffe das, nur noch ein bisschen durchhalten, das schaffe ich. Wenn ich mir einen Schrei verkneifen kann, kann ich mir auch verkneifen zu pinkeln.«

Und dann, tja, dann hatte ich einen Orange Rhino-Moment und musste über mich selbst so lachen, dass ich die Beine noch fester zusammenkneifen musste, weil nach vier Geburten nun eben mal hin und wieder ein Tropfen daneben gehen kann.

In dem Moment kam mir nämlich die Erkenntnis, dass sich einen Schrei zu verkneifen ganz ähnlich ist, wie sich Pipi zu verkneifen.

Bei beidem muss man auf die Signale achten, dass man kurz vorm Überlaufen ist, und dann dementsprechend reagieren.

Bei beidem geht es um Konzentration und dass der Geist den Körper bezwingt.

Beides muss man üben und immer wieder machen, um länger durchzuhalten, und falls doch mal etwas danebengeht, muss man sich das auch selbst verzeihen können.

Bei beidem hilft Ablenkung, um nicht die ganze Zeit daran zu denken.

Und positiv denken und sich immer wieder sagen, dass man es schafft.

Bei beidem muss man sich bewusst dafür entscheiden, die obigen Dinge zu tun, egal wie schwer es fällt, denn die Alternative ist keine akzeptable Lösung.

Und beides kann man mit der Zeit lernen!

Aber mal Im Ernst, wenn wir die witzige Tatsache beiseiteschieben, dass ich das Nichtschreien mit dem Sich-nicht-in-die-Hose-Machen verglichen habe, führen Sie sich doch mal die Ähnlichkeiten zwischen beidem vor Augen. Es ist fast schon unheimlich, oder? Als ich innehielt und mir die Parallelen bewusst wurden (was übrigens eine gute Ablenkung war, sodass mein Kopf mit etwas anderem beschäftigt war als dem wachsenden Bedürfnis aufs Klo zu müssen), kam ich zu dem Schluss: »Wow, alle Fähigkeiten, von denen ich dachte, ich hätte sie entwickelt, um nicht zu schreien, hatte ich schon längst, und zwar seit ich als Kind gelernt habe, trocken zu werden! Ich habe sie lediglich in einer neuen Situation angewendet.«

Der Grund, warum ich diese Geschichte erzähle und Gefahr laufe, mich total zu blamieren, weil ich etwas so Schwieriges und Persönliches wie das Nichtschreien zu lernen mit etwas so Trivialem wie Nicht-in-die-Hose-Machen vergleiche, ist der: Sie besitzen bereits einige Fähigkeiten, um weniger zu schreien. Sie wissen schon, wie Sie an sich arbeiten müssen, um sich körperlich im Griff zu haben, denn das tun Sie Tag für Tag.

Der Wunsch zu schreien ist natürlich viel stärker und frustrierender, er ist wutgeladen und natürlich emotionaler. Das versuche ich gar nicht kleinzureden. Ich versuche eher, auf eine komische, aber auch erhellende Art zu sagen (und somit dem Thema seine Schwere zu nehmen) ... dass Sie es schaffen können.

Sie können weniger schreien.

Die Fähigkeiten dazu besitzen Sie bereits! Wenn Sie das Gefühl haben, es nicht zu schaffen, denken Sie an das, was Sie bereits wissen:

1. Achten Sie auf die Anzeichen, dass ein Schrei sich anbahnt (wie auch Pipi nicht plötzlich da ist), damit Sie beim nächsten Mal rechtzeitig ins Bad rennen und in die Kloschüssel schreien können, anstatt vor Ihren Kindern zu explodieren.

2. Konzentrieren Sie sich auf eine Aufgabe, auf ein Ziel: weniger zu schreien. Wenn man sich auf zu viele Dinge gleichzeitig konzentriert, gerät man unter Stress.

3. Üben Sie immer wieder, nicht zu schreien, und verzeihen Sie sich eventuelle Ausrutscher. Unfälle passieren immer mal, glauben Sie mir – seit der Geburt meines vierten Kindes hatte ich zwei Pipiunfälle. Aber hey, so was kommt vor und ich habe daraus gelernt, dass ich mich stärker konzentrieren muss, nicht mit voller Blase zu lachen! Wenn Ihnen also auch ein Unfall passiert und Sie schreien, verzeihen Sie sich selbst. Sie müssen sich nicht schämen und es muss Ihnen nicht peinlich sein, denn es wird noch mehr Übungssituationen geben, die Sie meistern werden.

4. Machen Sie sich auf den Weg zum Erfolg, indem Sie im Haus für Ablenkung sorgen oder vielmehr Erinnerungshilfen platzieren, um nicht zu schreien. Hängen Sie, wenn noch nicht geschehen, Fotos Ihrer Kinder in den Gefahrenzonen auf (um Liebe zu empfinden und nicht Wut). Stellen Sie orange Nashörner auf, die Sie an Wärme und Gelassenheit erinnern.

5. Denken Sie positiv und glauben Sie an sich. Sagen Sie sich immer wieder: »Ich bleibe ruhig und werde nicht schreien.«

6. Entscheiden Sie sich, nicht zu schreien, weil Schreien einfach nichts bringt und keine gute Idee ist. Entscheiden Sie sich, sich zusammenzureißen, durchzuhalten und die Hände vor Frust zu kneten, anstatt zu schreien. Entscheiden Sie sich, Ihr Bestes zu geben, auch an den Tagen, an denen Sie am liebsten ununterbrochen schreien würden.

7. Sagen Sie sich, dass Sie noch in der Lernphase sind, um weniger zu schreien, und dass das nun mal seine Zeit braucht, wie auch das Trockenwerden, aber dass Sie es können und schaffen werden! Ich wusste nicht von Geburt an, wie ich mein Pipi einhalten kann oder, hm, andere Dinge. Fragen Sie ruhig meine Eltern oder das nette Pärchen, das romantisch am Strand picknickte. Möglicherweise bin ich als zweijähriges Kind ja ganz nackt zu ihnen gegangen, habe mich auf ihre Decke gehockt und ihnen ein Geschenk dagelassen. Ein stinkendes. Im Vorbeigehen … Ja, es dauert seine Zeit, bis man lernt, nicht mehr zu schreien, aber es ist möglich.

Okay, diese Geschichte ist ganz offiziell total skurril. Ich habe Ihnen gerade erzählt, dass ich als Kind auf eine Decke gekackt und als Mittdreißigerin Pipiunfälle habe. Wenn diese Anekdote zu nichts gut war, dann vielleicht doch wenigsten dazu, dass Sie nun hoffentlich mit mir lachen und nun entschlossen sind, alles zu geben, weil Sie daran glauben, dass Sie es schaffen!

DIE ORANGE RHINO-ERKENNTNIS

Ein »Ja, ich hab's geschafft!« fühlt sich immer toll an! Ganz gleich, ob ich dreißig Minuten Pipi oder einen Schrei zurückhalten konnte, meine Reaktion war nie ein »Mist, geschafft!«. Ich habe es nie bereut, es versucht und mein Bestes gegeben zu haben. Niemals.
Mir selbst beizubringen, nicht zu schreien, ist an sich gar nicht so neu – in meinem Leben musste ich schon vieles lernen und habe es geschafft (Autofahren, für Tests in der Schule, ich musste lernen, auch mal die Klappe zu halten und meinem Chef den nötigen Respekt zu erweisen und so weiter). Ich habe schon schwierige Dinge gemeistert und schaffe das hier auch.
Die Liebe zu meinen Kindern motiviert mich mehr als alles andere.
Ich schaffe auch schwierige Dinge.

Maßnahmen des Tages

Sagen Sie sich immer wieder, dass SIE ES SCHAFFEN, dass Sie weniger schreien und mehr lieben können. Denken Sie notfalls an all die schwierigen Dinge, die Sie in Ihrem Leben schon gemeistert haben, und vergessen Sie nicht, dass jeder noch so kleine Erfolg zählt.

Erfreuen Sie sich an der nächsten peinlichen Klo-Anekdote: Wenn ich auf einer Party/einem Konzert/einer Sport- oder irgendeiner anderen Veranstaltung erst einmal aufs Klo gehe, muss ich den ganzen Abend. Aber wenn ich länger durchhalte, kann ich den Abend länger genießen und muss seltener aufs Klo. Kommt Ihnen das bekannt vor? Und für das Schreien gilt das auch. Ist mir einmal ein Schrei rausgerutscht, passiert das danach leichter, weil der Damm schon gebrochen ist und ich mir denke: »Mist, das war nicht gut. Jetzt ist der ganze Tag im Eimer.«

Wenn Ihnen zu viel Geschrei und Gemecker rausgerutscht ist, ziehen Sie einen Schlussstrich und sagen sagen Sie sich: »Okay, ich hab geschrien. Passiert ist passiert. Der Tag ist nicht im Eimer. JETZT habe ich eine neue Chance, nicht zu schreien.«

Helfen Sie sich dabei, ruhig zu bleiben, indem Sie sich selbst verzeihen und etwas Schönes tun, um wieder auf die richtige Spur zu kommen: Kümmern Sie sich einige Minuten nur um sich selbst oder spielen Sie mit Ihren Kindern.

> *Ob Sie nun glauben, dass Sie etwas schaffen oder ob Sie glauben, dass Sie es nicht schaffen – Sie liegen immer richtig.*
>
> *Henry Ford*

TIPPS DES TAGES

cool

Tragen Sie mehr Orange! Ketten, Kleidung, Spangen, Haargummis und Socken. Umgeben Sie sich mit orangen Gegenständen.

warm

Lächeln Sie! Angeblich hilft es schon, wenn Sie so tun, als wären Sie glücklich, um auch glücklicher zu sein. Essen Sie tiefgekühlte Weintrauben und stellen Sie sich dabei vor, die Kinder seien im Bett und die Trauben seien Wein. Okay, das ist ziemlich weit hergeholt. Doch einmal habe ich das gemacht und schon der Griff in den Tiefkühlschrank hat meine Laune verbessert.

heiß

Zählen Sie bis 10. Oder 100. Oder 1000. Bis Sie sich beruhigt haben. (Randbemerkung: Ich hasse Zählen, aber ich habe es ausprobiert und es funktioniert!)

Tag 30: Die Waage muss mehr nach Liebe ausschlagen

So viele Tage am Stück habe ich nicht geschrien. Die Serie riss ab am 12. Juli 2013, als ich völlig ausflippte und meine Jungs RICHTIG anschrie. Es ließ sich nicht darüber streiten, ob es nur ein Ausrutscher oder ein Gefahrenschrei war. Oh nein, es war eine richtige, ausgewachsene Schreitirade, die mein Blut zum Kochen und alle vier Kinder zum Heulen brachte, und ich konnte einfach nicht aufhören. Zur Krönung hatte ich auch noch Schuldgefühle, war enttäuscht und unglaublich traurig.

»Mami! Du bist so gemein. Du musst wieder am Tag null der Challenge anfangen!«, schrie James mich an.

»Nicht so laut!«, weinte Andrew, während er sich die Ohren zuhielt.

»Ma Ma. Ma Ma«, schluchzte Mac, der mich bis zu diesem Moment noch nie hatte schreien hören.

»Mama, warum sch... sch... schreist du uns an? Wir ha... haben nichts ge... gemacht! Wir sind ins Auto eingestiegen, wie du gesagt hast!«, schluchzte Edward.

Er hatte recht. Und wie. Meine Kinder hatten wirklich rein gar nichts falsch gemacht. Ich hatte nur schlechte Laune. Mein Schreien war absolut unnötig gewesen, verletzend und lag ausschließlich an mir. Ich ließ meine eigenen Sorgen, meine Wut und Traurigkeit an ihnen aus, Punkt. Der gesamte Stress in meiner Beziehung, in meinem Leben und in der Erziehung, gekoppelt mit meinem heillosen Schlafdefizit und Bewegungsmangel, war einfach zu viel. Sodass mich an jenem Morgen einfach alles nervte.

Die Jungs redeten in normaler Lautstärke. War mir zu laut.

Sie baten mich um Wasser. War mir zu viel.

Sie tobten herum und lachten. War mir zu sehr, hm, Kinderkram.

Sie machten sich nicht für das Schwimmbad fertig. War mir zu viel, weil sie nicht auf meine genuschelte Bitte reagierten, die so leise dahergesagt war, dass ich mich selbst kaum verstand.

Ich bemerkte, wie es in mir brodelte, dazu meine schwitzigen Hände, Herzrasen, meine scharfe, abgehackte Stimme, und ich ahnte, dass ich kurz davor war auszuflippen, dass ich mich dringend in den Griff bekommen musste. Also versuchte ich es. Indem ich einige meiner Orange Rhino-Tricks aus dem Ärmel schüttelte. Ich sagte mir: »Hey, Orange Rhino, du bist nicht sauer auf die Kinder, sondern du bist im Moment wegen deiner eigenen Situation frustriert«. Ich trank ein Glas kaltes Wasser und versuchte mich wortwörtlich damit runterzukühlen und ruhiger zu atmen. Außerdem sagte ich mir noch: »Du schaffst das, du stehst das durch. Halte durch, du willst doch gar nicht schreien.« Und ich redete mit meinen Kindern: »Jungs, heute Morgen bin ich nicht gut drauf. Ich bin etwas grantig. Könnt ihr bitte mal aufhören herumzurennen und euch lieber fürs Schwimmbad fertig machen, damit wir schnell losfahren können, um dort Spaß zu haben und uns zu entspannen?«

Es klappte.

Etwa fünf Minuten lang.

Fünf Minuten Ruhe zwischen all dem Wahnsinn und meiner Wut. Und zwischen meinem Bedürfnis, alles hinzuschmeißen und rumzubrüllen, fand ich auch meine Entschlossenheit wieder. Die Jungs stellten sich in eine Reihe, um von mir eingecremt zu werden, schnappten sich ihre Handtücher, zogen Schuhe an und stiegen ins Auto. Geschafft! Ich ging noch mal ins Haus, holte meine Tasche, und als ich zurückkam, waren die Kinder immer noch nicht angeschnallt.

Und ich flippte aus. So laut wie noch nie (vielleicht kam es mir auch nur so laut vor, weil ich 520 Tage nicht geschrien hatte) brüllte ich: »WAS ZUM TEUFEL MACHT IHR HIER?! WARUM SEID IHR NOCH NICHT ANGESCHNALLT? WO IST DAS PROBLEM? KÖNNT IHR NICHT EINMAL HÖREN?!«

Wirklich? Ich meine, allein das Aufschreiben dieser Ereignisse ist mir total peinlich. Nachdem sie sich GERADE so bemüht hatten und lieb waren, flippte ich aus, weil sie einen der fünf Punkte, um die ich sie gebeten hatte, nicht erledigt hatten? War das wirklich nötig? Oder nett? Nein! Aber ich habe eigentlich auch nicht geschrien, weil sie sich nicht angeschnallt hatten.

Ich schrie, weil mein eigener Schmerz und mein Frust herauswollten.

Ich schrie, weil ich nun mal ein Mensch bin und hin und wieder Fehler mache, trotz bester Absichten, harter Arbeit und so viel Liebe wie noch nie. Manchmal rutschen mir Schreie raus. Und leider kann man sie nicht zurücknehmen. Nicht ungeschehen machen. Aber sie können einem den Tag noch mehr vermiesen oder gänzlich den Bach runtergehen lassen.

Als ich endlich aufhörte zu schreien, war ich wie erstarrt, besorgt, aber auch neugierig, wie ich nun reagieren würde. Würde ich mich ganz klein machen, voller Abscheu vor mir selbst, Ekel und Enttäuschung? Würde ich direkt im Teufelskreis landen, mir Vorwürfe machen, noch mehr schreien, womit der Tag dann vollends gelaufen wäre? Würde ich zulassen, dass der eine Schrei den ganzen Tag versaute und mir die Chance nahm, meine Kinder zu genießen, wie ich es die letzten 520 Tage getan hätte?

Oder würde ich an all das denken, was ich auf meiner 520-tägigen Reise gelernt hatte, und tun, was ich so vielen Orange Rhinos schon geraten hatte, nur mir selbst noch nicht? Würde ich akzeptieren, dass es in Ordnung ist, nicht perfekt zu sein, dass es bei der Erziehung nicht um Perfektion geht, sondern darum, das Beste zu tun, was eben gerade möglich ist? Würde ich mir selbst verzeihen, wie ich es so oft anderen empfahl, und nach vorn schauen im Wissen, dass jeder Moment eine neue Chance bietet für eine schöne Erinnerung an die gemeinsame Zeit mit meinen Kindern, was auch immer zuvor geschehen ist?

Ich stand vor dem Auto, Tränen liefen mir übers Gesicht, meine Hände waren noch schweißnass, mein Herz schlug rasend schnell, und ich überlegte, ob ich mich auf den negativen Augenblick konzentrieren oder eher das große Ganze sehen sollte, nämlich dass am Ende des Tages nicht die Perfektion zählt, sondern dass die schönen Momente die nicht-ganz-so-schönen Momente überragen.

Ich entschied mich, mir zu vergeben.

Ich entschied mich, nach vorn zu schauen.

Mich auf das große Ganze zu konzentrieren.

Mehr schöne Momente während des restlichen Tages zu schaffen, damit die Beziehung zu meinen Kindern mehr Richtung Liebe und weniger Richtung Wut ausschlagen würde.

Ob Sie es glauben oder nicht, sobald ich mich entschieden hatte, nach vorn zu schauen, fühlte ich mich augenblicklich dankbar und erleichtert. Natürlich nicht dankbar, dass ich geschrien hatte, sondern dass ich mich so sehr verändert hatte und nun über die Weitsicht und den Mut verfügte, im nächsten Moment neu anzufangen, hinter mir zu lassen, was geschehen war, damit es keinen Schatten auf die Zukunft werfen konnte. Was für eine große, eine gewaltige Veränderung! So superkalifragilistikexpialigetisch, dass ich in dem Moment nicht weinte, sondern grinsen musste. Die Orange Rhino Challenge hat mich verändert. So viele meiner negativen Eigenschaften, die mich früher heruntergezogen hatten, waren geschrumpft, wenn nicht sogar ganz verschwunden. Ich empfand so viel mehr Liebe für meine Kinder, meine Familie und mich selbst. Ich musste noch mehr grinsen.

Ich nahm meine Kinder in den Arm, entschuldigte mich bei ihnen, und dann fuhren wir los, um den Tag zu genießen, einen Tag mit mehr Liebe und weniger Wut. Immer wieder kamen meine Gedanken zurück zu dem Moment, als ich ausgeflippt war. Enttäuschung und Wut, dass ich durch mein Schreien all die schönen Momente der letzten 520 Tage zunichtegemacht hatte, wollten in der ersten Reihe Platz nehmen. Aber ich verscheuchte sie.

Ich dachte daran, dass Liebe stärker ist als Wut.

Ich sagte mir, dass ein Moment voller Wut nichts ist im Vergleich zu 520 Tagen voller Liebe. Und nach dem Desaster am Morgen war jeder Moment, den ich bewusst liebevoll leben wollte, ein Gewinn. Und all die schönen Momente würden sich summieren und den einen wütenden, negativen vom 12. Juli 2013 vergessen machen.

Ich erinnerte mich daran, warum ich die Vergangenheit hinter mir lassen und den Augenblick genießen wollte: wegen meiner starken, leidenschaftlichen, überwältigenden Liebe zu vier wundervollen Jungs namens James, Edward, Andrew und Mac.

Ich möchte, dass meine Kinder irgendwann an ihre Kindheit und ihr Leben zurückdenken und sagen: »Ja, meine Eltern haben mich geliebt und ihre Liebe habe ich öfter gespürt als ihren Zorn. Ich kann mich wirklich glücklich schätzen.« Das ist mein großes Ziel als Mutter, als Orange Rhino. Mehr zu lieben. Und das ist auch der Grund, warum ich mich an jenem Julimorgen nicht dem »Fehler« unterworfen habe. Ich bin ein Orange Rhino und ich werde weniger schreien und mehr lieben, Stück für Stück.

DIE ORANGE RHINO-ERKENNTNIS

Bei der Erziehung geht es nicht um Perfektion, sondern darum, dass ich meine Kinder im jeweiligen Moment so sehr liebe, wie ich kann.
Dazu gehört auch, dass ich ihnen etwas beibringe. Unbezahlbar ist zum Beispiel: ihnen zeigen, dass ich nicht perfekt bin, dass Fehler passieren und man den Schneid haben sollte, aus ihnen zu lernen, und weitermacht, auch wenn man ganz entmutigt ist.
Für ein Orange Rhino geht es auch nicht um Perfektion, sondern darum, weniger zu schreien und mehr zu lieben, Stück für Stück, damit die Kinder in ihrem Leben mehr Momente voller Liebe als Wut erfahren und die Waage sich stark zur Seite der Liebe neigt.

Maßnahmen des Tages

Lassen Sie die Waage heute Richtung Liebe ausschlagen. Verbringen Sie mindestens einen Moment voller Liebe mit Ihren Kindern, was auch immer los sein mag. Besonders wenn der Tag sehr verrückt, anstrengend und stressig ist. Momente voller Liebe verhindern am besten, dass man in die Schrei-Falle tappt. (Ich wünschte, ich hätte an jenem Julimorgen mal innegehalten und wäre in Beziehung zu meinen Kindern gegangen. Den Teil habe ich verpasst!)

Fragen Sie Ihre Kinder: »Wie kann ich euch heute meine Liebe zeigen?« Unsere Kinder zu lieben kann manchmal bedeuten, dass wir das tun, von dem wir wissen, dass wir es tun sollten, manchmal sollten wir aber auch auf das hören, was unsere Kinder sich von uns wünschen (oder zumindest eine abgewandelte Form davon, denn ich bin mir sicher, mein Sohn wäre dafür, den ganzen Tag Süßigkeiten essen zu dürfen).

> *Leben heißt wählen. Aber um richtig zu wählen, müssen wir wissen, wer wir sind, wofür wir stehen, wohin wir wollen und warum wir dorthin wollen.*
>
> *Kofi Annan*

TIPPS DES TAGES

cool

Tragen Sie ein oranges Armband, das Sie an Ihr Versprechen erinnert. Alternativ schlägt Andrew vor: Wickeln Sie sich ein oranges Band um den Finger!

warm

Setzen Sie Kopfhörer auf und hören Sie Musik. Manchmal höre ich die Musik, die auf meiner Babyparty lief, und denke daran, wie aufgeregt (und nicht wütend!) ich vor jeder Geburt war.

heiß

Fragen Sie Ihre Kinder, wie Sie gerade aussehen. Die Antwort ist vielleicht nicht schön, wird Sie aber vermutlich dazu bringen, sich zusammenzureißen.

Nach Tag 30

Herzlichen Glückwunsch! Die Challenge ist geschafft! Sie haben durchgehalten und 30 schreifreie Tage liegen hinter Ihnen. Und nun?

Einmal Orange Rhino, immer Orange Rhino

Am 6. Februar 2013, dem Tag, an dem ich offiziell seit 365 Tagen nicht mehr geschrien hatte, fragte ich mich: »Schön und gut. Und jetzt?«

Tja, da Sie gelesen haben, dass ich es 520 Tage lang geschafft habe, wissen Sie ja bereits, wofür ich mich entschied. Ich machte weiter und setzte mir als Ziel, so lange wie möglich ein Orange Rhino zu sein.

Und am 13. Juli 2013, als ich es nach meinem Ausrutscher offiziell wieder schaffte, einen ganzen Tag lang nicht zu schreien, dachte ich: »Gut, ich habe von vorne angefangen. Heißt das, ich verpflichte mich zu einem weiteren schreifreien Jahr oder versuche ich, meinen 520-Tage-Rekord zu brechen? Oh, das ist ganz schön viel. Und beängstigend.« Dieses letzte Kapitel und das Zitat von Ernest Hemingway sollen Ihnen zeigen, wie ich mich entschieden habe. Und hoffentlich bestärkt es Sie darin, Ihre persönliche Reise hin zu einem schreifreien Leben voller Liebe auch nach diesen letzten Seiten weiterzuführen.

Es hat nichts Edles, sich seinen Mitmenschen überlegen zu fühlen. Wahrhaft edel ist, wer seinem früheren Ich überlegen ist.

Ernest Hemingway

Jeder Tag nach Tag 30: Mein Versprechen an meine Jungs

Edward sitzt gerne auf dem Stuhl neben meinem Kleiderschrank und unterhält sich mit mir, während ich mich morgens fertig mache. Seine Anfangsfragen variiert er, aber er landet immer bei den folgenden drei Fragen:

»Mama, warum ist da immer noch ein Baby in deinem Bauch?«

»Ist es nicht, Schätzchen, so sieht mein Bauch jetzt nun mal aus«, antworte ich.

»Oh. Okay. Und wann ist dann mal wieder ein Baby in deinem Bauch? Willst du nicht auch mal ein Mädchen?«

»Ich liebe euch Jungs. Klar wäre das für euch bestimmt schön, ein Schwesterchen zu haben, aber ich glaube, vier Kinder reichen, und ich würde keinen von euch hergeben«, erkläre ich.

»Hm. Verstehe. Und warum hast du dann nur Jungs gemacht?«

Das ist meine Lieblingsfrage, weil ich immer lachen muss, und meine Antwort lautet: »Als ich euren Papa kennengelernt habe, wollte er unbedingt Jungs, also hat er in jeden Brunnen, an dem wir vorbeikamen, seine ganzen Vierteldollarmünzen geworfen und sich ganz fest euch Jungs gewünscht!«

»Aha. Na gut. Tschüs.«

Und dann flitzt er davon, weil das Gespräch für ihn beendet ist.

Eines Tages, kurz nachdem ich 365 schreifreie Tage geschafft hatte, wandelte er das Gespräch ein wenig ab. Als ich meinen Verlobungs- und meinen Ehering ansteckte, wollte Edward wissen: »Mama, warum trägst du diese Ringe?«

»Tja«, sagte ich, »den funkelnden Ring nennt man Verlobungsring. Papa hat ihn mir an dem Abend geschenkt, als er mich gefragt hat, ob ich ihn heiraten und mein ganzes Leben mit ihm zusammen sein will. Er schenkte ihn mir als Versprechen, dass er mich heiraten und für immer lieben wird. Ich trage ihn als Zeichen, dass ich ihn geheiratet habe und für immer lieben werden.«

»Hm. Gut. Der ist hübsch. Und der andere Ring?«, fragte er ganz gefesselt.

»Das ist mein Ehering. Papa hat ihn mir an dem Tag, als wir wirklich geheiratet haben, an den Finger gesteckt. Er hat auch einen Ring, den ich ihm angesteckt habe. Wir tragen unsere Ringe, um uns zueinander zu bekennen und zu erinnern, dass wir nett zueinander sein wollen, uns an guten und an nicht so guten Tagen lieben wollen«, erklärte ich.

Edwards Augen wurden ganz groß. Ich ahnte, dass er mich gleich mit einer seiner total niedlichen und schockierenden Aussagen vom Hocker reißen würde. Und das tat er.

»Mama, wo ist denn mein Verlobungsring?«

»Wie meinst du das?«

»Wo ist mein Ring? Warum trägst du keinen Ring für uns vier Kinder als Erinnerung an dein Versprechen, uns immer lieb zu haben?«

Wow. Wow. Wow. Edwards Frage war so unschuldig, verblüffend und regte zum Nachdenken an. Ich wusste nicht, was ich sagen sollte, denn es gab keine befriedigende Antwort. Also sagte ich bloß: »Edward, das ist eine wirklich gute Frage. Du hast mich auf etwas Wichtiges hingewiesen. Ich sollte einen Ring tragen, der für mein Versprechen steht, dich und deine Brüder immer zu lieben, oder?«

»Ja, solltest du, Mama«, antwortete er.

Und dann flitzte er davon, weil das Gespräch für ihn beendet war.

Für mich aber nicht. Ich konnte es nicht einfach so abhaken. Ich stand vor meinem Kleiderschrank und staunte so ehrfürchtig über unser intensives Gespräch, dass ich mich gar nicht bewegen und anziehen konnte. Dieses Problem wurde blitzschnell gelöst, als ich meine Jungs auf dem Flur kämpfen hörte. Ich wollte bei ihnen sein, bevor es richtig übel werden würde, also drehte ich mich zum Schrank und zog mich an. Ich wollte mir ein Oberteil schnappen und sah nur Orange. Orange T-Shirts. Orange Langarmshirts. Orange Pullover. Ich musste lächeln und dachte: »Ich habe zwar keinen Ring, der symbolisch für die Liebe zu meinen Kinder steht, aber ich habe einen Kleiderschrank voller orangener Klamotten!«

Und das ist auch heute noch so, Monate nachdem ich mein ursprüngliches Ziel der Orange Rhino Challenge geschafft und übertroffen hatte, und auch Monate nachdem Orange schon gar nicht mehr »angesagt« war. Vielleicht ist Orange in Modekreisen out, in meinem Haus wird es immer in sein. Orange wird immer eine meiner Lieblingsfarben sein, weil ich immer ein Orange Rhino sein werde.

Am Tag ihrer Geburt habe ich jedem meiner Kinder versprochen, es immer zu lieben. Mehr als jemals zuvor weiß ich jetzt, dass ewig zu lieben auch bedeutet, ewig ein Orange Rhino zu sein.

Es bedeutet, dass ich mich jeden Tag an mein Versprechen erinnere und trotz meiner erfolgreichen Challenge nicht zu überzeugt von meinen »Fähigkeiten« sein sollte, um nicht in alte Muster zurückzufallen.

Es bedeutet, dass ich an all das denke, was ich während der Challenge gelernt habe, damit ich weiterhin das Nicht-Schreien übe und es mir immer mehr in Fleisch und Blut übergeht.

Es bedeutet, dass ich weiterhin Orange trage und positive Sätze auf orange Haftnotizzettel schreibe und sie dort aufklebe, wo ich an mein Versprechen erinnert werden möchte. Und wo ich sie brauche, wenn sich das Leben ändert, ich mich ändere, meine Kinder sich ändern und ich Bestärkung und Inspiration gut gebrauchen kann, um nicht zu schreien.

Es bedeutet, weiterhin auf meine Trigger zu achten, besonders wenn sich Dinge ändern und ich auf neuen Pfaden ins Stolpern gerate und einen neuen Weg, einen neuen Plan brauche, um mein Versprechen zu halten.

Und es bedeutet, in mich zu gehen und mir selbst auch unangenehme Fragen zu stellen, damit ich mich in dem Maße, wie ich als Mutter und als Mensch wachse, selbst verstehe und mich so um mich kümmern kann, dass es mir gut geht.

Ewig ein Orange Rhino zu sein bedeutet nicht, dass ich auf Perfektion aus bin. Nein, es bedeutet, dass ich niemals aufhöre, jeden Tag mein Bestes zu geben, an guten und an nicht so guten Tagen. Und dass ich niemals aufhöre, an mir selbst und an meinen Fähigkeiten als Orange Rhino zu arbeiten. Dass ich niemals aufhöre, meine Wärme zu zeigen statt meinen Zorn, liebe Worte zu wählen anstatt harscher, weniger zu schreien und mehr zu lieben, Stück für Stück, denn einerseits haben meine Kinder genau das verdient, andererseits ist das auch genau das, was ich ihnen aus tiefstem Herzen und tiefster Seele mitgeben möchte.

Trau dich, das Leben zu führen, das du dir erträumt hast. Trau dich und lass deine Träume wahr werden.

Ralph Waldo Emerson

Das Wichtigste in Kürze

Wenn Sie schnell einige ermutigende Worte und hilfreiche Ideen brauchen, blättern Sie durch dieses Kapitel. Sie schaffen das! Sie sind ein Orange Rhino!

Während meiner Orange Rhino Challenge fiel es mir von Tag zu Tag leichter und wurde normaler, weniger zu schreien. Das lag an wenigen grundlegenden Erkenntnissen, die mir zum Thema Schreien bewusst geworden waren, Alternativen, die mir eingefallen waren, und den Vorteilen, die das Nicht-Schreien mit sich brachte. Darauf stützte ich mich, um die Challenge erfolgreich zu meistern. Diese wichtigsten Erkenntnisse teile ich nun mit Ihnen, damit Sie etwas haben, woran Sie sich an schwierigen Tagen festhalten können.

Die 10 besten Orange Rhino-Wahrheiten zum Thema Schreien

1. Schreien bringt nichts. Oft macht es alles sogar noch schlimmer. L.O.V.E. – listen (zuhören), observe (beobachten), verify (nachfragen) und emphatize (sich in die Lage des Anderen versetzen) – funktioniert viel besser. Ich kann meinen Kindern auf diese Weise helfen, sich zu beruhigen, zu konzentrieren und aus einer guten Position und keiner nachtragenden Du-hast-mir-Angst-gemacht-und-jetzt-mag-ich-dich-nicht-mehr-Position zuzuhören. Nicht wenn ich schreie, sondern wenn ich voller L.O.V.E. bin, hören meine Kinder, was ich zu sagen habe und ihnen beibringen möchte.
2. Ich kann nicht immer kontrollieren, wie meine Kinder sich verhalten, aber ich kann mein Verhalten kontrollieren. Ich kann entscheiden, ob ich schreie oder nicht, ob ich aus der Situation gehe und kurz durchschnaufe oder ob ich rumschreie und Herzen breche.
3. Oft liegt es an mir, nicht an meinen Kindern. Selbsterkenntnis ist ernüchternd, aber erhellend. Ohne sie hätte ich die Challenge vermutlich nicht geschafft. Jeden Tag wage ich den Blick tief in mich hinein und frage mich: »Warum schreie ich wirklich?«, wenn ich in den alten Trott verfalle. Die Antwort hilft mir da oft wieder heraus.
4. Es ist nicht egoistisch, wenn ich mich um mich selbst kümmere und mir »Zeit für mich« nehme, sondern überlebenswichtig. Wenn es mir gut gehen soll, damit ich mein Schreien leichter im Griff habe, muss ich mich um mich selbst kümmern. Punkt.

Und wenn ich Hilfe brauche, um mir etwas Zeit für mich zu organisieren, muss ich darum bitten und sollte mich nicht schämen.

5. Positive Gedanken, Taten und Aussagen ziehen positives Verhalten nach sich. Negatives Verhalten zieht nur noch mehr Negatives an. Das trifft sowohl auf das Verhältnis zu meinen Kindern als auch zu mir selbst zu!
6. In der Erziehung geht es nicht um Perfektion, sondern um Fortschritt. Fehler gehören dazu. Viel wichtiger als die Fehler ist aber, wie ich danach reagiere. Ich verzeihe mir selbst, entschuldige mich bei meinen Kindern und versuche daraus zu lernen, um Fortschritte zu machen. Sonst würde ich in altes Schreiverhalten verfallen.
7. Es ist wichtig, meine körperlichen Warnzeichen zu kennen, die einem Schrei vorausgehen! Schwitzige Hände, Herzrasen, Zuckungen am Körper, eine lautere Stimme – all das sagt mir, dass ich kurz davor bin auszuflippen. Ich muss auf diese Anzeichen achten!
8. Die Perspektive macht's! Wenn Kleinigkeiten mich nerven, und erst recht bei großen Sachen, nehme ich eine andere Perspektive ein, um mich zu erden. »Wenigstens« ist da sehr hilfreich. »Es ist nur etwas verschüttete Milch, wenigstens war es nicht die ganze Kanne.«
9. Auch Kinder sind Menschen. Kinder haben Gefühle, wie ich. Ich will nicht angeschrien werden, Kinder auch nicht. Ich lerne immer dazu, meine Kinder auch. Wenn ich mich in die Lage meiner Kinder versetze, hilft es mir dabei, sie so zu behandeln, wie ich selbst gern behandelt werden möchte.
10. Wenn ich nicht schreie, passieren schöne Dinge. Zum Beispiel extra Umarmungen, spontane »Ich hab dich lieb«-Bekundungen oder besondere Gespräche.

Die 10 größten Vorteile, ein Orange Rhino zu sein

1. Ich fühle mich ruhiger und friedlicher, sowohl in meinem Herzen als auch in meinem Zuhause. Schreien bringt alle aus der Fassung. Ohne Schreien bewege ich mich sanfter, spreche sanfter und verpeste nicht das Haus und mich mit Wut. Ruhe ist ansteckend!
2. Meine Kinder hören besser auf mich (meistens). Ich sage nicht, dass meine Jungs zu Vorzeigekindern wurden, seitdem ich nicht mehr schreie. Nein, sie sind ja auch nur Menschen, so wie ich! Aber in der Regel reagieren sie schneller, besser und niedlicher und ihre Wutanfälle sind kürzer und nicht mehr so intensiv.
3. Ich habe mehr Spaß mit meinen Kindern. Ohne all die negativen Spannungen kann ich den Augenblick viel mehr genießen, und es kommt viel öfter zu schönen Momenten. Wenn ich heute mal einen schlechten Tag habe, versuche ich gezielt, Spaß mit meinen Kindern zu haben, denn ich habe herausgefunden, dass es der größte Schlechte-Laune-Killer ist, wenn ich mit ihnen verbunden bin.
4. Ich lasse los und höre auf zu grübeln – viel schneller und einfacher als früher. Das ist eins der tollsten Ergebnisse der Challenge. Früher hatte ich es zugelassen, dass Probleme an mir nagten, an meinem Selbstvertrauen, meinem Glück und daran, die Zeit mit meinen Kindern zu genießen. Ich werde ewig dankbar dafür sein, dass ich gelernt habe, diesen Trigger in den Griff zu bekommen.
5. Ich kümmere mich ohne Schuldgefühle um mich selbst. Heutzutage ist es mir nicht unangenehm, wenn ich auch mal an mich denke. Ich bin eher stolz, dass

ich dafür das nötige Bewusstsein und die nötige Stärke entwickelt habe.

6. Ich zeige meinen Kindern, wie sie mit Wut umgehen können. Ich bin begeistert, dass auch meine Jungs mittlerweile einige meiner Schrei-Alternativen anwenden, anstatt verbal oder körperlich auszuflippen, wenn sie schlecht drauf sind.
7. Ich kann viel, viel besser damit umgehen, wenn mir alles zu viel wird. Schwierige »Ich würde am liebsten nur noch schreien«-Tage habe ich überstanden, indem ich mich von einem Moment zum nächsten gehangelt habe. Und so mache ich es auch heute, wenn mir irgendeine Aufgabe zu viel ist. Diese neue Herangehensweise macht das Leben leichter und hilft deshalb, weniger zu schreien.
8. Ich bereite anderen öfter eine kleine Freude. Als ich mit Schreien aufhörte, war ich freundlicher gestimmt und wollte diese Freundlichkeit auch zeigen. Ich bin wieder öfter spontan nett, wie früher einmal, und es fühlt sich super an! Auch an schwierigen Tagen bin ich bewusst nett, weil ich weiß, dass ich mich dann besser fühle. Eine Win-win-Situation!
9. Alles, was ich gelernt habe, wende ich auf jede zwischenmenschliche Beziehung an. Seit ich mit der Orange Rhino Challenge anfing, hätte ich etliche Erwachsene am liebsten angeschrien. Habe ich aber nicht getan. Nicht nur weil ich wusste, dass ich damit nichts erreichen würde, außer selbst noch wütender zu werden, sondern weil es mir auch einfach natürlicher vorkam, nicht zu schreien. Es ist ein Geschenk des Himmels, dass es in meinem Leben nun generell mehr friedliche Interaktion gibt.
10. Ich glaube an mich und dass ich auch schwierige Dinge schaffe. Früher schmiss ich einfach hin, wenn es mir zu anstrengend wurde. Heute nicht mehr. Ich halte durch. Wenn es schwierig wird, sage ich mir: »Du hast gelernt, nicht zu schreien. Du schaffst das!«

Die 10 besten Alternativen zum Schreien

1. Mir selbst sagen: »Ich schaffe das, ich schaffe das« oder »Orange Rhino, Orange Rhino, Orange Rhino!«
2. Die Hände heben, um die Aufmerksamkeit auf mich zu ziehen und gleichzeitig tief durchatmen. Notfalls mehrmals.
3. Die unschönen Wörter, die mir auf der Zunge liegen, als Kauderwelsch herauslassen: »Ugaschmugaboga!«
4. Die Augen schließen und mir vorstellen, dass ich am Strand bin, einen Cocktail in der Hand habe und den Wellen lausche.
5. Babybilder meiner Jungs anschauen und mir bewusst machen, dass sie kostbar sind und ich sie sanft behandeln sollte.
6. Ins Bad rennen, die Tür schließen und in die Kloschüssel schreien.
7. Laut sagen: »Das wird ein toller Tag!« und dabei lächeln wie der Fernsehsprecher im Film »Jerry Maguire – Spiel des Lebens«. Ich lache und glaube dann selbst, was ich sage.
8. Einen Waschlappen unter warmes Wasser halten und mir damit den Frust aus dem Gesicht waschen.
9. Etwas Knackiges essen, zum Beispiel einen Apfel oder eine Möhre. Oder auch etwas Festes drücken (Knete, ein Handtuch, Hände, die Tischplatte).
10. Alles stehen und liegen lassen und meine Kinder knuddeln, mit ihnen lachen oder spielen.

Die häufigsten Trigger und ihre Lösungsvorschläge

Ärger zur Schlafenszeit

Mir sagen, dass Drängeln und Rumschreien alles noch schlimmer macht.

Mein Gesicht mit einem Waschlappen abreiben (wie es zur Entspannung in Wellnessoasen gemacht wird).

Eine Duftkerze anzünden oder eine parfümierte Creme nutzen.

Das Licht dimmen und mir vorstellen, ich wäre in einem Spa.

Mich daran erinnern, dass der Tag liebevoll ausklingen soll.

Überforderung

Alles Stück für Stück angehen; tief durchatmen.

Mir sagen, dass ich es schaffe.

Mir etwas Zeit für mich nehmen.

Sport. Liegestütze und Hampelmann gehen schnell, einfach und sind effektiv.

Müdigkeit

Zuallererst die Kinder und mich orange anziehen, als lebende Erinnerung daran, dass ich ein Orange Rhino sein will.

Frische Luft.

Präventiv mit den Kindern gemeinsam schreien; in einem Park schreien und brüllen, bevor es zu Hause zu spät ist.

Die Daumen drücken und hoffen, dass ich den Tag überstehe (das ist halt wirklich ein unbezwingbarer Trigger!).

Charakter des Kindes

Auf die guten Seiten des Kindes achten und sich an diesen erfreuen; mit sich selbst und dem Kind darüber sprechen.

Dem Kind Erfolgserlebnisse ermöglichen (z.B. Mithilfe im Haushalt).

Mir sagen, dass wir alle nur Menschen und nicht perfekt sind; auch ich kann ganz schön schwierig sein.

Exklusivzeit nur mit diesem Kind oder wenn es gerade wirklich sehr schwierig ist, bewusst eine Pause voneinander nehmen.

Mahlzeiten

Mich mit Orange umgeben. Punkt. Orange Servietten, Teller, Besteck, Lebensmittel. Wenn ich schon ahne, dass das Essen eine Katastrophe werden könnte, hole ich die Erinnerungshilfen heraus.

Licht aus, Kerze an. Und den Kindern erzählen, wir wären in einem schicken Restaurant, so eins, wo Mama und Papa »hingehen« (okay, gerne hingehen würden). Zusätzlich eventuell leise Musik.

Chaos im Kinderzimmer

(anwendbar auf alle Dinge, die von Kindern verlangt werden, die sie aber erst noch lernen müssen)

Alle kleinen Spielsachen kommen in eine Unterbettkommode. Kein Ausschütten und Wühlen auf dem Boden mehr, meine Füße werden es danken. Meine Kinder holen nun die Kisten unter dem Bett hervor, durchwühlen sie, bauen direkt darin und schieben sie wieder unter das Bett. Aus den Augen, aus dem Sinn.

Die Perspektive macht's. Es ist bloß ein unordentliches Zimmer. Kein Grund zu schreien. Frustriert und genervt? Okay. Schreien? Auf keinen Fall. Außerdem ist die Chance größer, dass jetzt und in Zukunft aufgeräumt wird, wenn ich ruhig bleibe und sage, was gemacht werden muss und warum.

Wenn nötig meinem Kind helfen. Oder anders gesagt: mich daran erinnern, dass wir alle manchmal Hilfe brauchen und dass es genauso wichtig ist, meinem Sohn beizubringen, dass er um Hilfe bitten darf, wie dass er es allein schafft.

Meine Erwartungen überdenken. Sind sie dem Alter meines Kindes angemessen oder verlange ich zu viel?

Hektik am Morgen

So viel wie möglich am Abend vorbereiten.

Orange Haftnotizzettel an der Haustür und in der Nähe der Rucksäcke als Erinnerung an »Stopp« und Güte.

Mich daran erinnern, dass wir auch nicht schneller zur Schule kommen, wenn ich herumschreie. Im Gegenteil.

Es ist kein Weltuntergang, wenn man mal zu spät kommt, sondern sogar eine ganz gute Lektion für uns alle.

Nicht hören

Mich daran erinnern, dass meine Kinder auch nicht besser hören, wenn ich schreie. Eher ignorieren sie mich.

Mich fragen: »War meine Bitte genau, einfach und machbar?« Wenn nicht: zweiter Versuch!

Mich fragen: »Habe ich meine Bitte so gut wie möglich rübergebracht?« (Hatte ich ihre Aufmerksamkeit, war ich nah genug, damit sie mich hören konnten?) Wenn nicht: zweiter Versuch!

Meine Kinder wiederholen lassen, was ich gesagt habe, damit ich weiß, dass sie es gehört und verstanden haben.

An das Zitat von Robert Fulghum denken: »Machen Sie sich keine Sorgen, dass Ihre Kinder nie hören. Sorgen Sie sich lieber, weil Sie sie beobachten.«

Eigene Probleme

Mir sagen: »Ich bin nicht wütend auf die Kinder, ich bin sauer, weil ... (hier das Problem einfügen).« Meine Energie dann auf das eigentliche Problem lenken, um es zu lösen, oder über der Sache stehen.

Meine Gefühle benennen (altersentsprechend) und um etwas Zeit für mich bitten. Wenn das nicht gelingt, in den Park gehen.

Eine Freundin anrufen und den Frust rauslassen, wenn er nicht verflogen ist. Und mir sagen, dass das Problem nach dem Ende des Telefonats so lange in der Warteschleife bleibt, bis alle Kinder schlafen.

FAQ

1. Was ist mit Gefahrensituationen? Schreien Sie dann?

Ja, dann schreie ich. Wenn ein Kind in Gefahr ist (auf die Straße rennt, den heißen Herd anfasst, herunterzufallen droht), hebe ich meine Stimme bis zur Schreistufe, damit das Kind mich schnell beachtet. Aber ich achte darauf, es nicht anzuschreien, sondern ihm etwas zuzurufen. Das ist ein feiner Unterschied. Wenn man jemanden anschreit, fallen meist verletzende, unschöne Worte. Ruft man jemandem etwas zu, will man damit seine Aufmerksamkeit auf sich ziehen und ihn nicht verletzen. Wenn ich einen »Gefahrenschrei« loslasse, ist er kurz und knapp: »Vorsicht! Gefahr!« Das Tolle am Nicht-Schreien ist, dass ich ernst genommen werde, wenn ich dann in einer Gefahrensituation laut werde. Es funktioniert besser und ich bekomme die ganze Aufmerksamkeit meiner Kinder und kann ihnen etwas Wichtiges mit auf den Weg geben.

2. Wie erziehen Sie Ihre Kinder, wenn Sie gar nicht schreien?

Ich bin der Meinung, dass man Kinder erzieht, indem man ihnen etwas beibringt. Ich habe schnell gemerkt, dass ich meinen Kindern nichts beibringen kann, wenn ich schreie, denn: 1) wenn ich schreie, versteht man mich schlechter, sodass meine Kinder gar nicht wissen können, was ich eigentlich von ihnen will. 2) wenn ich schreie, schalten meine Kinder ab, ignorieren mich, und dann kann ich ihnen natürlich auch nichts beibringen (geht mir auch so, wenn ich angeschrien werde). Wenn ich sie wirklich erziehen will, gelingt mir das am ehesten, wenn ich nicht schreie, sondern warte, bis wir uns alle beruhigt haben und ich ruhig sagen kann, was ich zu sagen habe, und sie mich gut hören und verstehen können.

Die nächste Frage liegt auf der Hand: Na gut, aber wie bringen Sie Ihren Kindern dann bei, was sie dürfen und was nicht? Ehrlich gesagt suche ich selbst noch nach der Antwort. Ich versuche ein gutes Gleichgewicht zwischen logischen Konsequenzen und positiver Bestärkung. Ich bin der Meinung, je positiver ich mich meinen Kindern gegenüber verhalte (damit meine ich weder, sie über den grünen Klee zu loben, noch stets und ständig an ihnen rumzunörgeln), umso besser nehmen sie auf, was ich sage. Außerdem versuche ich, mit gutem Beispiel voranzugehen, in der Hoffnung, dass sie mir folgen.

3. Hilfe! Mein Partner, die Familie und andere Betreuungspersonen stehen nicht hinter mir und schreien die Kinder weiterhin an. Was kann ich tun?

Diese Frage wird mir häufig gestellt und ich antworte immer: »Bleiben Sie sich treu und leben Sie vor, wie das Nicht-Schreien funktionieren kann. Sobald sich Erfolge zeigen (denken Sie daran, geduldig darauf zu warten), werden Ihr Partner/Ihre Familie die Vorteile sehen und begeistert sein. Und falls nicht, sagen Sie sich, dass es darauf ankommt, dass Ihr Kind generell mehr liebevolle Momente in seinem Leben hat. Sie machen das möglich. Liebevolle Momente von Ihnen und Geschrei von Ihrem Partner/der Familie ist immer noch besser, als von allen angeschrien zu werden. Bleiben Sie am Ball und glauben Sie daran, dass die anderen mitziehen werden!«

Andere Idee: Lassen Sie Ihre Kinder »Orange Rhino« zu Ihrem Partner/der Familie sagen, um diese auf ihr Verhalten hinzuweisen. Meine Kinder haben einmal ihren Opa mit so einem »Orange Rhino« sprachlos gemacht! Er versprach ihnen, sich zu bessern, und das tat er!

4. Die Lösungsvorschläge scheinen nur bei jüngeren Kindern zu funktionieren, aber nicht in meiner Familie. Andere Vorschläge?

Meine Alternativen sollen Ihnen dabei helfen:

- Mehr Freude auf dem Weg hin zu einem schreifreien Leben zu haben.
- Möglichkeiten zu finden, gelassener werden.
- Die Kinder zu überraschen und so ihre Aufmerksamkeit zu erlangen.
- In einer schwierigen Situation Abstand zu gewinnen, damit sich alle neu ausrichten können.

Wenn Sie der Meinung sind, meine Ideen funktionieren bei Ihnen nicht, oder wenn Sie sich unwohl dabei fühlen, überlegen Sie sich eigene Lösungen, die die obigen Kriterien erfüllen. Seien Sie kreativ, albern und denken Sie über den Tellerrand hinaus! Vielleicht probieren Sie dennoch einige meiner Vorschläge aus und sind überrascht, dass sie funktionieren.

5. Hilfe! Ich habe meine Trigger ausfindig gemacht und gebe mein Bestes, aber es klappt einfach nicht. Was kann ich tun?

- Geben Sie nicht auf!
- Sagen Sie sich, dass Sie sich gerade ein schwieriges Verhalten abgewöhnen und dass das einfach seine Zeit braucht.
- Sagen Sie sich, dass Sie bereits Fortschritte gemacht haben, indem Sie versuchen, etwas zu ändern und sich auf den Weg gemacht haben.
- Feiern Sie jeden kleinen Fortschritt, und sei er auch noch so winzig (z.B. die Trigger finden, pro Tag einmal weniger schreien als üblich), denn in kleinen Schritten kommt man auch zum Ziel.
- Graben Sie tiefer. Fragen Sie sich, ob Sie bezüglich Ihrer Trigger immer ganz ehrlich sind.
- Suchen Sie sich Unterstützung, entweder durch die Menschen, die Sie bereits kennen, oder durch neue.
- Achten Sie gut auf sich selbst, lieben Sie sich und verzeihen Sie sich.
- Passen Sie Ihre Ziele an. Diese sollen Sie anspornen, aber auch erreichbar sein. Setzen Sie sich eventuell kleinere Ziele, um ein Erfolgserlebnis zu haben und mehr Selbstvertrauen zu gewinnen.
- Glauben Sie daran, dass Sie es schaffen. Weil Sie es können. Wenn es Ihnen wirklich wichtig ist, weniger zu schreien und mehr zu lieben, wovon ich überzeugt bin, wird es Ihnen auch gelingen. Es braucht Zeit, Geduld und Selbstliebe.

Das Orange Rhino Trigger-Arbeitsblatt

Um Ihnen dabei zu helfen, weniger zu schreien und mehr zu lieben, finden Sie am Ende des Buches eine Blanko-Version meines Lieblingswerkzeugs, des Orange Rhino Trigger-Arbeitsblatts, sowie eine Anleitung dafür. Kopieren Sie es sich am besten ein paar Mal, um es immer wieder ausfüllen zu können.

Hinten im Buch finden Sie das Orange Rhino-Schild, das Ihre Kinder hochhalten können, um Sie zu erinnern: »Halt! Nicht schreien!«

Weitere Materialien und Unterstützung finden Sie:

- Auf meinem Blog www.theorangerhino.com
- In unserem geschlossenem Forum www.theorangerhino.com/forum
- Auf unserer Facebook-Seite www.facebook.com/theorangerhino-challengeofficial

Anleitung zum Orange Rhino-Trigger-Arbeitsblatt

1. Notieren Sie jede Situation, in der Sie geschrien haben oder schreien wollten, und füllen Sie so viele Spalten wie möglich detailliert aus. Notieren Sie auch, wenn Sie eigentlich schreien wollten, es aber nicht getan haben, um den Fortschritt deutlich zu machen. Markieren Sie diese Einträge mit einem Sternchen (*).

2. Sehen Sie sich abends die Tabelle an und kreisen Sie alle Muster ein (z.B. Gefühle, die sich wiederholen, Tageszeiten). So erkennen Sie schnell »Problemzonen«, auf die Sie sich besonders konzentrieren müssen.

3. Führen Sie diese Tabelle einige Tage. Dann unterstreichen Sie alle kleinen Trigger, streichen alle kontrollierbaren Trigger mit Textmarker an und machen ein Kästchen um alle unabänderlichen Trigger. Bei der Einteilung hilft Ihnen Folgendes:

- Kleine Trigger: Das sind die einfachen, schnell zu überwindendenden. Zum Beispiel: Hektik am Morgen (alles am Vorabend packen), Lärm (Ohrenschützer), die Kinder vergessen die morgendlichen Abläufe (hängen Sie ein Fotoplakat ins Kinderzimmer).
- Kontrollierbare Trigger: Diese Trigger sind nicht immer da, aber Sie können lernen, auf Sie vorbereitet zu sein und schnell zu reagieren, wenn sie auftauchen. Manchmal gelingt es sogar, sie fast vollkommen aus der Welt zu schaffen. Zum Beispiel: Ehekrach, PMS, streitende Kinder, Müdigkeit.
- Unabänderliche Trigger: Auf diese Trigger haben Sie keinen Einfluss und Sie können Sie nicht aus Ihrem Leben verbannen, entweder gar nicht oder nicht in der Zeit, in der Sie es gern würden. Vielleicht sind sie eine tägliche Herausforderung. Zum Beispiel: gesundheitliche Probleme, frühere traumatische Erlebnisse, das Verhalten anderer Menschen. Es muss nichts Großes sein, sondern ist vielleicht nur eine Kleinigkeit wie »Mann macht nicht sein Bett«.

Wenn Sie das Buch bereits durchgelesen haben und wieder auf dieser Seite sind, weil sich Ihre Trigger geändert haben, wie es im Leben üblich ist, schlage ich vor, dass Sie erneut die Punkte 1 bis 3 durchgehen. Wenn Sie die Trigger den einzelnen Kategorien zugeordnet haben, nehmen Sie sich immer einen nach dem anderen vor. Haben Sie einen Trigger abgehakt, kommt der nächste dran. Viel Spaß!

Beispiel für ein Orange Rhino Trigger-Arbeitsblatt

Tag und Uhrzeit	Wer wurde angeschrien?	Vermuteter Trigger	Wie ging es mir? Störte mich etwas?	Was habe ich gemacht, bevor ich schreien wollte?	Was haben die Kinder gemacht?	Waren die Kinder hungrig, durstig, müde?	Körperliche Symptome bei mir?	Was hätte ich besser machen können?
6:45 Uhr	Andrew	Jammern, aber eigentlich war ich einfach nur müde	-	Mac angezogen	-	durstig	-	Am Abend vorher schon Becher hinstellen
*** 8:13 Uhr	James	Trödeln	Gehetzt, um möglichst pünktlich zur Schule zu fahren	Frühstück gemacht	-	-	Schwitzen	Pausenbrote am Vorabend vorbereiten
8:53 Uhr	Alle!	Kinder ziehen nicht die Schuhe an	Gehetzt, frustriert, müde	Mit dem Handy beschäftigt, Multitasking. Vermutlich war der Trigger eher, dass ich nicht präsent war.	Friedlich gespielt	Nein, aber sie waren beschäftigt	-	Das Handy weglegen, den Kindern beim Anziehen helfen, 5 Minuten vorher Bescheid sagen
18:05 Uhr	James, Edward, Mac	Wollen nicht nach oben gehen	Gestresst, müde. Genervt, dass der Tag nicht genügend Stunden hat.	Aufgeräumt	Zufrieden Fernsehen geschaut	Müde	Herzrasen	Vorwarnen, das Aufräumen auf später verschieben, damit ich nicht so gehetzt bin

Fazit: Hektik am Morgen ist ein Problem. Ich brauche unbedingt mehr Schlaf. Wenn ich beschäftigt bin und keinen Blickkontakt zu den Jungs habe, kann ich mir das Reden auch gleich sparen!

Danksagung

Dieses Buch gäbe es nicht ohne die unglaubliche, überwältigende Unterstützung und Liebe, die mir so viele Menschen entgegengebracht haben. Jedes Mal wenn ich die Orange Rhino Challenge oder dieses Buchprojekt hinschmeißen wollte, weil es mir zu viel wurde und ich an meinen Fähigkeiten zweifelte, hat jeder Einzelne von ihnen mir bewusst oder meist eher unbewusst geholfen, wieder an mich zu glauben und mein Ziel nicht aus den Augen zu verlieren. Dafür werde ich immer und ewig dankbar sein. (Verdammt, schon wieder Tränen auf der Tastatur!)

Zuallererst möchte ich meinem Mann danken, der an mich glaubte, bevor ich es selbst tat! Danke, mein Schatz, dass du immer – und damit meine ich wirklich immer – ein offenes Ohr für mich hattest, wenn es mir nicht gut ging, und dass du mich darin bestärkt hast, weiterzumachen. Zum ersten Mal seit langer Zeit komme ich mir nicht wie ein Drückeberger vor, weil du es nicht zugelassen hast.

Ich danke meinen Jungs, James, Edward, Andrew und Mac, die mir jeden Tag einen Grund geliefert haben, mein Bestes zu geben. Danke für eure Faxen, die in dem Moment zwar nervig waren, mich auf lange Sicht aber als Mutter und als Mensch haben wachsen lassen. Dank euch bin ich heute ein besserer Mensch. Danke, dass ihr die besten Orange Rhino-Unterstützer seid, die man sich nur wünschen kann!

Meinen Eltern danke ich, weil sie immer an mich geglaubt und meine Träume unterstützt haben. Und ein besonderer Dank für eure Babysitterdienste, während ich an diesem Buch geschrieben habe. Ich weiß, dass ihr viel Zeit geopfert habt – und das rechne ich euch hoch an!

Ich danke meinen Freunden, dass sie mich regelmäßig nach dem Stand der Dinge gefragt haben, mir ein offenes Ohr schenkten, wenn ich am liebsten geschrien hätte, und mir Orange Rhino-spezifische Dinge geschenkt haben. Ihr habt mir unzählige Male ein Lächeln auf die Lippen gezaubert und ich bin mehr als dankbar, so wundervolle Freunde zu haben. Vielen Dank an alle Therapeuten und Lehrer meiner Kinder, die mir nicht nur wertvolle Tipps dafür gegeben haben, wie ich besser mit den Herausforderungen in der Erziehung zurechtkommen kann, sondern mir (und meinen Kindern) auch wohlgesonnen waren und mich unterstützt haben.

Ich danke Brooke Linville von Digavise. Danke, dass du meine Blog-Idee hast Wirklichkeit werden lassen. Aber noch viel mehr danke ich dir für deine Freundschaft, deinen Rat und deinen beständigen Zuspruch. Während dieser Challenge warst du mit deinem Wissen und deiner Stärke für mich ein Fels in der Brandung. Ebenso danke ich Christine DeSavino, die meine Fotoideen für dieses Buch nicht nur umgesetzt, sondern sogar noch übertroffen hat.

Der Orange Rhino Challenge-Community danke ich, dass sie Tag für Tag an mich geglaubt, mich ermutigt und durch die eigenen Erfolgsgeschichten angespornt hat. Unsere Community ist ein besonderer Ort voller Liebe, Unterstützung und Toleranz und war für mich, für uns alle, ein wahres Geschenk. Ohne euch gäbe es keine Community. Jedes Posting, jeder Kommentar von euch hat dazu beigetragen, dass wir noch mehr Eltern erreicht haben – und dadurch auch Kinder. Gemeinsam, aber besonders durch euch, haben wir dem Thema Schreien eine Plattform gegeben und konnten dadurch viele Menschen erreichen. Dank euch schreie ich weniger und liebe mehr. Ich bin euch unglaublich dankbar – und meine Jungs bestimmt noch viel mehr!

Ich danke Gail O'Connor von der Zeitschrift »Parents«, die mir ans Herz legte, darüber nachzudenken, ein Buch zu schreiben, die in mir ein Potential erkannte, das ich selbst nicht sah, und die meinen Blog einer breiten Öffentlichkeit bekannt machte, wodurch mehr Leute meine Texte lasen und viele Eltern nachts sicherlich dankbar waren, wenn sie Schuldgefühle hatten, weil sie herumgeschrien hatten. Mein Dank geht auch an das Team von »Huffington Post Parents«, das meinen Artikel »10 Dinge, die ich gelernt habe, seitdem ich meine Kinder nicht mehr anschreie« veröffentlich haben, weil ich dadurch ebenfalls ein viel größeres Publikum erreichte.

Ich danke Rachel Macy Stafford von Hands Free Mama, Shawn Fink von Awesomely Awake und allen anderen Bloggerinnen, die ich auf meinem Weg kennenlernen durfte: Danke für eure Rückmeldungen, ohne die ich mich in der Welt der Blogger und Eltern vielleicht verloren hätte. Danke, dass ihr meine Botschaft unterstützt und so bereitwillig geteilt habt. Und danke, dass ihr seid, was ihr seid – unglaublich inspirierende Menschen, Freunde und Eltern.

Und last but not least danke ich Amanda Waddell von Fairwinds Press, dass sie mich entdeckt hat, als ich entdeckt werden wollte. Ich danke allen anderen, die Hand an dieses Buch gelegt haben. Seit der High School habe ich davon geträumt, irgendwann mal ein Buch zu schreiben, und ihr habt diesen Traum wahr werden lassen, allen voran Winnie Prentiss, Betsy Gammons, Katie Fawkes und Anne Re. Danke, dass ihr mich und meine Botschaft verstanden und begeistert angenommen habt. Und dafür, dass ich dank euch viel mehr Leute erreichen kann, als ich mir jemals erträumt hätte.

Herzlichen Glückwunsch! Sie sind nun ein Orange Rhino.

Grüne Erbsen und gelbe Eier, die durch die Luft fliegen? Sehen Sie nicht Rot, sondern Orange und seien Sie überzeugt davon, dass Sie freundlich und liebevoll sein können.

Nicht schreien! Denken Sie an das Versprechen, dass Sie Ihren Kindern gegeben haben.

Verkneifen Sie sich das Schreien, indem Sie eine Post-it-Party veranstalten.

Spontane Kitzelkämpfe, überschüttete Mamis, Umarmungen, Knutscher und Worte wie »Ich liebe Dich!« sind nur einige wenige der unglaublichen Geschenke, die das Orange Rhino-Werden mit sich bringt.

Fangen Sie den Moment ein, genauso wie das Bedürfnis zu schreien! (Ich sorge natürlich für Sicherheit, bevor ich meine Kamera hole.)

Bibliografische Information der Deutschen Nationalbibliothek
Die Deutsche Nationalbibliothek verzeichnet diese Publikation in der Deutschen Nationalbibliografie; detaillierte bibliografische Daten sind im Internet über http://dnb.d-nb.de abrufbar.

Programmplanung: Simone Claß
Übersetzung und Redaktion: Sophie Wölbling, Düsseldorf
Bildredaktion: Christoph Frick
Umschlaggestaltung und Innen-Layout:
CYCLUS Visuelle Kommunikation, Stuttgart

Fotos im Innenteil: Fair Winds Press
Illustrationen im Innenteil:
CYCLUS Visuelle Kommunikation, Stuttgart

Amerikanischer Originaltitel: Yell Less – Love More. How the Orange Rhino Mom Stopped Yelling at Her Kids – and How You Can Too!

1. ins Deutsche übersetzte Auflage 2017

Printed in Germany

Satz und Repro: Reemers Publishing Services, Krefeld
gesetzt in Adobe Indesign CC 2015
Druck: AZ Druck und Datentechnik GmbH, Kempten

Gedruckt auf chlorfrei gebleichtem Papier

ISBN 978-3-432-10169-9
Auch erhältlich als E-Book:
eISBN (PDF) 978-3-432-10170-5
eISBN (ePub) 978-3-432-10171-2

2 3 4 5 6

Wichtiger Hinweis: Wie jede Wissenschaft ist die Medizin ständigen Entwicklungen unterworfen. Forschung und klinische Erfahrung erweitern unsere Erkenntnisse. Ganz besonders gilt das für die Behandlung und die medikamentöse Therapie. Bei allen in diesem Werk erwähnten Dosierungen oder Applikationen, bei Rezepten und Übungsanleitungen, bei Empfehlungen und Tipps dürfen Sie darauf vertrauen: Autoren, Herausgeber und Verlag haben große Sorgfalt darauf verwandt, dass diese Angaben dem Wissensstand bei Fertigstellung des Werkes entsprechen. Rezepte werden gekocht und ausprobiert. Übungen und Übungsreihen haben sich in der Praxis erfolgreich bewährt

Eine Garantie kann jedoch nicht übernommen werden. Eine Haftung des Autors, des Verlags oder seiner Beauftragten für Personen-, Sach- oder Vermögensschäden ist ausgeschlossen.

Geschützte Warennamen (Warenzeichen ®) werden nicht immer besonders kenntlich gemacht. Aus dem Fehlen eines solchen Hinweises kann also nicht geschlossen werden, dass es sich um einen freien Warennamen handelt.

Das Orange Rhino Trigger-Arbeitsblatt

Tag und Uhrzeit	Wer wurde angeschrien?	Vermuteter Trigger	Wie ging es mir? Störte mich etwas?	Was habe ich gemacht, bevor ich schreien wollte?	Was haben die Kinder gemacht?	Waren die Kinder hungrig, durstig, müde?	Körperliche Symptome bei mir	Was hätte ich besser machen können?

Das Orange Rhino Trigger-Arbeitsblatt

Tag und Uhrzeit	Wer wurde an-geschrien?	Vermuteter Trigger	Wie ging es mir? Störte mich etwas?	Was habe ich gemacht, bevor ich schreien wollte?	Was haben die Kinder gemacht?	Waren die Kinder hung-rig, durstig, müde?	Körperliche Symptome bei mir	Was hätte ich besser machen können?